高等医学院校人文教育教材

马海 高山 主编

中国传统文学文化

复旦大学出版社

目 录

前言 / 001

绪论 / 001
  第一节　中国传统文化之重要性 / 002
    一、传统文化于民族之意义 / 002
    二、传统文化于大学之重要 / 004
  第二节　中国传统文化与国学 / 006
    一、何谓中国传统文化 / 006
    二、关于国学 / 007

第一章　感触初心 / 013
  第一节　探寻中华文化的源头 / 013
    一、如何理解文化之源 / 014
    二、地理环境对中华文化的影响 / 016
    三、气候对中华文化的影响 / 019
  第二节　古代神话与《山海经》 / 020
    一、中国古代神话 / 020
    二、《山海经》之文化密码 / 022
  本章文选 / 025
  思考与练习 / 028

第二章　仁者爱人　　　　　　　　　　　/ 029

第一节　儒学与儒经　　　　　　　　　/ 029
　　一、儒经的形成　　　　　　　　　　/ 030
　　二、儒经的传承　　　　　　　　　　/ 031
第二节　两汉经学　　　　　　　　　　/ 035
　　一、今古文经学　　　　　　　　　　/ 035
　　二、经学与《说文》　　　　　　　　/ 036
第三节　儒学的价值　　　　　　　　　/ 038
　　一、儒学的核心精神　　　　　　　　/ 039
　　二、儒学的当代价值　　　　　　　　/ 041
本章文选　　　　　　　　　　　　　　　/ 042
思考与练习　　　　　　　　　　　　　　/ 047

第三章　和而不同　　　　　　　　　　　/ 048

第一节　子学的形成　　　　　　　　　/ 048
　　一、子学出于王官　　　　　　　　　/ 049
　　二、子学地域特征　　　　　　　　　/ 051
　　三、子学的分类　　　　　　　　　　/ 052
第二节　墨子　　　　　　　　　　　　/ 053
　　一、墨学概述　　　　　　　　　　　/ 053
　　二、墨子思想　　　　　　　　　　　/ 056
第三节　韩非子　　　　　　　　　　　/ 059
　　一、法家三派　　　　　　　　　　　/ 059
　　二、韩非子的思想　　　　　　　　　/ 061
本章文选　　　　　　　　　　　　　　　/ 064
思考与练习　　　　　　　　　　　　　　/ 070

第四章　天人合一　　　　　　　　　　　/ 071

第一节　《周易》概述　　　　　　　　/ 072
　　一、《周易》的基本结构　　　　　　/ 072
　　二、《易》书名解及相关概念　　　　/ 073

第二节　六十四卦简述　　　　　　　　／ 077
　　一、八卦与六十四卦　　　　　　　　／ 077
　　二、《周易》解读变化的模式　　　　　／ 082
　第三节　《周易》文化　　　　　　　　　／ 082
　　一、《周易》的思维方式　　　　　　　／ 082
　　二、《周易》与医学　　　　　　　　　／ 086
　本章文选　　　　　　　　　　　　　　／ 088
　思考与练习　　　　　　　　　　　　　／ 098

第五章　以史明智　　　　　　　　　　／ 099
　第一节　史部概述　　　　　　　　　　／ 100
　　一、"史"的发展　　　　　　　　　　／ 100
　　二、史书分类　　　　　　　　　　　／ 101
　第二节　史书"三体"　　　　　　　　　／ 104
　　一、纪传体　　　　　　　　　　　　／ 104
　　二、编年体　　　　　　　　　　　　／ 107
　　三、纪事本末体　　　　　　　　　　／ 109
　　四、其他体裁　　　　　　　　　　　／ 110
　本章文选　　　　　　　　　　　　　　／ 111
　思考与练习　　　　　　　　　　　　　／ 121

第六章　诗骚风流　　　　　　　　　　／ 122
　第一节　古典诗歌的特质　　　　　　　／ 122
　　一、赋比兴　　　　　　　　　　　　／ 123
　　二、诗言志与诗缘情　　　　　　　　／ 124
　第二节　古典诗歌的源流　　　　　　　／ 125
　　一、诗体的产生　　　　　　　　　　／ 125
　　二、骚体的源起　　　　　　　　　　／ 126
　　三、多元的演进　　　　　　　　　　／ 128
　　四、文人诗的形成　　　　　　　　　／ 130
　本章文选　　　　　　　　　　　　　　／ 133

思考与练习　　　　　　　　　　　　　　　　　／ 137

第七章　道法自然　　　　　　　　　　　　　　　／ 138
第一节　老子　　　　　　　　　　　　　　　　／ 139
　　一、走近老子　　　　　　　　　　　　　　　　／ 139
　　二、老子思想　　　　　　　　　　　　　　　　／ 141
第二节　庄子　　　　　　　　　　　　　　　　／ 147
　　一、走近庄子　　　　　　　　　　　　　　　　／ 147
　　二、庄子思想　　　　　　　　　　　　　　　　／ 149
第三节　道教概论　　　　　　　　　　　　　　／ 151
　　一、道教与道家　　　　　　　　　　　　　　　／ 152
　　二、道教的特征　　　　　　　　　　　　　　　／ 153
　　三、道教的影响　　　　　　　　　　　　　　　／ 162
　本章文选　　　　　　　　　　　　　　　　　　／ 165
　思考与练习　　　　　　　　　　　　　　　　　／ 171

第八章　佛韵千年　　　　　　　　　　　　　　　／ 172
第一节　佛学概述　　　　　　　　　　　　　　／ 173
　　一、佛教的形成　　　　　　　　　　　　　　　／ 173
　　二、佛教基本教义　　　　　　　　　　　　　　／ 174
第二节　中国佛学　　　　　　　　　　　　　　／ 177
　　一、佛教东传　　　　　　　　　　　　　　　　／ 177
　　二、走近禅宗　　　　　　　　　　　　　　　　／ 180
　本章文选　　　　　　　　　　　　　　　　　　／ 184
　思考与练习　　　　　　　　　　　　　　　　　／ 189

第九章　唐诗宋词　　　　　　　　　　　　　　　／ 190
第一节　唐诗的风情　　　　　　　　　　　　　／ 191
　　一、初唐诗　　　　　　　　　　　　　　　　　／ 191
　　二、盛唐诗　　　　　　　　　　　　　　　　　／ 193
　　三、中晚唐诗　　　　　　　　　　　　　　　　／ 195

第二节　宋词的情致　　/ 198
　　　　一、诗词之别　　/ 198
　　　　二、北宋词　　/ 200
　　　　三、南宋词　　/ 203
　　本章文选　　/ 205
　　思考与练习　　/ 209

第十章　知行合一　　/ 211
　　第一节　宋明理学　　/ 212
　　　　一、理学的起源　　/ 212
　　　　二、理学代表人物　　/ 213
　　第二节　阳明心学　　/ 216
　　　　一、陆九渊心学　　/ 216
　　　　二、阳明心学　　/ 217
　　本章文选　　/ 220
　　思考与练习　　/ 229

参考文献　　/ 230

前　言

"医学是随着人类痛苦的最初表达和减轻这份痛苦的最初愿望而诞生的。"①医学从诞生之日起,就不单纯是技术,伴随它同时产生的是对患者的同情和照顾,是人道主义的关怀。只有将医疗技术与医学人文融合在一起,才能构成完美的医学和医疗。医疗技术用于行善还是作恶,用于造福人类还是用于伤害人类,需要医学人文的引导和规范。因此医疗工作必须体现人文关怀,一名合格的医生必须具有医学人文精神,而大学教育正是培养医学人文精神的主阵地。2014年4月,教育部颁布了《完善中华优秀传统文化教育指导纲要》(以下简称《纲要》),《纲要》明确提出,有条件的高等学校统一开设中华优秀传统文化必修课。2017年1月,中共中央办公厅、国务院办公厅印发了《关于实施中华优秀传统文化传承发展工程的意见》,要求各地推动高校开设中华优秀传统文化必修课,在哲学社会科学及相关学科专业和课程中增加中华优秀传统文化的内容,加强中华优秀传统文化相关学科建设;"十九大"报告则再次强调了继承和弘扬中华优秀传统文化的至关重要性,这无疑对全国医学院校的医学人文教育提出了新时代的明确要求。在党中央"健康中国"和"文化中国"总体重大战略布局下的高校医学人文教育任重道远。

文化素质教育是医学院校人文教育最重要、最具体的实践形式,而文化素质教育的核心离不开中华优秀传统文化这一根基。这是因

---

① 阿尔图罗·卡斯蒂廖尼:《医学史》,程之范、甄橙等译,译林出版社2013年版,第26页。

为：中华优秀传统文化与医学内在精神在基本情感、伦理道德、发展路径上存在深度契合，这些核心价值观上的相通相融，决定了中华优秀传统文化在我国医学院校学生文化素质教育体系建构中的核心作用。医学院校应该在学生培养中充分渗透中华优秀传统文化教育，以培养人文素养和专业水平俱佳的医学生。

学生学习中华优秀传统文化离不开教材的辅助和指导。目前国内以医学院校学生（西医为主院校）学习为专门对象编写的同类教材极为少见，教材多属于"包打天下"式的通用型教材，或文科专业适用的专业型教材，另有极少的几本中医类院校编写的文化教育教材（适用面过窄），上述诸类教材并不符合大多数医学院校本科各专业学生的学习特点。因而，我们决定组织编写一本新的、与学生培养结合度高的医科院校中国传统文化教材。关于本教材的编写，我们有三点要予以说明。

一、关于书名

教材定名为"中国传统文学文化"，我们的设想是以一门课程同时容纳高校人文教育的两大核心课程模块：文学和文化。国内高校，特别是医科和理工类高校文化素质教育类课程核心模块通常有两个，一是中国传统文学，一是中国传统文化，两者在通识课程开设中长期是分开的，讲文学的课程专讲文学，讲文化的课程单讲文化，两者偶有互涉也是蜻蜓点水，甚至因为各自的独立，在某些方面还会造成理解上的抵牾。我们通过认真思考和实践认为：文学和文化两个课程模块是可以统一在一起的。因为对这种统一性的强调，我们没有将课程名字称为"中国传统文学与文化"，而是去掉了中间的连词"与"，以突出我们教材的特色，表达我们的文化教育理念。

在当前的学科体系中，文学是一门专门的学科，而文化则是跨学科的。故二者在高校里面既有较为清晰的界限，又有着极为共通的一面。什么是文学？韦勒克在《文学理论》中说，文学是一种语言的艺术，有其特有的规范、标准和惯例。朱光潜也说，文学是以语言文字为媒介的艺术。在传统的观念中，文学的特质在于虚构性、形象性和审美性。需要注意的是如何理解虚构之于文学的意义，文学的虚构性并不意味着文学与真实的距离。亚里士多德在《诗学》中说,写诗(文学)这种活动比历史更富于哲学意味,诗对现实的反映比历史还要高。亚里士多德的老师柏拉图因为反对文学对现实的真实反映,而将文学驱除出了理想国。叔本华、尼采、斯宾格勒等哲学家则以文学性语言来写哲学著作。这些均说明了文学在反映思想文化现实上的巨大能量。文学的上述特性使其成为表达文化的最佳载体,成为映照文化和人们心灵的最为柔美、皎洁的月光,成为我们观察、认识文化和自我的另一扇窗口。

如此,我们教材编写的第一个基本思路形成了:通过中华民族"伟大文学"与"伟大文化"的交融汇通来架构整个教材体系,一方面讲授专门的文化义理,另一方面配以文学文本来诠释所讲的中国传统文化的义理,这样既避免了单独讲文化义理的抽象和繁琐,又避免了单独讲文学作品过于专业和缺少触类旁通的缺点,在"情与理""诗与思"的结合中,让学生感受中国传统文化的起源、本原和美善之元,领悟中国文化之真谛,形成自身的文化素养。

二、关于各章内容体系

中华传统文化博大精深、包罗万象,单说经、史、子、集,每一类都足以让人皓首穷经,更别说作为整体的传统文化了。如何为学生从纷繁复杂的中国传统文化中选出最适合、最适量的学习内容,又能很好地帮助学生们理解中华文化之真义,是摆在所有传统文化教材编写者面前的一个关键问题。我们的理念是:将中国传统文化核心精神与医学本质精神相结合,以这一结合原则来选取教材每一章的教学内容。在每一章中,从主题到内容、到章节层次的设计,我们设定了几条基本的,也是至关重要的原则,这些原则源于我们对中华优秀传统文化核心精神与医学本质精神相结合的思考,通过这些思考,我们致力于探索出一条医学与人文相互交叉培养的最佳路径。

一是以中华传统文学文化的美善之元塑造学生的心灵。通过中国传统文学文化的核心情感——"向善",来进行学生的心灵教育,让学生以自身的"良知"自觉抵制社会不良环境的影响,自觉追求真善美,抵制假恶丑。

二是以中华传统文学文化的伦理培养学生的人格。通过中国传统文学文化的生命伦理教育，培养学生的伦理和道德；提倡以"仁"为核心的中华传统伦理教育，培养学生的"仁爱"精神，完善他们的人格素养，培养他们崇高的职业道德。

三是以中国传统文学文化的思维方式来丰富学生的思维。通过对中国传统文学文化的"整体式"思维方式（包括中医文化、生态文明等）的学习和理解，丰富学生对现代以"生态文明"为导向的医学领域内涵的理解，拓宽学生的医学思维广度。

运用这些编写原则，在主题上，我们设计了"第一章　感触初心""第二章　仁者爱人""第三章　和而不同""第四章　天人合一""第五章　以史明智""第六章　诗骚风流""第七章　道法自然""第八章　佛韵千年""第九章　唐诗宋词""第十章　知行合一"等十个主题，在每一主题下具体内容的编写中，我们力争将中国传统文学文化的本体论、伦理学和相关知识很好地融入医学领域之中，在潜移默化中向学生传授医学人文精神的核心价值、规范和目标。

上述十章内容既突出医学与文化的核心精神的结合，又在有限的课时内涵盖了传统文化的核心内容。

三、关于文学作品的选择

文学部分的选择也是需要给予重点说明的，在文化义理部分，我们选择了诗骚风流和唐诗宋词两章，两章都是讲诗歌的，中国文学除了诗词之外，还有其他文学形式，我们有何理由不选？尽管如王国维所说，"凡一代有一代之文学：楚之骚，汉之赋，六代之骈语，唐之诗，宋之词，元之曲，皆所谓一代之文学，而后世莫能继焉者也"。但中国传统文学的源头为诗，高峰为诗，叙事文学也诗化（《红楼梦》即是高度诗词化的小说），而且诗词在传统文化中是最适合青年的教育体系的，因而我们在文学部分选择了诗歌。

最突出本教材文学性的是每一章的文选，我们的选文以文学性为首要标准。为此，我们需要对某些入选作品作一些特别的说明：如在讲先秦诸子的第二章中之所以选择了《过秦论》，一是因为其文学性，二是因为其以文学性反映了儒家与法家思想在先秦的不同面貌和命运。再如第五章中之所以选择《哀江南赋序》，也是出于同样的原因，《哀江南赋序》所包含的独特历史内涵，也得到了历代学者们的共识。此外，该文也代表着我们在文化部分没有讲到的"骈文"这种文体，而骈文又是由汉赋发展蜕变而来，所以我们选了这篇文章。再如，第四章"天人合一"中我们之所以选择《四气调神大论》，一者在于其确实表征了"天人合一"的文化理念；再者，其在以义理为主的《黄帝内经》中是语言极富文学性的一篇。还需要特别提到的是，关于庄子的文章，我们选了两篇，一篇是第四章的《齐物论》，一篇是第七章的《养生主》，庄子是伟大的文学大师，这两篇文章除了反映了各自章节的文化义理之外，亦弥补了我们没有讲到的古代散文和赋（庄子文章不是赋，但后来之赋深受其影响）这两种文体的学习感受。

当然各章文选中也有极少数文章不能称之为"文学"，但我们在选择时也是以语言是否具有"文学之形象性"作为标准的，上述选取标准需要同学们在学习时逐渐领会。

四、其他需要说明之处

在上述三个方面以外，我们还设想让我们的这本教材做到传统文化教学与汉字学的适当结合。如此"再辟蹊径"并不是为了标新立异，而是我们认为传统文化的学习离不开文字。

学习中华传统文化也需要适当地了解汉字。"一字一世界"，一个关键的汉字常常就包括了中国文化某一方面的全部信息，拥有无限丰富的文化内涵，清人戴震称之为"字以通词，词以通道"。从轴心时代到全球化时代，汉字以其坐标性、延续性、创新性建构起中华文化的意义世界。因而我们在教材的编写中有意做了这一方面的尝试，在每章内容中都增加了一定的汉字学的内容，以帮助学生更好地学习和领悟中国传统文化之真谛。

教材编写具体分工如下：绪论、第一章、第三章、第六章、第七章、第八章、第九章由马海负责编写，第二章、第四章、第五章、第十章由高山负责编写，最后由马海负责统稿。在编写中，我们参考了诸多专家学者的论著，在此一并表示最崇高的敬意和最真诚的谢意。总体而言，教材编写的初稿达到了我们预想的基本图景，但由于时间仓促,纰漏之处在所难免,尚需方家指正、明教。我们觉得,一本好的文化教材应能让学生有强烈的"获得感",接下来,我们将继续努力,将教材不断打磨,使这本凝结我们医学人文教育理念的教材不断完善。

编　者
2018 年 7 月

绪　论

"文"字本象躯干上有文身之形,文字学家多持此说。《说文》:"文,错画也。象交文。"文身相对于素朴的人来说是一种装饰,引申开来,以知识丰富头脑也就是文,俗称"有文化"就是这个意思。

由商代"化"字字形可知,化字右半的"ʎ"是倒立的人形,一正一倒两个人放在一起,表达由一种状态变为另一种状态的意思,这也就是"化"字的本义。《说文》:"化,教行也。"是引申义。

将"文""化"二字组合起来,引申可得"以文这种方式改变人"的意思,就是所谓的"以文化人"。现代关于文化的定义,中西方不同理论家从外延和内涵上给予了各种界定,且未有定论,兹不赘述,在此,我们仅举一例略说。20世纪40年代,梁漱溟曾给"文化"下了一个无所不包的定义:"文化,就是吾人生活所依靠之一切。"①该定义虽过于笼统、宽泛,但化繁为简,既形象生动,又道出了文化之重大价值和意义。

---

① 梁漱溟:《中国文化要义》,上海人民出版社2003年版,第9页。

第一节 中国传统文化之重要性

一、传统文化于民族之意义

文化是我们民族的血脉和灵魂。"当代中国是历史中国的延续和发展,当代中国思想文化也是中国传统思想文化的传承和升华,要认识今天的中国、今天的中国人,就必须要深入了解中国的文化血脉,准确把握滋养中国人的文化土壤。"[①]中国有着几千年未曾中断的发展历史,在漫长的历史进程中,我们祖先创造的优秀传统文化历千年而不衰,生生不息、薪火相传,奠定了中华民族安身立命的思维方式、价值取向、审美情趣、行为模式、德行素养和社风民俗。面对急剧变化的现代社会,中华优秀传统文化仍具有蓬勃的生命力和自我更新能力,且更坚实、更包容、更有活力,其已经成为中华民族区别于其他民族的最为独特的精神标志,是我们的文化根脉、文化基因,是我们国家最深厚的文化软实力。"抛弃传统、丢掉根本,就等于割断了自己的精神命脉。博大精深的中华优秀传统文化是我们在世界文化激荡中站稳脚跟的根基。"[②]从国家社会之整体,到每一个个体,其健康发展都离不开中华传统文化的支撑和指引。传统文化需要广大中华儿女自觉落实在自己的日常学习、工作和生活中,这是我们对传统文化最好的传承方式,也是我们最自然、最本真的存在方式。从传统文化中领悟到的"精气神"会成为我们发展、成长中的无价之宝。

放到世界现代化进程中来看,中西方均有过一段反传统的错误经历,"现代"一度被认为是"传统"的对立面。费正清指出,20世纪50年代,在西方"现代化一词广泛流行,它含有压倒传统,以新技术取代旧技术的意思"[③]。这种理解方式是建立在简单化、直线式的经

---

① 习近平:《在纪念孔子诞辰2565周年国际学术研讨会暨国际儒学联合会第五届会员大会开幕会上的讲话》,《人民日报》2014年9月24日。
② 《习近平在中共中央政治局第十三次集体学习时的讲话》,人民网2014年10月15日载。
③ 费正清:《剑桥中华人民共和国史(1949—1965)》,上海人民出版社1991年版,第25页。

验层面上的,且往往隐含着情绪性和价值性的判断在内,即把现代和传统暗中作为"好"和"不好"的替换词来使用。以此种方式来理解传统和现代必然会漠视传统,乃至反传统。有两个事件对这种理解方式打击尤重,一是韦伯对于新教伦理传统与现代资本主义精神的揭示在西方学术界激起的"韦伯热",二是儒家文化圈中日本及亚洲"四小龙"的腾飞,它们都表明传统在现代化发展中的巨大作用,离开了传统也就无真正的现代。今天中国的全面崛起也同样说明传统文化对现代化进程的巨大推动力量。

我们的民族是传统文化至为深厚的民族。侯外庐在论述中国古代社会史时指出,由于中国文明社会的早熟,中国古代社会一开始就表现出旧与新的混合这一特征①。这里的"旧"就可理解为传统。这种现代与传统的复杂关系,在文明形成之初就深刻影响了我们的发展路径。一路走来,传统文化如火炬,如明灯,赋予我们以生命力和创造力,也决定了我们独特的发展路径。同时,中华文明的文化内涵又包含了超越时空、跨越国度的价值,对全球文明发展具有重大的借鉴意义。如"构建人类命运共同体"的理念为什么能深入人心,得到全球不同肤色、不同民族人民的高度认可和普遍追随?一方面,在于其既是千年来我们的传统文化对人类美好价值理想世界的不懈追求和永恒价值,另一方面,在世界其他文明体的思想之中也有一定的蕴含。关于中华文化对于世界的意义与价值,英国历史学家汤因比认为,中国文明将为未来世界转型和21世纪人类社会提供无尽的文化宝藏和思想资源,"要使西欧业已动摇的人民生活重新稳定下来,更把西欧的力动性缓和到既对人类没有破坏力而又可以提供活力的源泉的程度,那么就只能到西欧以外去寻找这种动力的创造者,不可不认为这种动力的创造者将在中国出现"②。罗素认为,在未来二三百年内,中国将成为世界上举足轻重的国家。中国人何去何从,将是影响整个世界发展的一个决定性因素。

钱宾四说,我们对于中国文化和历史,要抱以温情和敬意。冯友

---

① 参见侯外庐:《中国思想通史》(第一卷),人民出版社1957年版,第15—17页。
② [日]山本新、秀村欣二编:《未来属于中国——汤因比论中国传统文化》,杨栋梁等译,陕西人民出版社1989年版,第14页。

兰先生说:"解放以后,我时常想,在世界上中国是文明古国之一,其他古国现在大部分都衰微了,中国还继续存在。不但继续存在,而且还进入了社会主义社会。中国是古而又新的国家。《诗经》上有句诗说,'周虽旧邦,其命惟新',旧邦新命,是现代中国的特点,我要把这个特点发扬起来。""旧邦"就是有古老文化历史的国家,"新命"就是其生命不断更新发展。让我们不忘本来、吸收外来、面向未来,不断增强中华优秀传统文化的生命力和影响力,不断创造中华文化的新辉煌。五千年来,炎黄子孙奋斗、创造的历史波澜起伏、雄伟壮阔,成为世界文明史上的一大奇观。中华民族为世界做出过重大的贡献,伴随她的复兴,在 21 世纪她必将为世界做出更大的贡献①。

二、传统文化于大学之重要

就大学发展的传统来说,文化是一所大学校园生活与实践活动中形成的群体精神及其载体,它伴随着大学的产生而形成和发展,既是大学历史、校风、学风、教风的重要载体,也是大学持续稳定发展的基础。大学理应成为中国传统文化的生存基地。

就大学发展的现代精神来说,现代大学的精神是科学精神和人文精神并重的。

今天的世界,科学精神在现代大学已经牢固树立,人文精神却相对薄弱,在大学向前发展的进程中,我们需要重视人文精神与科学精神的平衡发展。现代化的历程清晰无误地告诉我们:科学技术的发展,创造了物质文明,但也带来了工具理性造成的人类精神的空虚,有了艺术与文化,我们的生活才丰富多彩。因而,人的教育离不开人文,人文教育所蕴含的真、善、美的理念,是现代大学教育的最高理念。今天很多大学里,有大楼,缺大师;有校园,缺精神;有活动,缺内涵。教师群体中也出现了学术不端、学风浮躁、学术投机等功利性现象;学生群体中出现了"道德危机""精神危机""信仰危机"和"价值真空"等消极的精神状态。在大学教育中,仍然存在只注重知识的灌输和技能的训练,忽视心灵的教化和人格力量的现象,这些无疑需要我

---

① 陈来:《中华文化的当代价值与意义》,《人民日报》2017 年 3 月 17 日。

们在大学中进一步加强文化教育。

大学教育,其首要在文化传承和心灵积习方面。这主要是说,除了科学知识之外,更要培育伦理素养、人生智慧、精神价值、文化能力、道德信念,要培育和引领学生关心社会、服务社会的价值导向,具体来说,大学教育就是让学生的学习富有效果,具有创造性,使学生学到大智大慧,克服目光短浅、处事功利化、人格虚无化、精神平面化的弊病,改善知识结构,塑造高尚人格。

文以载道,文以化人。没有文化的引领,大学生就会像脱缰的野马,没有方向,也终会失去前行的动力。中国传统文化的优秀基因是一流大学文化的生命之源,规定了一流大学建设的"初心"所在。现在的世界,市场导向占据主流,民众普遍趋向功利主义和物质主义,在个人精神修养和心灵的安顿方面,中华传统文化能真正成为一种有效资源。传统文化在大学生修身、立德、启智、思辨等方面具有巨大的引领作用。今天的中华传统文化以其思想文化厚度在国外大学教育中深受欢迎。迈克尔·普鸣(Michael Puett)是哈佛大学中国历史教授,其讲授的《中国传统道德与政治理论》是哈佛大学第三受欢迎的课程,仅次于《经济学入门》和《计算机概论》,很多学生被他的课程介绍所吸引:"这门课将会改变你的一生。"面对这样人际关系濒临崩溃、自私自利者比比皆是的世界,人们争论不休,要怎样才能和谐地生活在一起?面对此一问题,中华传统文化显示出其在解决大学生精神问题上的独特价值和魅力。文化生态水平是衡量社会发展和生活质量的标尺,应该和国民生产总值(GDP)一样成为现代化建设的度量指标,日趋复杂的社会以及大学生复杂的心理状态使得学生的可塑性很强,因而,从某种意义上说,大学对传统文化核心精神的传授是在跟社会上的功利主义思潮争夺年轻一代。

对于大学通识教育来说,其核心课程应该是关于中华传统文化经典文本的学习,在所有文化类课程中,中华传统文化体现出最稳定、最持久、最具民族特色的思维方式和价值取向,中华传统文化理应是我国通识教育最丰富、最深厚也最基础的思想资源。我们大学的课程设置中应增加中国传统文化学习的课程,通过对传统文化的学习来培养学生的道德意识和情感价值,涵养德性和品性,追求德性与知性的平衡发展,这也是与大学通识教育的宗旨相符合的。

　　大学应以一种固定化的制度形式,确保中华文化的价值、美德成为大学德育和人文素质培养的基本内容。让大学生对中华文化经典存敬重之心,熟悉中国文化的价值资源,不断把传统价值与现代生活进行结合。文化浸润的力量往往超出人们的预想,学习传统文化,将使青年学子们深入理解中华优秀文化,有利于新的一代人传承中华优秀传统文化,涵养和重建民族精神。在这个意义上,进行传统文化的教育,具有重要的中华文化传承的意义和培育民族精神主体的意义。

第二节　中国传统文化与国学

一、何谓中国传统文化

　　前面讲述了中国传统文化的重要性及其意义,那什么是中国传统文化呢？这是我们接下来要讨论的问题。对于什么是中国传统文化,人们平常虽然说得很多,但大家并未说出个所以然来,在学术界也有类似情况,不同的学者从不同的角度得出许多不同的结论。尽管关于传统文化的定义有不同的说法,但诸说法本质上有相同之处,综合而言,中国文化可以说主要包括以下三个层面的内容。

　　首先,它是一种知识体系,提供中国传统文化的基本知识。

　　中国传统文化首先是一个关于知识的体系,但这个知识体系与西方所言的知识是有差异的。中国传统文化是一种能够打通各学科的、贯通的知识。西方近现代以来发展起来的以"科学"为核心的知识,学科分类极细,而中国传统文化这一知识体系是超越具体学科的,超越的方式就是"打通"。换言之,这一知识体系所追求的,是通行于天界、地界、人界的"公理",而不是局限于某一领域、某一层次、某一时段的所谓"私理"。这是一个超越学科的知识体系,这恐怕是中西文化的根本区别之一。

　　其次,它是一种思维智慧和行为方式,形成中国人特有的思维和行为。

不同民族的文化造就不同民族的思维方法和行为方式。传统文化形成了中国人独特的思维和行为方式,如:从整体性出发,以整体的观点来描述世界;从"致用"出发,强调认识的实践性;思维的直观性和感悟性,以及认识论上的伦理倾向等。思维和行为方式直接影响一个民族和一个国家的发展。

再次,它是一个价值系统,提供根本的价值理念和核心价值观。

中国传统文化在其历史发展中,通过对天人、群己、义利、理欲等关系的规定,逐渐创造了自己的价值观念,形成了儒、道、墨、法、佛诸派的价值体系。以儒家的价值原则为主导,不同的价值观念相拒而又交融,相反而又互补,形成了中国传统文化内涵丰富的价值系统。这些丰富的价值理念,作为中华优秀传统文化的核心,构成中华文明的厚重底蕴,也使中华优秀传统文化成为涵养社会核心价值观的重要源泉。

什么叫传统文化?简而言之,就是那些直接或间接地影响我们的日常生活、思维习惯、表达方式、审美趣味的东西。传统文化对于我们,也许更重要的,还是一种存在感的来源,是一种精神生活和存在方式,是我们爱恨情仇之所依托。没有中国文化,所谓的"中国人"就没有任何意义。无论何时,一个民族都不能失去自己的文化传统,这是一个民族精神独立的根本。我们无法离开传统文化而生存、而发展。

二、关于国学

1. 传统文化是国学主体

传统文化可以与"国学"大致画等号。国学的主体部分就是中国传统文化,或者说,国学是指中国优秀传统文化或中国传统文化的精华。

鸦片战争以来,中华民族日益陷入民族危机,甲午战争失败,激发起了人们更强烈的民族救亡意识。由于近代中华民族是在内忧外患下被动转型的,在中国内部逐渐形成了一股思潮,那就是将近代中华民族衰落的原因完全归结于中国传统的思想和文化,如新文化运动的全面反传统,就过分夸大了中国传统文化思想的缺陷。其实,中国近代的衰落,最直接的原因是清朝在政治上的专制、在军事上的懈怠、在贸易上的壁垒、在思想上的钳制、在文化上的保守。如果将这些因素全部归罪于中国传统文化,显然是偏颇的,毕竟这种传统也曾创造出汉唐的盛世,也曾多次影响甚至同化过周边文明。

在此背景下,梁启超等人担心中国传统文化的衰亡,借鉴日本提倡"国学"的方法,倡言中华传统文化不会衰亡。1901年,流亡日本的梁启超撰写《中国史叙论》,第一次在公开媒体使用"国粹"一词:"中国民族固守国粹之性质,欲强使改用耶稣纪年,终属空言耳。"1902年梁启超又致函黄遵宪,谋创《国学报》,黄遵宪则复函建议撰写《国学史》,称不宜过度提倡国学,应开大门户、迎纳西学,国粹主义应该缓行,待中西融合之后,再倡国学之复兴。数月后,梁启超《论中国学术思想变迁之大势》发表,该书结尾数次提到"国学":"近顷悲观者流,见新学小生之吐弃国学,惧国学之从此而消灭。吾不此之惧也。但使外学之输入者果昌,则其间接之影响,必使吾国学别添活气,吾敢断言也。"卢毅认为梁启超是国人中最早将"国学"一词用于中国者,刘梦溪认为:"尽管我不能断定,任公先生1902年关于《国学报》的构想,是否就是晚清之时的'国学'一词的最早出现,但在时间上是非常早的。"大多数学者都认为梁启超是近代国学概念的提出者,由于他特殊的政治和学术身份,由于他对时代变迁的把握和保种存学的大声疾呼,使得他所倡导的国学概念迅速流传,故梁启超最先提出"国学"概念一说影响甚巨。经过梁启超的提倡,"国学"也迅速普及开来,用以指代中国的传统文化。"国学"已经成了今天社会文化的一个重要符号,虽然它在当代文化中涉及的范围很广,但其主体部分则显然是有关中国传统文化的。

前述是国学的引申义,而国学的本义是指国家设立的学校,该词在西周时期就已出现。班固说:"古者八岁入小学,故周官保氏掌养国子,教之六书。"①国子主要是指贵族子弟,国学教他们如何使用象形、指事、会意、形声、转注、假借这六种造字和用字方法,类似于现在的小学教育。八岁以前古人学的包括认字、读书以及日常的行为规

---

① 班固:《汉书·艺文志》,中华书局1962年点校本,第1720页。

则。到十五岁束发时,开始学习大学之道①。什么是大学之道呢?《大学》里讲得很清楚:"大学之道,在明明德,在亲民,在止于至善。"提出了大学学习的三个目标,如何实现这三个目标呢,要通过"格物、致知、诚意、正心、修身、齐家、治国、平天下"八个途径,此即所谓大学的"三纲八目"。如此,大学和小学相结合,构成了中国古代的基础教育体系。显然古代的大学与我们今天所言的大学不是同一个所指,今天意义上的大学是在西汉时期出现的,约相当于西汉时期开始普遍设立的太学,太学是最高的教育和学术机构。因而从这时期开始,国学所涵盖的各级国立学校中就又包含了太学,总而言之,在古代,国学是指国家设立的各级学校。

2. 新世纪"国学热"

新世纪"国学热"可以说就是中国传统文化热。"国学热"的兴起是社会发展的必然结果,体现的是我们民族的文化自觉和文化自信。随着中国现代化进程的快速推进,随着物质文明的高速积累,人们的精神文化需求也日益增多,导致国民文化意识和身心需求的改变。在现代化和全球化发展的同时,生态环境、道德情感和个人价值等问题日益凸显。生态文明、社会道德和心灵秩序的建立离不开传统文化,这已经是新时代党和全国人民的共识。经济的高速发展带来了人与人、人与自然、人与社会关系的新的变化,在日新月异、高速发展的时代里,如何处理好这些新的变化,让我们的物质生活和精神生活更美好、更充实、更和谐,传统文化成为指导我们的核心资源。与世界上其他民族文化资源相比,中华传统文化在稳定社会人心、保护生态、建构精神诸方面所提供的自然伦理、生活规范、德行价值、文明理念及文化归属感,有着其他文化要素所不能替代的作用。几千年的传统文化,在生态和谐、心灵滋养、情感慰藉、精神提升以及人文教养等方面,为当代中国的健康发展和每一个中国人的健康成长提供了主要的精神资源,在心灵稳定、精神修养、社会和谐、生态文明等方面发挥了重要的积极作用,这是"国学"在今天重新为人们所关注的根

---

① 《大戴礼记·保傅篇》言:"古者,年八岁而出就外舍,学小艺焉,履小节焉;束发而就大学,学大艺焉,履大节焉。"

本原因。

新世纪的"国学热"反映了民族复兴的必然需求,反映了广大人民群众在建设精神家园方面对本土的传统资源的热切渴求,反映了传统文化强大的精神凝聚力和原生动力。因此,当代"国学热"的出现和流行,对于中华民族复兴的进程,对中国现代化的深入开展,对社会和谐的实现,都是必然的、合理的、积极的[①]。中华民族的伟大复兴首先是文化的复兴,文化的复兴之根基就在传统文化。

3. 国学的内容与范围

《汉书·艺文志》将中国传统文化书籍分为六类:一六艺,二诸子,三诗赋,四兵书,五术数,六方技。六艺是经学,诸子是哲学政治思想,诗赋是文学,兵书是军事,数术包括天文历法,方技包括医学。其分类以经学为首。

前人多以中国传统的四部分类来列举。经、史、子、集四部分类是古代书籍的分类,但也反映了对书籍所承载的文化的一定分类。1922年章太炎讲《国学概论》时,明确把国学的本体内容分为经学、哲学、史学、文学,这也是从四部借鉴而来,虽然子部并不都是哲学,集部也并不都是文学。可见他的国学讲法已把四部的书籍分类概念转换成学术分类的概念,而且使用了近代的学术概念来表达国学的主体内容。另外,章太炎晚年的《国学讲演录》分为小学略说、经学略说、史学略说、诸子略说、文学略说,把国学的内容分为五大类,这一分类也主要是参照传统经、史、子、集四部的分类而来,但又不拘泥于四部。

参照以上分类意见,我们可以把国学的内容大致作如下简述:

经——分易、书、诗、礼、春秋、孝经、五经总义、四书、乐、小学等;

史——分为正史、编年、纪事本末、别史、杂史、诏令奏议、传记、史钞、载记、时令、地理、职官、政书、目录、史评等;

子——分为儒家、兵家、法家、农家、医家、天文算法、术数、艺术、谱录、杂家、类书、小说家、释家、道家等;

---

① 参见陈来,《中华文明的核心价值》,生活·读书·新知三联书店2015年版,第115—116页。

集——分为楚辞、别集、总集、诗文评、词曲等。

其中，章太炎把集部直接提炼为"文学"。

各部分具体所指分述如下：

经部——五经："易类""书类""诗类""礼类""春秋类"。"四书"：《论语》《孟子》《大学》《中庸》。主要是儒家经典和注释研究儒家经典的名著。儒学"十三经"包括《周易》、《尚书》、《周礼》、《礼记》、《仪礼》（以上三礼）、《诗经》、《春秋左传》、《春秋公羊传》、《春秋穀梁传》（以上春秋三传）、《论语》、《孝经》、《尔雅》、《孟子》。关于经部，梁启超说："《论语》为二千年来国人思想之总源泉，《孟子》自宋以后势力亦与相垺，此二书可谓国人内的外的生活之支配者，故吾希望学者熟读成诵，即不能，亦须翻阅多次，务略举其辞，或摘记其身心践履之言以资修养。"

史部——重要书目如：《史记》、《汉书》、《后汉书》、《三国志》（以上为"前四史"）、《资治通鉴》、《通鉴纪事本末》、《通典》等。曾国藩有言："刚日读经，柔日读史。"我们要是喜欢历史，大可读读"二十四史"，若是不喜欢历史，那"前四史"也应要有所涉猎。

子部——子部出自诸子百家之说，汉代有所谓"六家"：儒、墨、名、法、道德、阴阳。此外有"兵家类""农家类""医家类""天文算法类""术数类""艺术类""小说家类""释家类""道家类"。重要书目如：《老子》《墨子》《庄子》《荀子》《韩非子》《管子》《尹文子》《慎子》《公孙龙子》《淮南子》《抱朴子》《列子》《孙子》《金刚经》《四十二章经》等。

集部——集部分为"楚辞类""别集类""总集类""词曲类""闺阁类"，重要书目如：《楚辞》《全唐诗》《全宋词》《乐府诗集》《文选》《李太白集》《杜工部集》《韩昌黎集》《柳河东集》《白香山集》等。

传统文化典籍如此浩瀚，我们在学习时该如何选择相关书籍来阅读呢？我们来看看一些国学大师推荐的国学最低阅读书目吧，它们可作为我们学习时的参考。

近代梁启超曾将国学入门书目最低限度列为——经部：《四书》《易经》《书经》《诗经》《礼记》《左传》。史部：《战国策》、《史记》、《汉书》、《后汉书》、《三国志》、《资治通鉴》（或《通鉴纪事本末》）、《宋元明史纪事本末》。子部：《老子》《墨子》《庄子》《荀子》《韩非子》。集部：

《楚辞》《文选》《李太白集》《杜工部集》《韩昌黎集》《柳河东集》《白香山集》。梁任公并认为:"以上各书,无论学矿、学工程……皆须一读,若并此未读,真不能为中国学人矣。"他指出:"读中国书,给人不卑不亢的底气。"

钱穆指出有七部书是"中国人所人人必读的书"——《论语》《孟子》《老子》《庄子》《六祖坛经》《近思录》《传习录》。钱穆说这是国学最低阅读书目,也是读书与做人必读的七本书。

第一章　感触初心

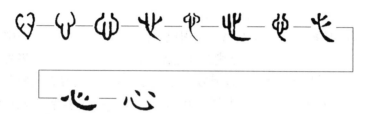

《说文解字》:"心,人心。"心字古文是心脏的象形,本义是心脏,但古人认为心是思维的主宰。《孟子·告子上》:"心之官则思,思则得之,不思则不得也。"意思是心的功能是思维,和今日所言"心脏"含义不同,是引申义。

中华文化的起源关乎我们民族文化的初心。事物的起源很大程度上决定事物的性质,中国文化的基本特征和独特个性,大多是在源头上就已铸成。我们学习中国文化,需要回到其滥觞处,方能从本源上把握中国文化之真谛,体悟中国文化亘古至今之奥秘与精义。

第一节　探寻中华文化的源头

由于历史太过悠久,因而对中华文化起源的探寻至今仍是一个悬而未解的难题。这样说来,中华文化的源头是不是一个死结呢?那也不尽然,要解决这个难题,最好是回顾一下我们所走过的漫漫路程,回到远古时代,从而找出理解这一问题的相应方法和途径,我们也可由此走近我们民族的初心,感受我们文化最本初的模样。

一、如何理解文化之源

就中国文化起源来说,学界的研究大抵经历了三个阶段,第一阶段始于20世纪30年代,那时一般都以商末、周初划分中国原始社会和古代社会。或者说,商代还处于原始社会末期,至周初则进入了古代社会。商代前期多次迁都,到盘庚在位时,定都于殷,并固定下来,从此商朝也称殷朝或殷商。著名的甲骨文就盛行于这个时期。但此说也存在争议,不少学者并不认为商代属于原始社会一说,相反,他们认为商代已经有了非常发达的古代文化,像分封制等在殷商就已经得以实践。

第二阶段始于中华人民共和国成立前后,这时一般都把中国古代社会上溯到商代,而以夏代及其之前为传疑时代。为什么将夏代及其之前称为传疑时代?是因为当时人们认为夏朝的存在仅限于史籍的记载,在考古上还并未发现夏代的物证,因而一些学者(尤其是海外的)对夏代的存在持怀疑态度,他们认为夏只能说是传说中的朝代。

第三阶段始于"文革"之后,这是由夏文化和夏代之前诸多遗址的考古发现所引起的,但至今仍未得其解。到目前为止,可以说与本问题相关的考古文化已经形成了前后连贯的系列,其间的缺环已不太多。对于探究中华文化的源头而言,20世纪最具突破性的考古发现之一是甘肃大地湾文化的发现。这是史籍所载和传说中的伏羲诞生之地,这一考古发现,有力地印证了中国古代典籍记载的确实性。从已出土的考古文物来看,大地湾文化时期的先民已会烧制彩陶,并初步掌握了一定的天文历法,这一考古发现将中华文明的源头上溯到八千年前。

夏朝以前是巫术流行的巫觋时代,所谓巫觋是具有通灵能力、能够使神明附体的人,"在男曰觋,在女曰巫"。"乃命重黎,绝地天通",意思是上帝任命重专职与天沟通,传达上天旨意,任命黎专职管理群巫,以使他们更好地为人们求福免祸,但不再能与天交通。实际上,这就是巫术活动的职业化。从此,与天沟通的权利被垄断在上古帝王和他所任命的宗教大臣手中,只有他们才能通天和传达上天的命令。不过,并没有确切的材料可以考证"绝地天通"是发生在夏朝,还是夏朝以前的哪个时期。

关于中华文化的起源地,综合而言有三种代表性观点,第一种观点是中华文化起源于黄河流域(特别是中原地区),这是最为传统的观念。第二种观点是中华文化起源的多元论①,即黄河流域和长江流域均是中华文明的源头,没有轻重之分。从考古资料发掘可以看出,大约在六七千年前,我们的祖先在北方的黄河流域和南方的长江流域开始了原始的农业经济。第三种观点是多元一体论,即认可中国文化起源的多元论,但认为在多元的基础上,黄河流域的文化是核心和主导。究竟该选取哪一种观点呢?我们有必要先了解一下历史文化研究的一种重要方法。

对史前文明探究的方法不得不提的是王国维开创的全新的历史文化研究法——"二重证据法"②,即运用考古文物(地下之新材料)与古文献记载相互印证,或曰:通过考古新证与文献旧证的相互对应来研究历史文化③,自王国维提出后,"二重证据法"已成为文化研究中公认的科学的学术正流④。以"二重证据法"来看,中华文明上古的源头应该是黄河流域地区。在中国占主导地位的传统文化,无论是物质的,还是精神的,都是建立在黄河流域文化(主要是中原,即黄河中下游地区)的基础上。史前阶段的多元并不妨碍中国文明首先是在中原地区成长起来的事实,这就是多元一体论。文献中记载的最早的夏商周三代,其分布的核心区域不超出以黄河中游为中心的中原地区,这一带也就是最早的"华夏文明"。黄河流域为核心的华夏文明,成为主轴,六朝后,长江流域逐渐加入华夏文明主流。中国的农耕文明虽然同时发祥于黄河、长江流域,但农业首先在黄河中下游

---

① 有"漫天星斗"说。参见苏秉琦:《中国文明起源新探》,人民出版社2013年版。
② "吾辈生于今日,幸于纸上之材料外,更得地下之新材料。由此种材料,我辈固得据以补正纸上之材料,亦得证明古书之某部分全为实录,即百家不雅训之言,亦不无表示一面之事实。此二重证据法,惟在今日始得为之。"见王国维:《古史新证》,《王国维文集》第四册,中国文史出版社1997年版,第2页。
③ 陈寅恪对"二重证据法"的理解有所补充:"一曰取地下之实物与纸上之遗文互相释证";"二曰取异族之故书与吾国之旧籍互相补正";"三曰取外来之观念,与固有之材料互相参证"。见陈寅恪:《王静安先生遗书序》,《金明馆丛稿二编》,生活·读书·新知三联书店2015年版,第247页。
④ 现代学者在王国维的基础上又提出了"三重证据法",代表人物有黄现璠、饶宗颐、叶舒宪等,各家"三重证据法"所指与表述有较大不同。

达到较高的水平。黄河中下游地区自然成了中国上古政治、经济和文化的中心,后来由于黄河流域生态的破坏,中国农耕区的中心才逐渐由黄河流域向长江中下游和江南地区转移。

在探寻中华文化的源头时,我们还需注意到的是:远古时中国①是诸氏族或民族杂处的时代(无论是黄河流域还是长江流域)。中国的中原地区(黄河中下游地区),战国以后基本上已是清一色的华夏族的天下,可是在春秋时期以前,中原地区除了华夏族人所建立的几个或几十个据点(城邑)外,周围还有不少不同种姓、文化高低不同的少数民族杂处其间(华戎杂处),这种现象,越往上推,应越是普遍。

二、地理环境对中华文化的影响

上古时代,地理背景对文化形成的影响至关重要,且直接影响到文化的特质。

中国是一个多山的国家,山地、丘陵和高原约占陆地总面积的65%,海拔500米以下的地域仅占全国土地面积的四分之一。我国的地势西高东低,地势自西向东层层下降,形成地形上的三级台阶,青藏高原是最高一级,平均海拔4 000米以上,青藏高原湖泊星罗棋布,长江、黄河都发源于此。青藏高原以东、以北为第二级,地形复杂,地势落差大,如吐鲁番盆地低于海平面155米,云贵高原海拔在1 000—2 000米之间。再往东就是地势最低的一级:东北平原、黄淮平原、长江中下游平原以及南方广大地区。第三级中地形也尤为复杂,特别是南方,山脉丘陵密布②。各种不同的自然地理区域,表现出不同的地理特征,蕴藏的自然资源也丰富多彩,各不相同。马克思指出:"资本的祖国不是草木繁茂的热带,而是温带。不是土壤的绝对肥力,而是它的差异性和它的自然产品的多样性。"③中国因其环境多样性之关系,它的文化从一开始即走上独自发展的路径。

一般来说,文明在产生的时候一般不是靠海就是靠河,有的时候

---

① 这里的中国是指现在的中国,而非上古的中国。
② 关于中国地理之"三级划分",参见张岱年、方克立主编:《中国文化概论》,北京师范大学出版社1994年版,第21—22页。
③ 《资本论》第一卷,人民出版社1975年版,第561页。

河海都靠。有一种说法认为,西方文化产生于海洋文明,中国文化产生于河流文明,这种说法有一定的道理。试想人类文明之产生,如果没有河流,只有湖泊之类的话,断无法提供足够的物产资源,因此沙漠、冰原地区更难出现发达的文明。上古文明形成的基本过程可大致概括为:农业形成定居,定居形成聚落,聚落形成城市,城市形成邦国,而河流提供这一过程形成的较佳的生活环境。河流附近适合农业发展,农业需要灌溉。人类文化开始时,他们的居地,必须有赖河水的灌溉,而此灌溉区域又不是很广大,四周有天然的屏障,一则易于集中而达到一定的人口密度,一则易于安居乐业而不易受到外面敌人的侵扰,在此环境下,人类文化始易萌芽。所以早期人类的生活范围多以水源为中心的一个小圈子。对于人类而言,这样一个小圈子较其他缺少河流的地方更适宜生存。

在新石器时代,黄河流域气候温和、雨量较为丰足,适宜作物的生长和人类的生活,黄土高原和由黄土冲积而成的平原土壤稀松、土地肥沃,因此便成为先民生存和繁衍的极适宜地区。尤其是黄河中下游地区,这里地势平坦广阔,再加上河流将上游的泥沙冲击到此,带来大量的肥沃土壤,更有利于农业的发展。根据文献记载和考古发掘的结果,夏商周的中心地区均在黄河中下游地区。从考古发掘来看,中华远古文化是沿着黄河流域衍变发展的,由黄河上游到中下游,是中国古代农业最古老的中心地区。

中华文明产生的另一特点是:以黄河支流周边的高地为依凭,发展旱地农业。这与古埃及、古巴比伦和古印度均有极大差异。埃及尼罗河流域、巴比伦两河流域、古印度印度河流域,均极少支流,中国的河流地理背景,显然与上述诸国不同,由此造成了文明起源的不同①。钱穆言:"中国文化发生,精密言之,并不赖藉于黄河本身,他所依凭的是黄河的各条支流。每一支流之两岸和其流进黄河时两水相

---

① 其他三大文明,有的只藉一个河流和一个水系,如埃及的尼罗河;有的是两条小水合成一条,如巴比伦之底格里斯与幼发拉底河,但其实仍只好算一个水系,而且还是很小的。只有印度有印度河和恒河两流域,但两河均不算太大,其水系亦甚简单,没有许多支流。其他三大文明古国地形都比较简单、单纯,只有中国,同时有许多流与许多水系,而且都是极大和极复杂的,那些水系可依照大小分成很多等级。

交的那一个角里,却是古代中国文化之摇篮。那一种两水相交而形成的三角地带,这是一个水枢纽,中国古书里称之曰'汭',汭是在两水环抱之内的意思。中国古书里常称渭汭、泾汭、洛汭,即指此等三角地带而言。"①就整体上看,各支流与黄河之间形成了一个大弯曲,让我们看看古代黄河的大弯曲。

沁河从山西山地流出,注入黄河,南岸有一条大得多的洛河注入。在黄河大弯曲处又有渭河流入,它汇合了泾河、洛河(此洛河非前述之洛河)之水,整个这一地区孕育着中国最古老的文明。山西的主要河流汾河汇入黄河后,黄河向南流一段距离便折向东流。黄河大弯曲以内的区域,多半土地肥沃(特别是经灌溉后),而且大弯曲内各支流区域的自给自足在中国地理上是极常见的一种布局,这在世界其他文明中是少见的。

中华文明先在支流小水系上发展,而每一支流的上游都有高山叠岭作为天然屏障满足其安全的需求。一旦支流内小区域的文化发展到一定程度时,又可由小水系进入到大水系,实现文明的蔓延和交汇,最终让中华文明不仅在地理上,且在文化性格上形成特别大的局面和规模。古黄河支流之多,我们以《山海经》和《水经注》中描述的黄河之南伊洛地区河流情况为例来说明:伊水并不长,全长不过240公里,洛水全长也不过420公里,这两条河流密迩相邻,自西南平行地向东北流,这两条河所流经的地区不到3万平方公里,但是流入伊水的河流就达8条之多,流入洛水的河流更达18条,其中洛水南侧7条,洛水北侧11条。整个伊洛地区流入黄河之水,除洛水之外,另有13条,流入谷水5条,流入门水、役水5条,包括河、洛二水在内,共51条。正是如此丰富的大小水系孕育了深广悠远的中华文明,让中华文明从涓涓溪流发展为滔滔大河。据古文献传说,夏朝人的活动最初是在山西南部的汾水下游地区,但其后期已转移到河南西北部的伊、洛下游一带(有所谓"伊洛竭而夏亡")。考古工作者在山西南部的夏县的东下冯遗址和河南西北部偃师二里头文化遗址发现其文化有许多相似之处,这两个地区又是史籍上记载的夏族人活动的地

---

① 钱穆:《中国文化史导论》,商务印书馆1993年版,第2页。

区,经过碳14测定,其年代大约在公元前1900—前1600年,与夏代纪年大体一致,这可能就是夏代的文化遗址,传说中的夏之前的唐虞也源于汾河边,而如果文明的源头再往前溯,可能就在黄河上游的一干支流了(约今甘肃一带,即大地湾文化)。

独特的山川地貌形塑了中国文化的气质与底蕴,中国和其他文明的中心不仅距离遥远,而且西面隔着巍峨的昆仑山脉、喜马拉雅山脉和青藏高原,北面是西伯利亚和蒙古高原,隔着沙漠、荒野、极冷的严寒地带和高山,南面是东南半岛的热带雨林和海洋,东面隔着浩瀚的太平洋,在生产工具比较落后的时期,要越过这些地理障碍几乎是不可能的。马克思曾说:"与外界完全隔绝曾是保存旧中国的首要条件。"[①]相较中华文明,其他三大古代文明缺乏天然屏障,常遭入侵,因而后续中断乃至消失也绝非偶然。由此可见地理环境对中华文明的影响。

三、气候对中华文化的影响

中国大部分领土都处于温带,中国气候有三个特点。一是季风气候明显,主要表现为冬夏风向有显著变化,随季风的变化,降水量也有明显的变化。二是大陆性气候强,表现为冬夏两季平均温度与同纬度其他国家和地区有较大的差异。冬季低于同纬度地区,夏季则高于同纬度地区,气温年差较大。三是气候类型多种多样。从相关资料看,上述这些特点有史以来并没有太大的变化。

农业文明时代,农业生产离不开大自然的阳光雨露,收成的好坏在土壤的问题解决之后就主要取决于气候。中原地区的季节划分特别明晰,因而气候会成为影响农业生产的首要问题。农业生产如果不能和季节相吻合就意味着歉收或没有收成,当我们的祖先观察、行动、思考并以某种经验性的方式把握天气变化的规律时,不仅对天气有所了解,也对天地宇宙有了一定的认知和思考。比如龙崇拜的原型是闪电崇拜[②],与季节和降水有关,汉字中的"神"字从示从电,与闪

---

① 《马克思恩格斯全集》第四卷,人民出版社1958年版,第111页。
② 也有学者提出,甲骨文中的"龙"字,是东方苍龙七宿的连线。参见冯时:《中国天文考古学》,中国社会科学出版社2007年版,第307页。这一说法同样说明龙和与气候相关的天文历法有关。

电有关,"申"就是天空中的闪电形。《说文解字》:"龙,麟虫之长。能幽能明,能细能巨,能短能长,春分而登天,秋分而潜渊。"其对龙的认知与气候及因气候产生的历法有关。长江流域由于降水的优越性,其文明在解决季节问题上缺乏进一步发展的动力,而黄河流域比长江流域干旱,人们面临着降水变化不定且不太充足的问题,所以首先由中原地区产生了更为先进的文明,并标志着华夏文明的诞生是必然的。可以说,中国人一开始就在一种求知、上进、勤奋、耐劳的情况下创造着自己的文化。

此外,气候还会造成人口的迁徙,随着华夏祖先对气候规律的认知,他们就会开始迁徙,迁徙的过程也会是一个了解气候天道变化的过程。最早的祭祀对象主要是围绕农业生产及其所影响的社会生活来决定的,谁无力解决气候问题,谁的统治就会失去合法性,谁有能力解决气候问题,谁就能成为当时生产和生活的首领。

对气候的观察和探究直接促成了天文历法的产生。20世纪80年代发现的山西襄汾陶寺遗址,其中最重要的发现是一座太极观象图,其天文学观测水平达到令人震惊的程度。考古学家何驽的团队从2003年12月22日冬至到2005年12月23日冬至,模拟观测了两年,从观测墙的不同墙缝中观测到了冬至、春分、秋分、夏至的日出[①],由此可见中国古代天文历法所达到的惊人程度。

第二节 古代神话与《山海经》

一、中国古代神话

神话由于富含种种"神怪幻变"的因素,常被世人看作是具有虚构性质的文学艺术样式,然而实质上,神话不仅仅属于文学艺术的范畴,它也是来自远古的文化灵魂密码。

神话的产生和现实生活有紧密的联系,它是作为一种社会观念

---

① 北京大学中国考古学研究中心编:《古代文明》第六卷,文物出版社2007年版,第83—115页。

和形态的产物。马克思在《〈政治经济学批判〉导言》中说:"希腊神话不只是希腊艺术的武库,而且是它的土壤。"意思是说,从希腊神话中产生出希腊艺术来。不仅希腊,任何时代的任何国家和民族的文化总要吸取神话的乳汁来作为它的营养,神话是民族文化形成和发展的原初土壤,不管这土壤后来发生何种变化,都不能否认神话存在的原初意义和价值。探索中华文明的源头,我们需要重新进入上古的历史,重新进入历史的理论前提——对中国文化传统做出"大"和"小"的区分①。何谓大小传统?以汉字的有无为标记,前汉字时代的传统称为"大传统",汉字书写的传统称为"小传统",在此"大小传统"视域之下,我们更能理解上古神话存在的价值和意义。

上古神话产生于没有文字的时代,由于没有文字,都是口耳相传,流传到文字时代,就有了一些简单的记录。但由于我国远在西周初期就形成了人本主义,与神话思维(以神话来理解和思考现实)形成了较大距离②,因而神话曾大量佚失,保存下来的也都是一些零散的片段。而这些零星的片段还常常是采自不同性质的书籍,加之后来的神话被改编后伦理化也较严重③,神话在后世不仅未被光大,反而又有散佚。上述种种原因,导致在中国神话一直是残碎的和边缘的,仅被理解为文学艺术之一种,而忽视了神话中所蕴藏的历史文化信息。

透过神话的外衣,从某种程度上来说,神话和历史(此指狭义的历史)一样,均是这个民族所有成员的共同记忆,只不过由于后人与上古先人在思维方式上的巨大差异,造成了后人对神话的距离和忽视。可以说,神话本身也是历史。西方哲学家海德格尔认为,神话作

---

① 大传统与小传统是美国人类学家罗伯特·雷德菲尔德在1956年出版的《农民社会与文化》中提出的一种二元分析的框架。他所说的大传统是指以城市为中心,社会中少数上层人士、知识分子所代表的文化;小传统是指在农村中多数农民所代表的文化。叶舒宪将大小传统的概念化用到中国文化研究中,用以指"有文字之前的文化"和"有了文字后的文化"。

② 上古社会,人们相信各种超自然力量,信仰神灵,以神性思维理解世界。关于神话思维可参见卡西尔:《神话思维》,黄龙保、周振选译,中国社会科学出版社1992年版。

③ 相比于西方神话而言,中国神话没有完整的宗教经典或神话作品,均系零散的独立神或神话片段,而上古中国与西方同样有发达的巫文化,因而神话无疑大量佚失了。

为一种思维方式,比逻辑理念哲学更能趋近真理①。综而言之,神话是上古先民在当时特定的生活环境中,以其神话思维产生的精神信仰,及其对宇宙万物的思考,它保留了大量的上古社会文化风貌和许多珍贵的资料与信息,它包含着当时社会文化形成过程的"深层结构"的密码。

神话之所以重要还在于其所具有的集体无意识性质。从意识的层面来看,文本可分为意识性文本和无意识性文本,经史之属,多是意识层面上的记录和话语,而神话多是无意识层面的存在,因而后世任何意识性话语都很难完全覆盖神话之深意,从神话中能看到民族集体无意识的生动展示,不管你是否意识到,这种集体无意识一直在不知不觉中影响着我们的民族。

总之,神话蕴藏着我们民族的秘密和灵魂,我们对上古史的了解和探究绝不能忽视神话传说,从对这些古代神话和传说的阅读和理解中,我们能更为接近我们民族文化的源头,感触我们伟大的文化在开始阶段的心跳和脉动。

二、《山海经》之文化密码

《山海经》是一部众所周知的奇书。它虽然顶着"经"的名号和光环,其内容却与其他先秦经典迥然不同,以"怪力乱神"为其突出的叙述特色。这样的内容,使它获得"志怪之祖"的地位。它是现在唯一的保存中国古代神话资料最多的著作,中国上古时代最有名的神话几乎都来自《山海经》。《山海经》全书现存 18 篇,包括《山经》5 篇、《海内经》5 篇、《海外经》4 篇、《大荒经》4 篇。其作者不详,应不可能是一人一时一地所能完成的。《山海经》的作者应该与"巫"这个阶层有关。在中国上古时期,"巫"是一个特殊的阶层,《国语》记载"绝地通天"以前的年代是"民神杂糅","家为巫史",古代的巫掌握有丰富的社会文化历史知识,不同于后世从事迷信活动者,他们中的杰出者充当着上古时期社会政治、文化的领袖。鉴于此,鲁迅说《山海经》是

---

① 关于海德格尔的神话观,参见叶舒宪.《神话原型批评》,陕西人民出版社 1987 年版。

"古之巫书"(《中国小说史略·神话与传说》),应是人类早期文化的共同记忆。袁行霈说《山经》是"巫祝之流"根据远古流传下来的传说做的记录,《海经》是方士的记录①。还有游国恩、萧兵、何观洲等人也都认为此书作者有浓厚的"巫"的色彩。

在我国古代典籍中较早提到《山海经》的是司马迁,他在《史记·大宛列传》赞语中说:"至《禹本纪》、《山海经》所有怪物,余不敢言之也。"《山海经》在流传过程中,应该有图画相配,比如郭璞所注《海外南经》《大荒北经》中有"画似仙人""画似猕猴""图亦作牛形"等语句。陶渊明的《读山海经》中有"流观山海图"句。郭璞和陶渊明所见的《山海经图》东晋以后即已失传。

从中华文化探源的视角看,《山海经》的参考价值是无与伦比的,因为过去被认为是荒诞难解的一些叙事,借助于20世纪以来的新知识视野,逐渐显露出原本的历史真实性。

首先,《山海经》是上古时代的百科全书。《山海经》各篇风格虽不相同,述说的内容也有很大的差异,但以神话(神话思维)的方式讲述了我国上古社会文化的方方面面,全书犹如一部宏伟的民族史书,其神话资料中包罗万象,涉及历史、地理、天文、气象、宗教、民俗、动物、植物、矿物、医药、民族学、人类学、地质学、海洋学等。只是由于它在后人的眼光看来驳杂不纯,又被浓厚的神怪色彩笼罩着,因而成为一本"失落的天书"。仅以地理和天文为例来看,《山海经》是我国地理学的开创之书,深刻影响到后来《汉书·地理志》《水经注》等典籍的地理学观念和规范;在天文上,《山海经》记载了我国早期的天文观测和立法创制。上古时期,随着农业发展的需要,人们开始探索日月运行的规律,在长期观测中发现日月照射山冈所形成的山影(即日景),依季节不同而有长短的差别,用此来确定耕种的日期,如《大荒经》记载的大言、合虚等六座"日月所出"的山,方山、龙山等六座"日

---

① 袁行霈:《山海经初探》,朱东润等编:《中华文史论丛》1979年第3辑,上海古籍出版社1979年版,第7页。

月所入"的山,便是观测日影的标准山①。《山海经》中天文历法的相关记载不胜枚举,很多奥秘还有待我们去探索。

其次,《山海经》中蕴含着中华文化的人文传统。想要知道最早的中国是什么样的,最早的中国人是什么样的,他们有着怎样的"精气神",他们有着怎样的文化心灵,那就必须要去读读《山海经》中的那些神话人物。陶渊明《读山海经》云:"精卫衔微木,将以填沧海。""精卫"虽小,沧海固然浩大,然而精卫坚忍不拔的毅力和决心却比沧海还要浩大,它坚信正义的力量,它所表征的一种悲壮与不屈之情穿越千古。夸父为了追寻日影,"知其不可而为之",大地和山河因为他的倒下而壮丽无比,其无所畏惧、勇于探索和求知的精神,永远打动人心。刑天所表现的反抗强权、宁死不屈的斗争精神,也是我们民族与生俱来的精神气韵。还有女娲、后羿等,他们都是我们民族最本真的形象,他们开启了我们民族通向未来的一扇扇精神之门,他们对真善美的追求和有关是非的观念,绵延不息,潜移默化中影响了一代代有志气、有心气的中华儿女。从东汉晚期的太学生、魏晋不为名利所屈的文人名士……明末的东林党人、清末民初的文人志士,到建立现代中国的英雄们,在他们身上,不断重复闪现着精卫、刑天、夸父、女娲等《山海经》神话人物的身影。《山海经》神话所蕴含的文化血统,是我们民族的傲气、灵气和元气所在,我们的文化为何经久而不衰,这应是最为重要的原因之一。

《山海经》中还有着我们这个民族最原初的民族之梦,如"有沃之国,沃民是处。沃之野,凤鸟之卵是食,甘露是饮。……鸾凤自歌,凤鸟自舞,爰有百兽,相群是处,是谓沃之野",他们向往一种和谐、安宁、自由、友爱的美好生活,像极了后来陶渊明所描写的"桃源中人",这种"思想图景"成为中华民族几千年来渴望实现的理想,成为激励我们民族不断前进的不竭的精神力量。

《山海经》蕴藏着我们民族文化的密码。它是一部最古老的方

---

① 关于《山海经》中的天文历法信息可参见徐南洲:《〈山海经〉——一部中国上古的科技史书》,中国山海经学术讨论会编辑,《山海经新探》,四川省社会科学院出版社 1986 年版;刘宗迪:《失落的天书——〈山海经〉与古代华夏世界观》,商务印书馆 2006 年版。

志、一部氏族社会志、一部民族心灵志,是我们这个民族最为原初的民族记忆、人文精神,是我们民族的本心和元气。从《山海经》里读出的,是具有悠久文化传统的中华民族。

本章文选

一、《山海经》神话三则

1. 夸父逐日[1]

大荒之中,有山名曰成都载天[2],有人,珥两黄蛇[3],把两黄蛇[4],名曰夸父。后土生信[5],信生夸父。夸父不量力,欲追日景[6],逮之于禺谷[7]。将饮河而不足也[8],将走大泽[9],未至,死于此[10]。

夸父与日逐走,入日[11]。渴,欲得饮,饮于河、渭[12];河、渭不足,北饮大泽。未至,道渴而死。弃其杖,化为邓林。

(据袁珂:《山海经校注》,上海古籍出版社1980年版,下同)

[1] 本文前一段出自《山海经·大荒北经》,后一段出自《山海经·海外北经》,两经中均有"夸父逐日"的神话记载。
[2] 载天:即"戴天",山顶连接着天,形容极高。
[3] 珥:戴在耳朵上的饰物。这里用作动词。
[4] 把:手里攥着。
[5] 后土生信:"后土"和"信",都是神话中的人名。
[6] 日景:日影,即日光。景:同影。
[7] 逮:追上。禺谷:又叫"虞渊",是传说中太阳所入之处。
[8] 将:乃,就。河:黄河。
[9] 大泽:古泽名,在雁门山北,或说即《史记》和《汉书》所说的瀚海。
[10] 死于此:晋郭璞《山海经注》:渴死。
[11] 入日:有两说。一说走入了太阳,一说追赶到太阳落下的地方。
[12] 渭:渭水。

2. 精卫填海[1]

又北二百里,曰发鸠之山[2],其上多柘木[3]。有鸟焉,其状如乌[4],文首,白喙[5],赤足,名曰精卫,其鸣自詨[6]。是炎帝之少女,名曰女娃。女娃游于东海,溺而不返,故为精卫。常衔西山之木石,以堙于东海[7]。漳水出焉,东流注于河。

[1] 本文选自《山海经·北山经》。据《述异记》卷上,炎帝的女儿为东海水淹死,其精魂化为"精卫"鸟。
[2] 发鸠之山:古代传说中的名山。
[3] 柘(zhè)木:桑树的一种。
[4] 其状如乌:其形状如乌鸦。
[5] 文首:头上有花纹。"文"同"纹",花纹意。喙(huì):鸟嘴。
[6] 其鸣自詨(xiāo):它的叫声是在呼唤自己的名字。"精卫"是这种鸟的叫声,以叫声作为鸟名。
[7] 堙(yīn):填塞。

3. 刑天舞干戚[1]

刑天与帝至此争神,帝断其首,葬之常羊之山[2],乃以乳为目,以脐为口,持干戚以舞[3]。

[1] 选自《山海经·海外西经》。刑天就是断首者的意思,因为被断了首,所以称它为刑天。《路史·后纪三》说"(神农)乃命刑天作《扶犁》之乐,制《丰年》之咏",据此,刑天当是炎帝神农的属臣和属神。陶渊明《读山海经》诗中言:"刑天舞干戚,猛志固常在。"虽是简短的两句,却把他的精神和气魄描写得非常充足。
[2] 《宋书·符瑞志》说:"有神龙首感女登于常羊山,生炎帝。"刑天所葬首的常羊山是炎帝神农降生之山。
[3] 干戚:干,盾牌;戚,大斧。

二、《淮南子》神话二则

1. 女娲补天[1]

往古之时,四极废,九州裂[2],天不兼覆[3],地不周载[4],火爁焱而不灭,水浩洋而不息[5],猛兽食颛民[6],鸷鸟攫老弱[7]。

于是,女娲炼五色石以补苍天,断鳌足以立四极,杀黑龙以济冀州[8],积芦灰以止淫水[9]。

苍天补,四极正;淫水涸,冀州平[10];蛟龙死,颛民生[11];背方舟[12],抱圆天。……当此之时,禽兽虫蛇,无不匿其爪牙,藏其螫毒[13],无有攫噬之心。

考其功烈,上际九天,下契黄垆[14],名声被后世,光晖薰万物[15]。乘雷车,服应龙,骖青虬,援绝端[16],席萝图,黄云络,前白螭,后奔蛇,浮游消摇,道鬼神,登九天,朝帝于灵门[17],宓穆休于太祖之下。然而不彰其功,不扬其声,隐真人之道,以从天地之固然[18]。

(据何宁:《淮南子集释》,中华书局版"新编诸子集成",下同)

[1] 本文选自《淮南子·览冥训》。女娲:据说是我国化育万物的古创生神。
[2] 四极:泛指四方。九州:泛指中国大地。传说中,中国分为九州。
[3] 天不兼覆:此指天有塌落而不能全面覆盖大地。
[4] 地不周载:此指大地有崩裂而不能周全地容载万物。
[5] 爁(làn)焱(yàn):大火绵延燃烧状。浩洋:水大状。
[6] 颛(zhuān)民:淳朴善良的百姓。
[7] 鸷鸟:凶猛的鸟。攫(jué):用爪抓取。
[8] 鳌:海里一种大龟。黑龙:此当指水怪之类,杀之以止水。冀州:古代九州之一,主要是指中原地区。此处当代指九州大地。
[9] 芦灰:芦柴烧成的灰。淫水:泛滥的洪水。
[10] 涸:干枯,此指洪水消退。
[11] 蛟龙:此指凶猛的禽兽。生:得以生存。
[12] 方舟:即大地。持"盖天说"之古人认为天圆地方,故称方舟。
[13] 螫(zhē):虫行毒叫螫。
[14] 功烈:功业。契(qiè)古同"锲",用刀子刻。黄垆(lú):黑色坚硬的土。
[15] 晖:同"辉"。熏:煦照。
[16] 服:驾居于车辕中间的马叫服。应龙:生翅膀的龙叫应龙。骖(cān):驾居于车旁的马叫骖。虬(qiú):没有角的龙叫虬。绝瑞:稀罕的瑞应之物。
[17] 螭(chī):龙类。消摇:同"逍遥"。道:同导,导引。帝:天帝。灵门:神灵所居的门。
[18] 宓(mì)穆:庄严宁静。太祖:指天帝。真人:具有真德的人,指女娲。

2. 共工怒触不周山[1]

昔者,共工与颛顼争为帝[2],怒而触不周之山[3],天柱折,地维绝[4]。天倾西北,故日月星辰移焉;地不满东南,故水潦尘埃归焉[5]。

[1] 共(gōng)工:传说中的部落领袖,炎帝的后裔。共工是《山海经》中又一英雄形象。共工与颛顼帝斗争也可算是古代神话传说中黄帝和炎帝那场大斗争的继续。因为颛顼是黄帝系统的神,而共工却是炎帝系统的神(均见《山海经·海内经》),在继炎帝的属神刑天"与帝争神"(《山海外西经》)之后,又有"共工与颛顼争为帝",真是彼仆此起,波澜壮阔。从共工触山神话的零星片段中略可窥见整个黄、炎斗争的。本篇选自《淮南子·天文训》。
[2] 颛顼(zhuān xū):传说中的五帝之一,黄帝的后裔。
[3] 触:碰、撞。不周山:山名,传说在昆仑西北。《淮南子》载:"大荒之隅,有山而不合,名曰不周。"
[4] 天柱折,地维绝:支撑天的柱子折了,挂地的绳子断了。古人认为天圆地方,有八根柱子支撑,地的四角有大绳系挂。

[5] 水潦(lǎo)：泛指江湖流水。潦，积水。尘埃：尘土，沙子，这里指泥沙。

三、陶渊明《读山海经》[1]（其一）

孟夏草木长，绕屋树扶疏[2]。
众鸟欣有托，吾亦爱吾庐。
既耕亦已种，时还读我书。
穷巷隔深辙，颇回故人车[3]。
欢言酌春酒，摘我园中蔬。
微雨从东来，好风与之俱。
泛览《周王传》[4]，流观《山海图》[5]。
俯仰终宇宙[6]，不乐复何如？

（据袁行霈：《陶渊明集笺注》，中华书局2011年版）

[1] 陶渊明有《读山海经》组诗十三首，本篇为第一首，写隐居独处和泛览《山海经》之乐趣。
[2] 孟夏：夏历四月。扶疏：繁茂，指树木枝叶纷披的样子。
[3] 穷：偏僻。隔：隔断，指不便大车往来。深辙：大车的车辙。回：使……掉转。
[4] 《周王传》：指《穆天子传》，这是一部夹杂着许多神话传说的游记，记周穆王西游的故事。
[5] 《山海图》：据云《山海经》有古图，亦有汉所传图。郭璞有《山海经图赞》。
[6] "俯仰"句：俯仰，低头抬头之间。终，穷尽。句意是说俯仰之间就可以极尽宇宙之事。

思考与练习

1. 探寻中华文化的源头有什么意义？
2. 你如何看中华文明的起源？何谓"二重证据法"？
3. 地理环境和气候对中华文化有哪些影响？
4. 《山海经》对中华文化有何意义？
5. 选读《山海经》，谈谈你的阅读感受。

第二章　仁者爱人

左-仁-仨-仨-仁-仕-仁-仁-仁

《说文解字》:"仁,亲也。从人、从二。"仁字的主流形态为人、二的组合,虽然多了一个"二",但本质仍然是人,只不过表达的意思是超越个人的群体,本质是在谈人际关系。如何处理人际关系,是儒家学说一直在思考的核心问题之一,也是儒家治世的方式、儒家的道。就《说文》的解释来看,对人亲近、友善是一种处理人际关系的方式,这也可以和《论语·颜渊篇》所说的"爱人"相印证。

第一节　儒学与儒经

儒,《说文解字》的解释是"柔也,术士之称",表明"儒"字有"柔软"的含义,同时指代秉持儒家学说的那些人。清徐灏《说文解字注笺》说:"人之柔者曰儒,因以为学人之称。"儒学即儒家学说,指的是孔子创立的儒家学术流派。从《说文》的解释来看,儒家学说、学者人格基本都有"柔"的特征;而从儒家的主张来看,仁、礼、德政、教化等概念的确都是柔性地改变人的方式。

经,《说文解字注》:"织纵丝也。"《正字通·糸部》说:"凡织,纵曰经,横曰纬。"本义是布的纵线,因织布时先立经线以成框架,故先民取经线的恒常之义以名经书。如刘熙《释名·释典艺》就说:"经,径也,常典也。如径路无所不通,可常用也。"儒经则指的是承载儒家学说的经典,经、史、子、集四部中的经部文献,基本都是汉代以后历朝官方认可的儒经。之所以历代王朝都承用儒家学说与经典,是因为在治世方面儒家提倡的仁、教化等柔性社会治理的方式方法能够发挥作用,而其他诸子的学说都有失偏颇。

一、儒经的形成

《庄子·天运》有言:"丘治《诗》《书》《礼》《乐》《易》《春秋》六经。"《庄子》较早地提出了"六经"这个概念。其中《乐》亡佚,《礼》在汉代指《仪礼》,宋朝以后五经中的《礼》一般是指《礼记》。《庄子》这句话中的"经"指的是有价值的文献,而我们今天所理解的"经"则包含了"官方认可"这一层新的含义。传统的说法如《论语·述而篇》"子所雅言,《诗》《书》、执礼"所言,认为孔子有整理、传授六经的工作,因而它们就作为儒家基本典籍而存在了。

秦汉时期,《乐》已亡佚①,人们只能见到其余五经。前人曾记叙了五经的传承过程,例如三国时吴国陆玑曾介绍了《诗经》的传授,其中关键人物有孔子、卜商、荀卿、毛亨、毛苌、贾逵、郑玄等人②,古人学术谱系可见一斑。《尚书》等经典也因藏于孔子老宅墙壁而躲过秦火,又有伏生等老儒生口耳相传,才流传至今。

《礼记·经解》曾说:"孔子曰:入其国,其教可知也。其为人也温柔敦厚,《诗》教也;疏通知远,《书》教也;广博易良,《乐》教也;絜静精微③,

---

① 关于《乐》的亡佚,前人曾归罪于秦焚书,也有人认为因《乐》为配诗演奏的乐谱故未能流传。
② 陆玑《毛诗草木鸟兽虫鱼疏》:"孔子删诗,授卜商。商为之序,以授鲁人曾申。申授魏人李克,克授鲁人孟仲子,仲子授根牟子,根牟子授赵人荀卿,荀卿授鲁国毛亨。亨作诂训传以授赵国毛苌,时人谓亨为大毛公,苌为小毛公,以其所传故名其诗曰《毛诗》。苌为河间献王博士,授同国贯长卿,长卿授阿武令解延年,延年授徐敖,敖授九江陈侠,为新莽讲学大夫,由是言《毛诗》者本之徐敖。时九江谢曼卿亦善《毛诗》,乃为其训。东海卫宏从曼卿受学,因作《毛诗序》,得风雅之旨,世祖以为议郎。济南徐巡师事宏,亦以儒显。其后郑众、贾逵传《毛诗》,马融作《毛诗传》,郑元作《毛诗笺》,然鲁、齐、韩诗三氏皆立博士,惟毛诗不立博士耳。"亦可参看《汉书·儒林传》《后汉书·儒林传》。
③ 絜,通洁。洁净指的是研究《周易》时需要排除杂念、全神贯注,精微指的是研究《周易》时需要保持精细入微的科学思维。

《易》教也；恭俭庄敬，《礼》教也；属辞比事①，《春秋》教也。"简要分析了六经的特征和作用。西汉学者扬雄在《法言·寡见》篇曾评价道："惟五经为辩：说天者莫辩乎《易》，说事者莫辩乎《书》，说体者莫辩乎《礼》，说志者莫辩乎《诗》，说理者莫辩乎《春秋》。"用一个字概括一部经典的主要特征，可谓切中肯綮，也反映了当时经书在人们心目中的崇高地位及其政治、学术价值。

汉文帝时，贾谊通《诗》《书》而被立为博士②，董仲舒因通《公羊传》而被景帝举为博士。武帝建元五年（前136年）采纳董仲舒"推明孔氏，抑黜百家"的建议，"罢黜百家，表章六经"，专设齐、鲁、韩三家《诗》及《书》《礼》《易》《公羊春秋》五经七家博士，博士弟子经过考试或察举，可出任政府官员。这就是人们通常说的"罢黜百家，独尊儒术"。此时的儒家学说已经是掺杂了其他诸子学说的、与孔孟之说不尽一致的汉代儒学，因其维护封建统治，神化专制王权，因而被历代统治者奉为正统治国思想，更成为传统文化的正统和主流③。

经历过以上变化后，儒家的"经"逐渐由原来"有价值的文献"之意变为"官方认可的典籍"之意，从而在后代政治家及学问家的心目中产生完全不同的印象和影响。

二、儒经的传承

首先列表看看十三经的衍变过程。

---

① 我们常说的《春秋》笔法，微言大义，就是在看似简单的遣词造句之中表现出极为深刻的褒贬用意。

② 博士自古既有，为学官名。六国时已有博士，秦因之，诸子、诗赋、术数、方技等皆立博士。汉文帝置博士，《论语》《孝经》《孟子》《尔雅》等立于学官，武帝置五经博士，是太常的属官，职责是教授、课试、奉使、议政等，通古今以备顾问。晋有国子博士，唐有太学、太常、太医、律学、书学、算学等博士，都是教授学生官。明、清亦立博士一职。

③ 西汉武帝立五经博士，立五经于学官。东汉增《论语》《孝经》而为七经。唐代于《仪礼》外增《周礼》《礼记》，成九经：《易》《书》《周礼》《礼记》《仪礼》《诗》《左传》《穀梁传》《公羊传》。宋代则确定了十三经：《易》《书》《周礼》《礼记》《仪礼》《诗》《左传》《穀梁传》《公羊传》《论语》《孝经》《尔雅》《孟子》。如果细分，则十三经中《易》《书》《周礼》《仪礼》《诗》《春秋》为经，《左传》《穀梁传》《公羊传》为传，《礼记》《孝经》《论语》《孟子》为记，《尔雅》则专为训诂字词章句所用。

六经	五经	唐九经	《经典释文》所列九经	宋代十三经
诗	诗	诗	诗	诗经
书	书	书	书	书经
礼	礼	周礼	周礼	周礼
		仪礼	仪礼	仪礼
		戴礼	戴礼	戴礼（《大学》《中庸》）
乐	亡佚			
易	易	易	易	易
春秋	春秋	左传	左传	左传
		公羊传	公羊传	公羊传
		穀梁传	穀梁传	穀梁传
				论语
				孟子
				孝经
				尔雅

儒经的传承，自孔子创办私学以来始有明确的学脉记载。《史记·孔子世家》说道："孔子以《诗》《书》《礼》《乐》教，子弟盖三千焉，身通六艺者七十有二人。"这是"三千弟子、七十二贤人"之说较早的记载，也表明了儒经的传承自孔子始。下面简要叙述一下经书传承的大致脉络。

《易》由孔子授商瞿，至于田何。

《书》由孔子授漆雕开及孔子后人，至于孔鲋。

《诗》由孔子授子夏，六传而至于荀卿，荀卿授浮丘伯（鲁诗之祖）及毛亨（毛诗之祖）。

《春秋》自左丘明六传而至荀卿，荀卿授张苍，为"左氏学"之流。

《公羊传》由子夏传公羊高，五传至胡毋生。

《穀梁传》由子夏传穀梁赤，穀梁赤授荀卿，荀卿授申公。

孔门子弟多熟稔《礼经》，如曾子、子游、孺悲等人。其人多有为《礼》作传者，如子夏作《丧服传》；《大戴礼》《小戴礼》则是杂录古代记礼之书及孔子言论而成;子思作《中庸》等。

孔门后学中子夏一脉作《尔雅》,释六经字词。受业于子思的孟子长于《诗》《书》,作《孟子》。

秦虽有焚书坑儒,但朝中仍设有博士之职。汉代建立后,秦博士叔孙通为汉制礼仪,张苍为汉定律令,都是经学传承的表现,也是经学入世的表现。汉惠帝四年(前191年)废除挟书之令①,揭开了汉代经学繁荣的序幕。此后汉代陆续设立博士之职,至武帝建元五年(前136年)罢黜百家博士,专设儒家五经博士,有以下七家:《书》《易》《礼》《春秋公羊传》各一家,齐、鲁、韩三家《诗》博士。

汉初田何受孔子所传《易》,再传至司马谈、京房、施雠、孟喜、梁邱贺,于是《易》有"京氏之学""施、孟之学"及"梁邱之学"。施、孟、梁邱、京氏之《易》学,西汉时皆立于学官,属于今文学派。而当时民间私传的《易》学,有出于费直的"费氏之学"、出于高相的"高氏之学"。

《尚书》自秦焚书之后久未见于世。济南伏生口述二十篇传于晁错、张生,因有《尚书》"欧阳氏之学"。张生授夏侯都尉,再传至夏侯建,于是有"大小夏侯之学"。欧阳氏、大小夏侯氏三家,皆立于学官为博士,是今文经学派。东汉时欧阳氏世为帝师,所以影响力最大。孔安国得到发现于孔子旧宅的古文《尚书》十六篇,以汉隶重抄,并奉诏作书传,定名为《古文尚书》,开创了古文《尚书》流派,其后马融、贾逵皆为其中名家。

汉代流传的《诗经》,有鲁诗、齐诗、韩诗、毛诗等不同派别。齐、鲁、韩三家诗在汉武帝时皆立于学官,毛诗晚在汉平帝时立于学官。《诗经》因是韵文,初无今古文之别。《毛诗》归属于古文经学派,章太炎认为是因为它的说法与其他三家不同:《诗经》中关于史实的部分与《左传》所述大致相同,关于典章制度的内容与《周礼》相同,关于字词训诂的内容则与《尔雅》相同。

《春秋》的传授,本有左氏、公羊、穀梁、邹氏、夹氏之别,邹氏、夹氏皆无其书,所以失传了。《公羊传》可以划归今文经学派别,《左传》《穀梁传》则属古文经学学派。

---

① 秦始皇帝三十四年(前213年),丞相李斯奏议禁止私人藏书,因有挟(藏)书之令。

《礼》的文本,有《周礼》《仪礼》《大戴礼》《小戴礼》等数种。汉初有位叫高堂生的儒者,传于弟子《士礼》十七篇,即《仪礼》。高堂生授萧奋,再传至后苍,后苍授沛国庆普及梁地戴德、戴圣,戴德即大戴,戴圣即小戴,二位所传即《大戴礼》《小戴礼》。东汉末年郑玄也曾为《士礼》十七篇作注。庆普所传即《礼》庆氏之学。新莽时刘歆为国师,立《周官经》于学官,即《周礼》。后代学者如杜子春、郑兴与郑众父子、贾徽与贾逵父子、马融、卢植、郑玄等皆于《周礼》有所撰注。自郑玄于三礼作注,《周礼》《仪礼》《礼记》始并称三礼。

西汉时期的《论语》,有鲁《论语》、齐《论语》、古文《论语》之分。古文《论语》出于孔子老宅墙壁夹缝之间,共二十一篇,孔安国曾作传、马融作注。齐《论语》为齐人所传,共二十二篇,王吉、五鹿充宗、胶东庸生等人传习之。鲁《论语》为鲁人所传,与今本《论语》篇章次序相同,共二十篇,夏侯建、夏侯胜、郑玄等人皆于鲁《论语》有撰注。

汉文帝时曾将《孟子》立于学官,设博士职位,但时间不长又废止了。韩婴、董仲舒、刘向、扬雄等人对《孟子》推崇备至,东汉赵岐、高诱、郑玄、刘熙等人皆于《孟子》有所撰注。但终汉之世,《孟子》并未被尊为经。

戴圣删定《礼记》,将《中庸》《大学》列入书中,成为《小戴礼记》的一部分。董仲舒在《春秋繁露》中就已多处引用《中庸》之语,东汉郑玄认为是子思所作。后经北宋程颢、程颐、朱熹等人大力推广,列入"四书"。

《孝经》在西汉时也有今古文之别,今文学派的《孝经》传承属于"齐学"流派。古文《孝经》也出自孔子老宅夹墙,鲁国三老献书于朝廷,与今文《孝经》多有不同。

《尔雅》可以说是我国最早的词典,"尔"是"近"的意思,"雅"与"俗"相对,含有"官方认定"之意,"尔雅"就是说书中所记都合乎标准和规范。汉文帝时《尔雅》与《孟子》同时立于学官,设博士一职。叔孙通、犍为舍人、刘歆、郑玄等人皆有传注,多亡佚不传。

《说文解字》也属经学的内容,详见下节。

第二节 两汉经学

经学因其师承关系不同,分为很多流派。如汉初田何传商瞿之学,授王同等人,王同授杨何,杨何授司马谈、京房等人,再传至东汉郑玄,为《易》之古文学派。《尚书》自秦焚书后,由济南伏生口述传于晁错、张生,再传至欧阳高,有《尚书》欧阳氏之学,属于今文学派。又如,《诗经》传于汉有鲁、齐、韩、毛之别,前文已述及毛诗的传承。各家学说秉持己见,往往大有抵牾,争论不休。又因经书抄写版本不同、所用文字不同,因此产生了今古文经学之分。

一、今古文经学

文,指文字。

今文指的是汉代通行的隶书,古文则是先秦文字(可以简单地用"大篆"统括),包括甲骨文、金文、简帛书等。

今文经指的是汉初由老儒生口耳相授的经典,这些书都用汉代通行文字传抄而成。前述文帝、景帝、武帝时期立于学官的经典,多属此类。相应的,古文经则指武帝之后不断发现的古本经典,有从孔子老宅墙内发现的古文《尚书》《礼记》《论语》《孝经》等。这些书被发现时由大篆写成,在被发现后的传授过程中虽也产生隶书抄本,但仍属古文经。司马迁在《史记·儒林列传》中说:"孔氏有古文《尚书》,而安国以今文读之,因以起其家。"龚自珍在《大誓答问》中说:"今文、古文同出孔子之手,一为伏生之徒读之,一为孔安国读之,未读之先皆古文矣,既读之后,皆今文矣。唯读者人不同,故其说不同。源一流二,渐至源一流百,如后世翻译,一语言也,而两译之、三译之,或至七译之,译主不同,则有一本至七本之异。"

今文经学,指的是在《易》《诗》《书》《礼》《春秋》等经典的流传过程中,以今文经为主要研习对象的学问及其学派。1933年商务印书馆出版的冯友兰《中国哲学史》第二编中才明确提出今文经学、古文经学的概念。相对的,古文经学则奉古文经为正宗。简单来说,版本的不同直接导致经典文义理解上的分歧,这种在理解、治学方式等方面的差别随着时间流逝越来越大,但同时两派在争鸣过程中也曾互相取法、借鉴,终于导致东汉末年两派的合流。

古文经学相对于今文经学来说有重视小学①的特点,其学说与政治的关系不如今文经学紧密,而今文经学之说则多能符合现实政治的需求。古文学派的学者常常用合理的训诂知识批判今文经学对经书的随意曲解。

二、经学与《说文》

今文是汉代通行的隶书,对汉人而言,识读障碍较少。但古文经典的阅读却非要有文字、训诂的小学功夫不可,这方面的要求比今文经学要高。今文经学家也讲文字、训诂,但不如古文学派那么重视。古文经学在西汉立国之后很长时间没有立经学博士,没有中央政府的支持,缺乏与今文经学抗衡的政治资源。不过古文经学家多为小学大家②,这是古文经学的优势之一。

古代图书有经、史、子、集四部分类法,其中《尔雅》即为小学著作。因之小学著作多归入经部。《说文解字》就是其中之一。《说文解字》是东汉许慎的作品,是我国古代第一部以科学精神撰写的字典,所用部首分类法今天仍被我们用来编排字典,如《新华字典》《汉语大字典》等都借鉴了《说文》的思路与体系。许慎(约58—约147),字叔重,汝南召陵(今河南郾城)人。东汉著名经学家、文字学家,因其《说文解字》的开创之功而被尊为"字圣",世称"五经无双许叔重"。

许慎在《说文解字叙》里面说:"盖文字者,经艺之本,王政之始。"这也是古人对文字重要性的一个较为普遍的看法。阅读经典首先需要搞清楚的是字义,天子管理国家也需要借助文字发布政令。《说文解字》的创作受到汉代经学的巨大影响,因与经学的密切关系而受到时人的高度重视,而汉代经学的研究在《说文解字》问世之后也被推

---

① 小学指的是文字、音韵、训诂之学,是研究文字字形、字音、字义的学问。小学著作多属经部。
② 参见王国维:《两汉古文学家多为小学家说》,《观堂集林》第二册,中华书局1959年版。

进到了一个新的高度,两者可谓是相得益彰。经学为《说文解字》提供了丰富的语言材料、文化背景,可以说是《说文解字》的思想来源之一。许慎作《说文解字》的时代,古文经学势头高涨,也受到今文经学家的诋毁。今文经学家根据隶书随意解说字形,比如"马头人为长、人持十为斗"等,牵强附会,毫无理据。许慎对此深恶痛绝,说"人用己私,是非无正,巧说邪辞,使天下学者疑",并陈述作《说文解字》的用意:"今叙篆文,合以古籀,博采通人,至于小大,信而有证。稽撰其说,将以理群类、解谬误、晓学者、达神恉。"是有很强的现实针对性的。《说文解字》秉承古文经学的理念与成果,并对今文经学有较大程度的扬弃。

经过两汉经学家整理、解释的儒家经典为《说文解字》提供了丰富的语言材料。《说文解字》在解字的过程中,往往会引用《诗经》《春秋传》《尚书》《周礼》《礼记》《论语》《尔雅》等经书作为佐证。因之,我们可以更好地理解汉字的本义或较早的引申义,可以知道汉代人对经典文句的理解,从而可以借以考证经典文献的原貌。如"社"字,许慎解释说:"社,地主也。从示、土。《春秋传》曰:'共工之子句龙为社神。'《周礼》:'二十五家为社,各树其土所宜之木。'"此处即引《周礼》来说明"社"在周代的实际情况。《说文解字》形义统一①的释字理念源自儒家正名②的思想,受秦汉字书及字说的影响。从中,我们既可以知道《周礼》所说的"社"的准确含义,也可以知道"地主"的实际运用情况。

其次,经书中包含丰富的历史文化资料为《说文解字》的创作提供了深厚的文化底蕴。比如"嘼(兽)""獸"二字。"嘼"本是一种狩猎工具,引申为所捕之野兽。"獸"是在其基础上添加"犬"旁而成。《诗经·小雅》"搏獸于敖"郑笺③说:"獸,田猎,搏獸也。"《水经注》引《诗经》作"薄狩于敖"。《说文解字·犬部》因之,说:"獸,守备者。"这里

---

① 示表示祭祀之类的公共活动,土则和居住相关。"从示、土"则表明许慎在努力将字形和字义挂上钩,就是体现了"形义统一"的观念。
② 《穀梁传·僖公十九年》:"梁亡,郑弃其师,我无加损焉,正名而已矣。"孔子答子路问,曾说"必也正名乎"。诸如此类的正名思想,和名家的正名不一样。
③ 指东汉郑玄的笺注。

就充分说明《说文解字》的创作受到《诗经》的影响。罝是捕猎的工具,旁边有一条狗,组合起来则表示通过工具和狗的配合来捕获。《说文解字》所说"守备",正是这样的行为的反映。至于"獸"今天也用于指野兽,乃是后起义,守备这种行为所获猎物也可以称作"獸"。

最后,古人的世界观和方法论成为《说文解字》的思想基础。《说文解字》开篇第一字是"一",许慎对它的解释是:"惟初太始,道立于一。造分天地,化成万物。"从先秦典籍《周易》《老子》中流传下来的宇宙生成观,在汉代人及许慎身上体现得很明显,这既是许慎的优点,也是后人据以诟病《说文解字》的地方。古人认为,宇宙的原初为无极,无极生太极,太极就是"一"。有了太极有了一,因而世界被分成两部分,就是阴阳,也就是许慎所说的天地。有了阴阳,表征万物运行规律的道随即产生,因此许慎说"道立于一",意思是道是在一的基础上产生的。"一"既然划分了天地,下一步就是万物的产生。这个思想和《周易》《老子》的宇宙生成观高度吻合。可以说,《说文解字》的思想体系有以《周易》为代表的儒家经典的来源,经学中阴阳五行等学说对《说文解字》产生了极大影响。《说文解字》中类似的例子非常之多,后人往往据以批评许慎不够科学,但许慎总不能脱离时代而著述,我们应该从许慎的角度、许慎的时代去理解许慎为何那么讲。

张舜徽在《说文解字导读·引言》中有一段话,可以作为本节的结语:"一个人如果想要了解中国古代文化,阅读中国古代书籍,首先便要认识中国古代文字,才有下手处。东汉许慎的《说文解字》,是一部介绍、说明中国古代文字的基础书籍,在中国学术史上,有着极其重要的地位,值得那些有志研究中国古代历史、文学、哲学的读者好好地阅读,并进行深入的探讨。"对于经学来说,如果要认真深入研究经学、两汉经学,也必须有《说文解字》的基本功夫。

第三节 儒学的价值

儒学在汉武帝时代的政治生活中被选中,作为国家意识形态,并且在之后的古代社会中一直被奉为社会运行的指导思想,正是因为儒家提倡的各种观念符合统治者在社会统一、平稳运行的情况下对社会治理的需求,有其巨大的现实价值。仁、礼、德、忠、孝等说法,无一不是维持社会稳定的主张,从人际关系角度迎合了统治者的需求,无论在什么文明程度的社会,都有其推进社会平稳发展的作用。

从与官方对应的民众的角度看,儒家以"仁"为中心的理念也逐步在官方的推动下被中华民族接受,成为一种文化心态和人文思想,在中华民族族群维系、人际关系调整等方面也发挥了巨大的作用。

一、儒学的核心精神

儒学的源头在孔子,而孔子提倡的"仁"就成为儒家核心概念,同样也就是儒学一切主张的核心和源头。相对的,"礼"则是"仁"的辅助手段,礼涵盖了对个人、家庭、国家的各种规定。关于"仁"字的解释,可以参看本章开篇所说。

仁,可以是对个人所提的要求,也可以拓展而为对家庭、国家的要求,就是施行仁政。仁政是在政治上要求君主在社会管理上明确自上而下的礼制,在家庭管理中确定儒家的伦理体系。所有儒家提倡的政治理想、制度规定、伦理要求,都是源于孔子等早期的儒家学者对"仁"的解释和阐发。儒家非常重视"德",德是得之于天的,人的秉性得之于天,天子政权的合法性也得之于天,正所谓君权神授。

中华民族很早就进入人文阶段[①],五经中的人文色彩就十分浓厚。也就是说,在西周、在文化典籍形成之初、在中华民族文明基调奠定的时期,我们的祖先就已逐步将注意力集中在人伦关系的构建之上,将靠自身力量解决生存、发展问题作为主要的手段,进行社会建设。这一点我们可以从《诗经》《尚书》等典籍中看到。靠人自身的力量、重视人伦关系构建也就成为儒家学说的基调,为儒家继承和发扬,大家熟知的"子不语怪力乱神"就是一个表现。至于说在历史长河中,我们的祖先仍有大量的迷信行为和言论,那是生产力不发达的自然表现,而非主动的选择。

---

① 指淡化迷信色彩、疏远对天的膜拜,转而重视人伦关系的构建和修正。

由儒学核心精神"仁"推衍而生的其他概念，与"仁"共同构成了儒家学说的理论网络。诸如以下一些：

孝悌。有子说："孝弟也者，其为仁之本与！"孝悌是不是仁之本可以讨论，我们需要从中知道的是此话背后的逻辑。本章开篇说了，仁可以从人际关系这个角度去思考。那么，构建和谐人际关系，应该从哪里开始？儒家对此的回答是，从家庭内部、从父母子女关系、从兄弟关系入手，由此才能衍生出其他更复杂的关系的构建。我们可以理解有子的逻辑是：只有孝悌处理好了，才能谈得上人走向社会后的各种人际关系的处理；孝悌处理不好，其他关系也就无从谈起。

温良恭俭让。这些概念表达的是儒家在面对人际关系处理、人伦关系构建等问题时的一种行为方式。儒家认为，人际关系处理的方式、人际交往的方式，是有技巧的，哪些行为有利于融洽人际关系，儒家给出了明确的选择。孔子也说，"巧言令色，鲜矣仁"，也是给出了反向的选择，认为巧言令色并不能从根本上、从真正意义上改善人际关系，或许还会恶化。

和。有子论"和"，说："礼之用，和为贵。"这是说，什么样的礼、什么样的行为规范是效果最好的？达到了和的状态就是好的。那么什么是"和"？《中庸》有一句千古名言，道出了其中的真谛："喜怒哀乐之未发谓之中，发而皆中节谓之和。"《左传·昭公二十年》记述的晏子论"和"，说道："和如羹焉。水、火、醯、醢、盐、梅，以烹鱼肉，燀之以薪，宰夫和之，齐之以味，济其不及，以泄其过。"以羹论政，指出政治各个要素之间在礼的作用下达到了调和，这样的政治状态是好的，否则即为"同"，无益。这一点，也是全体儒者甚至可以说是中华民族追求的一种理想愿景。

政、刑、德、礼。孔子曾说过："道之以政，齐之以刑，民免而无耻。道之以德，齐之以礼，有耻且格。"规定明确的政令、颁布严格的刑法，其社会治理的效果不如德行、礼制等柔和的方式。从中可以看出儒家与法家的不同。德、礼都是儒家提倡的改善人际关系、达到社会平稳运行的方法。

在儒家经典当中，关于"仁"这一概念的表述及其衍生概念有很多，大家主要把握住两点即可，其一，"仁"是在谈人际关系问题，"仁"

的拓展就是人伦;其二,儒家其他概念和主张,莫不是围绕"仁"这个概念展开的,都是具体的处理人际关系的方式方法。

二、儒学的当代价值

儒学在当代仍然有其现实价值。为什么儒学具有永恒的价值?原因就在于只要有人存在的地方就会有人际关系,有人际关系就会有关于人际关系的思考,就会有各种处理人际关系的方式方法,而儒学关于处理人际关系的各种学说和主张,是经得起时间检验的。我们今天面临的问题应该怎么解决? 如果要完美地回答这个问题,我们可以从儒家学说中找到借鉴。

儒学对当代社会建设的价值。孔子说,"夫仁者,己欲立而立人,己欲达而达人",大家共同进步、共同提高,这无疑可以极大程度上改善当今社会人尽其私的现状。仁既是一种责任,也是义务,更是在利他基础上的自我完善。当然,要做到这一点并不容易,而这正是我们在当下提倡儒学的意义所在。

儒学提倡"讲信修睦""修己及人",这完全符合社会主义核心价值观。今天我们面临的诚信问题,先民也曾遇到,也曾给出了一个理想的目标。儒家提倡的诚信思想有助于我们深刻理解诚信的意义和价值,建立社会主义法制国家,儒家的主张无疑有重要的现实意义。

儒学对当代教育建设的价值。春秋战国时期的孔子即已提出"有教无类"的主张,打破阶级界限,不根据出身选择教育对象。孔子的学生即有各种社会阶级的人。这一点,在当今社会阶层分化逐步加剧的情况下,尤其有现实指导意义。对于教育方式方法而言,孔子提出"诲人不倦""循循善诱",这正是当今无论中西、无论应试教育还是素质教育都提倡的,之所以仍然提倡,是因为难于做到,更因为其永恒的价值。此外,孔子也提倡"不愤不启,不悱不发,举一隅不以三隅反,则不复也",强调启发式教学,要求学生能够触类旁通。在学习态度方面,孔子也曾说过,"知之者不如好之者,好之者不如乐之者",已经深刻把握到了学习者的心理,对于教师而言,当然就要善于引导学生、善于让学生"乐之"。

正如本节开篇所说,不同的历史时期是会遇到相同的社会问题的,因此我们可以从儒家学说之中汲取有益的经验和教训。上面所述,只是《论语》等早期文献提供的解决问题的思路,尚不包括全部儒家学说。这些前人的经验,可以转化成为我所用的当代价值。

本章文选

一、樊迟仲弓问仁

仲弓问仁[1]。子曰:"出门如见大宾,使民如承大祭[2]。己所不欲,勿施于人[3]。在邦无怨,在家无怨[4]。"仲弓曰:"雍虽不敏,请事[5]斯语矣。"

(据清阮元刊刻《十三经注疏》,中华书局1980年影印世界书局缩印本,下同)

[1] 本段选自《论语·颜渊》。在这段对话中,孔子向仲弓说明了在工作单位应该怎么处理人际关系。仲弓:孔子的学生,名冉雍,字仲弓。
[2] 出门:指出门工作。此句表示面对与人交往、役使民众等情况时,皆要秉承慎重谨慎的态度。
[3] 应当分情况看待这句话。自己不喜欢的东西、不愿做的事,别人未必不喜欢、不愿做。但无论如何,"己所不欲,勿施于人"的出发点是好的。
[4] 邦:指诸侯国,《说文》:"邦,国也。"家,指古代卿大夫的采邑。《论语·季氏》:"丘也闻,有国有家者,不患寡而患不均,不患贫而患不安。"刘宝楠《论语正义》:"在邦谓仕于诸侯之邦,在家谓仕于卿大夫之家也。"杨逢彬《论语新注新译》:"《论语》时代的典籍中,'家'在与'邦''国'相对时,多指卿大夫或其采邑,鲜有例外。"杨伯峻则认为拘泥于"大夫曰家"不妥当,可备一说。上面三句说的都是如何处理人际关系,是关于"仁"的思考。
[5] 事:从事、实行。

樊迟问仁[1]。子曰:"爱人。"问知[2]。子曰:"知人。"樊迟未达[3]。子曰:"举直错诸枉,能使枉者直。"樊迟退,见子夏,曰:"向[5]也,吾见于夫子而问知,子曰:'举直错诸枉,能使枉者直。'何谓也?"子夏曰:"富[6]哉言乎! 舜有天下,选于众,举皋陶,不仁者远[7]矣。汤有天下,选于众,举伊尹,不仁者远矣。"

[1] 本段选自《论语·颜渊》。樊迟:孔子的学生,名须,字子迟。
[2] 知:通智,读亦如 zhì。

[3] 达:明白。樊迟此处未能理解孔子的话。
[4] 直:正直的人。错,放到……之上。枉有弯曲之义,此处指邪曲的人。
[5] 向:时间概念,刚才。
[6] 富:指含义的丰富。
[7] 远:被疏远。

二、子路曾皙冉有公西华侍坐[1]

子路、曾皙、冉有、公西华侍坐。子曰:"以吾一日长乎尔,毋吾以也[2]。居则曰'不吾知也'[3],如或知尔,则何以哉?"

子路率尔[4]而对曰:"千乘之国,摄乎大国之间[5],加之以师旅,因之以饥馑[6]。由也为之,比及三年[7],可使有勇,且知方也[8]。"夫子哂[9]之。

"求,尔何如?"对曰:"方六七十如五六十[10],求也为之,比及三年,可使足民。如其礼乐,以俟君子[11]。"

"赤,尔何如?"对曰:"非曰能之,愿学焉。宗庙之事如会同[12],端章甫,愿为小相焉[13]。"

"点,尔何如?"鼓瑟希,铿尔,舍瑟而作[14],对曰:"异乎三子者之撰[15]。"子曰:"何伤乎?亦各言其志也!"曰:"莫春[16]者,春服既成,冠者五六人,童子六七人,浴乎沂,风乎舞雩[17],咏而归。"夫子喟然叹曰:"吾与[18]点也。"

三子者出,曾皙后。曾皙曰:"夫三子者之言何如?"子曰:"亦各言其志也已矣!"曰:"夫子何哂由也?"曰:"为国以礼,其言不让[19],是故哂之。""唯求则非邦也与?"[20]"安见方六七十、如五六十而非邦也者?""唯赤则非邦也与?""宗庙会同,非诸侯而何?赤也为之小,孰能为之大?"

(据清阮元刊刻《十三经注疏》,中华书局1980年影印世界书局缩印本)

[1] 本段选自《论语·先进》。子路:仲由,字子路,孔子学生。曾皙:又名曾点,字子皙,孔子学生,曾参之父。冉有:冉求,字子有,故又称冉有,孔子学生。公西华:公西赤,字子华,孔子学生。
[2] 何晏《论语集解》引孔安国之说:"言我问女,女无以吾长故难对也。"依此解,则"毋吾以"是"毋以我"的倒装,表述"不要因为我(而……)"之意。
[3] 居:平居,平常。不吾知:为"不知吾"的倒装,不了解我。

［4］率尔：何晏《论语集解》："率尔，先三人对。"《王力古汉语字典》："率尔，轻率的样子。"

［5］乘(shèng)：车辆。摄：夹处。

［6］加：把一物放在另一物上面，此处用引申义。因：增添、积累，可以简单地理解为"再加上"。饥馑：《说文解字》："饥，饿也。"一说：谷不熟为饥。《说文解字》："馑，蔬不熟为馑。"饥馑合起来就是今天所说的饥荒了。

［7］为：在这里是治理的意思。比及：等到。比，杨伯峻认为比读 bì。

［8］可使有勇：可以使该国人民有勇气。方：《经典释文·论语》引郑玄注："方，礼法也。"故此处有准则、法度、法规等含义。结合上句，讲的正是百姓有勇且知进退之度。

［9］哂(shěn)：笑。

［10］方六七十：此处指国家面积。如：或者。

［11］如其礼乐：符合他们国家的礼乐。俟：等待。

［12］如：或者。会同：(与他国)会盟。同：结盟。

［13］端：古代礼服之名。章甫：古代礼帽之名，此处指穿戴出席正式场合的礼服、礼帽。小相：主持礼仪的人，司仪。

［14］希：行将结束。铿尔：突然结束音乐弹奏时发出的"铿"的声音。作：站起来，杨伯峻认为可以推知其他同学也是站起来回答问题的，可备一说。

［15］撰：通选。《集韵》："选，择也，或从手。"此处指与其他几位的选择不同。

［16］莫：即暮，暮是莫字的后起增偏旁体，莫春就是晚春。

［17］沂：水名，源出山东邹城。风(fèng)：吹风，乘凉，名词用作动词时一般会改变声调。民国二十五年修《牟平县志·方言》："纳凉曰风。"舞雩(yú)：求雨之祭坛，在今山东曲阜城南。

［18］与：在这里有支持的意思。

［19］让：谦让。

［20］唯：用在句首引出话题的助词。这句话的意思是："难道冉求所述不是国家之事吗？"

三、孟子见梁惠王[1]

孟子见梁惠王。王曰："叟不远千里而来，亦将有以利吾国乎？"

孟子对曰："王何必曰利？亦[2]有仁义而已矣。王曰'何以利吾国'，大夫曰'何以利吾家'，士庶人曰'何以利吾身'，上下交征[3]利而国危矣。万乘之国，弑其君者必千乘之家[4]；千乘之国，弑其君者必百乘之家。万取千矣，千取百焉，不为不多矣。苟为后义而先利，不夺不餍[5]。未有仁而遗其亲者也，未有义而后其君者也[6]。王亦曰'仁义'而已矣，何必曰'利'？"

孟子见梁惠王。王立于沼[7]上，顾鸿雁麋鹿，曰："贤者亦乐此乎？"

孟子对曰："贤者而后乐此[8]，不贤者虽有此，不乐也。《诗》云：'经始灵台[9]，经之营之。庶民攻之，不日成之[10]。经始勿亟，庶民子来[11]。王在灵囿，麀鹿攸伏，麀鹿濯濯，白鸟鹤鹤[12]。王在灵沼，于牣[13]鱼跃。'文王以民力为台、为沼而民欢乐之，谓其台曰灵台、谓其沼曰灵沼，乐其有麋鹿鱼鳖。古之人[14]与民偕乐，故能乐也。《汤誓》[15]曰：'时日害丧？予及女皆亡。'[16]民欲与之皆亡，虽有台池鸟兽，岂能独乐哉？"

（据清阮元刊刻《十三经注疏》，中华书局 1980 年影印世界书局缩印本）

[1] 此篇选自《孟子·梁惠王上》。梁惠王，战国时魏国国君，魏惠王罃，惠是谥号，前 370 年继承其父魏武侯击的王位。前 362 年迁都大梁，故称梁惠王。
[2] 亦：通"祇"，即今之"只"字。
[3] 赵岐《孟子注》："征，取也。"征的本字是正，故本义即征伐、征讨之意，征伐的本质是夺取。"取"的含义也可从下文"万取千焉"得到印证。此处的"征"也可解释为"夺"，下文"不夺不餍"可以作为旁证。
[4] 乘（shèng）：古代兵车一辆叫一乘。坐车的动作读 chéng，所坐之车读 shèng。古代以兵车多少衡量国家的军事实力，也就等价于国家的大小。弑：以下杀上、以卑杀尊叫弑。家：《周礼·大司马》郑注说："家谓食采地者之臣也。"诸侯的卿大夫仰仗封地生活，拥有封地的卿大夫叫家；卿大夫的家臣也叫家。
[5] 苟：假如，假设。餍（yàn）：满足。
[6] 遗：抛弃。后：以……为后。
[7] 沼：水池。《说文·水部》："沼，池也。"《古今韵会举要·筱韵》："沼，圆曰池，曲曰沼。"
[8] 范仲淹"后天下之乐而乐"或即本此。
[9] 经：度量，划界。郑玄注《诗》："经，度之也。"《字汇·糸部》："经，经界。"经始：开始划界。灵台：《三辅黄图》："灵囿在长安西北四十二里，灵台在长安西北四十里。"长安即今西安。灵台是周文王要求建造的。
[10] 攻：建造。旧注："攻，治也。"不日：朱熹注云："不日，不终日也。"不终日就是不满一日，用夸张的方式表达建造的速度快。另，据郑玄笺："不设期日而成之，言说文王之德，劝其事，忘己劳也。"似以朱熹之说为优。
[11] 亟：同急。文王告诉百姓，刚开始工作不必太着急。子来：朱熹《诗集传》："虽文王心恐烦民，戒令勿亟，而民心乐之，如子趣父事，不召自来也。"
[12] 囿：园林，帝王畜养禽兽以供游玩之所。麀（yōu）：母鹿。攸：语助词。濯濯：肥胖而有光泽的样子。鹤鹤：羽毛洁白的样子。今本《诗经》作"翯翯"，鹤、翯二字古书通用。
[13] 于：旧读如"乌"，句首用词，无实际意义。牣（rèn）：满。
[14] 人：指君，与今义不同。
[15] 《汤誓》：为《尚书》中的一篇，记载商汤讨伐夏桀时誓师之辞。

[16] 时：此，相当于"这"。曷：同"曷"，何。时日曷丧：就是"这个太阳什么时候熄灭"之意。以太阳比夏桀。女：同"汝"。

四、《大学》节选

大学之道[1]，在明明德[2]，在亲民[3]，在止于至善[4]。知止而后有定[5]，定而后能静，静而后能安，安而后能虑，虑而后能得[6]。物有本末，事有终始。知所先后，则近道矣。

古之欲明明德于天下者[7]，先治其国。欲治其国者，先齐其家。欲齐其家者，先修[8]其身。欲修其身者，先正其心。欲正其心者，先诚其意[9]。欲诚其意者，先致其知。致知在格物[10]。物格而后知至，知至而后意诚，意诚而后心正，心正而后身修，身修而后家齐，家齐而后国治，国治而后天下平。

自天子以至于庶人，一是皆以修身为本。其本乱而末治者否矣[11]。其所厚者薄而其所薄者厚[12]，未之有也。

（据《宋本大学章句》，国家图书馆出版社 2016 年影印本）

[1] 大学：朱熹在《四书集注》中对"大学"的解释是"大人之学"，一般来说大人指的是社会上层的人，也可以指有理想或有知识的人。道：古文字形为 ，是人头和路这两个形象的组合，表达人选择道路的含义，因此道有选择的含义在内，所以可以通"導(导)"。至于《说文解字》所说"道，所行道也"(路)则是引申之义，再次引申则为方式方法。道在文中指方式、方法。大学之道可以理解为"施行大学的方式方法"。

[2] 德：古文字形为 ，左边为彳，表示路；右下为眼睛的象形；眼上则为指事符号，表示"寻找到了路"的含义，故"德"字本义为得到。人得之于天的，则是明德。朱熹在《四书集注》中解释说："明德者，人之所得乎天而虚灵不昧，以具众理而应万事者也。"人身自有明德，只不过需要个人努力去发现、去发扬，这就是"明明德"。

[3] 亲民：朱熹认为"亲民"是"新民"，王阳明则认为"亲民"为妥。《王文成公全书》(中华书局 2015 年版)说："'亲民'犹孟子'亲亲仁民'之谓，亲之即仁之也。……又如孔子言'修己以安百姓'，'修己'便是'明明德'，'安百姓'便是'亲民'。说'亲民'便是兼教、养意，说'新民'便觉偏了。"

[4] 朱熹《四书章句集注》(中华书局 1983 年版)说："盖必其有以尽夫天理之极，而无一毫人欲之私也。此三者，《大学》之纲领也。"说的是"至善"的状态，是指为人处世没有个人私欲的影响。朱熹认为明明德、亲民、止于至善是《大学》的纲领。

[5] 朱熹《四书章句集注》说："止者，所当止之地，即至善之所在也。""知之则志有定向。"依朱熹的解释，止于至善之后才能定下志向。这个要求是非常

高的,因为止于至善一般人难以达到。
[6] 朱熹《四书章句集注》说:"静谓心不妄动,安谓所处而安,虑谓处事精详,得谓得其所止。"其所止之处,即前文所谓"至善"。
[7] 此句意思是使天下之人皆知自身之明德。
[8] 修:《说文解字》:"修,饰也。""修身"的原始意义是穿得好点,引申为通过学习知识和锻炼心志达到精神境界的升华。
[9] 由这两句可以知道,心、意不是一个层面的东西。古人认为心是身的主宰,朱熹《四书章句集注》就说"心者,身之所主也"。而意则是心的某种活动,"意者心之所发也"。
[10] 朱熹《四书章句集注》说:"格,至也。物犹事也。穷至事物之理,欲其极处无不到也。此八者,《大学》之条目也。"我们学习的数理化,就是格物的结果。结合前面的三纲,即所谓的"三纲八目"。
[11] 本既然是修身,则可知齐家、治国、明明德于天下皆是由本而发的细枝末节。此句的意思是修身做得不够后三者却得以实现是不可能的。
[12] 其所厚者薄:指修身是本来应该重点对待的,但却遭到轻视,整句的意思同"本乱而末治者否矣"。

 思考与练习

1. 谈谈"仁"。
2. 儒经的形成中关键的事件有哪些?
3. 今古文经学的区别和相同点在哪里?
4. 读经书为何要有文字学、《说文解字》学的功夫?
5. 你怎么理解儒学的当代价值?
6. 阅读《论语》《孟子》的一些章节,并写读后感。

第三章　和而不同

《说文解字》:"和,相应也。从口,禾声。"指的是声音的呼应、配合,"声音"来自"口"。单纯看古文字形,理解为以禾充口也未尝不可,以禾充口,果腹则和。古人常以饮食中食材等的搭配来比喻政治,如本章晏子的论述,以及老子"治大国若烹小鲜"等。

中国文化历来都是一个多元的、包容的文化。多元共存,是世上万事万物的自然存在状态,也是"和"的当然前提。"和"不等于"同",有不同而求和谐,达和谐而存不同,乃是社会常规、人生常道。"和而不同"能造就文化的繁荣状态,先秦诸子百家学说即兴起于此,其所代表的时代成为中华文化史上最具活力的一个时期。

第一节　子学的形成

"子"字的本意是"小儿",甲骨文作"㜽",象头及两手、足在襁褓之形,后来成为对学者和老师的尊称。春秋战国时期如儒家的孔子、孟子、荀子,墨家的墨子,道家的老子、庄子,名家的公孙龙子,法家的韩非子等诸多的学者被称为"诸子"。现在"诸子"这一概念具有不同思想流派的含义,"百家"是指诸子的不同学派,学术渊源不同。先秦诸子百家的形成时期正处于人类文明的轴心期①。

一、子学出于王官

西汉刘歆有"子学出于王官之学"之说,东汉班固承其说。关于"子学出于王官之学",一般认为主要有以下几点。

一是官吏流散。西周时期,学术尚为贵族阶级所特有,学在官府,尚不见"学术下于私人"的痕迹。春秋时期,随着周天子权势与王室衰微,于是王官之学渐渐流散到民间来,形成了很多学派。"天子失官,学在四夷",《庄子·天下》篇描述这一过程为"道术为天下裂"②。随着官员的流散,官学日丧,私学日兴。《汉书·艺文志》中《诸子略》说:

> 儒家者流,盖出于司徒之官。……
> 道家者流,盖出于史官。……
> 阴阳家者流,盖出于羲和之官。……
> 法家者流,盖出于理官。……
> 名家者流,盖出于礼官。……
> 墨家者流,盖出于清庙之守。……
> 纵横家者流,盖出于行人之官。……
> 杂家者流,盖出于议官。……
> 农家者流,盖出于农稷之官。……
> 小说家者流,盖出于稗官。……

---

① 德国哲学家卡尔·雅斯贝尔斯《智慧之路》(柯锦华等译,中国国际广播出版社1988年版)第九章"人的历史"指出,以公元前500年为中心,约在前800年至前200年之间,人类精神的基础,同时独立地奠定于中国、印度、波斯、巴勒斯坦和希腊。正是在那个时期,才形成今天我们与之共同生活的这个"人",发生于那个时期的精神历程构成了一个轴心,故可称之为"轴心时期"。雅斯贝尔斯所说的"轴心时期"在中国正好是春秋(前770—前476)和战国(前475—前221)时期。

② 《庄子·天下》篇将春秋战国时代描述为一个由"道术"裂变为"方术"的时代,"方术"指的是诸子百家,而"道术"则是指不囿于一家一派之说而能够"见天地之纯,古人之大体"者。"方术"可用"某家某派"来区分,而"道术"的特征则是"备",是"六通四辟,小大精粗,其运无乎不在"。

各家的分立来于官吏流散造成的学术下行。

二是士阶层的形成。学术最初是在"士"以上的阶层开始普及的,天下大乱之后,士阶层就试图担负起社会的责任,开始建构自己的学说,来完善自己的学术体系,以达到救世之弊的目的。知识阶级的兴起是中国古代社会演进史上的一件大事。知识阶层在中国古代的称呼是"士",但"士"却不是一开始就被认为是知识阶层的,其间有一个重要的发展过程①。古代知识阶层始于春秋、战国之交的孔子时代。顾颉刚说"士为低级之贵族"。这种变化最重要的方面是当时社会阶级的流动,即上层贵族的下降和下层庶民的上升。由于士阶层适处于贵族和庶民之间,是上下流动的汇合之所,士的人数亦不免随之大增,这就导致士阶层在社会性格上发生了基本的改变。士阶层的形成是百家争鸣的前奏。

三是官学解体。周朝都城东迁之后,官府解体,除一小部分人留任外,多数则流散民间,或者投奔诸侯。前者以办私学的方式,形成了不同的学派,如墨子、孔子、荀子等都曾教授过弟子,传播学说。后者则寄食诸侯、贵族门下,相互辩难,也形成了不同的学派,如魏国的西河、齐国的稷下,都一度成为学术的中心。

魏国西河产生了著名的西河学派。西河学派为传承和发展儒家思想,以及前期法家思想的成长起了很大作用。西河学派的很多人都成为魏国的能臣。在西河学派之后兴起的是稷下学宫。齐国稷下学宫约始于齐威王时期,历时约150年,在其兴盛时期,汇聚了天下贤士达千人左右,几乎囊括了"诸子百家"中各派的一流人物,其中主要的有道、儒、法、名、兵、农、阴阳诸家,著名的学者如孟子、邹子、田骈、慎到、申不害、季真、涓子、彭蒙、尹文子、鲁连子、荀子等。尤其是荀子,曾经三次担任过学宫的"祭酒",后离齐入楚。兰台是在楚国形成的学术中心,战国后期,楚国兰台上宫殿辉煌,史称"兰台之宫",为楚国的文化中心,也是战国晚期全国的文化中心。

四是人才需求强烈。春秋时期的诸侯向民间寻求对自己的国家

---

① 关于中国古代"士"的发展衍化,参见余英时:《士与中国文化》,上海人民出版社1987年版。

和政权有所帮助的人,因此礼贤下士成为社会普遍的风气。随着井田制的瓦解,士阶层普遍地被解放出来寻找机会,如商鞅、韩非、李斯都不远万里来到秦国。人不求本国出,但务求为本国用,已成为当时的社会风气。学术在争鸣中得以交流,人才在流动中得以成长,这就是先秦子学兴盛的历史背景①。各诸侯礼贤下士,寻求治国之道,造成人才大流动。

胡适依据《淮南子》之说,作"诸子不出王官论",以反对"诸子出于王官之说",其说大略以为:刘歆以前论及诸子之说的,都没有"诸子出于王官"之说。钱穆曾力驳之,而冯友兰则认为诸子既出又不出于王官②。

二、子学地域特征

中华传统文化是"接地气"的文化,"一方水土养育一方人",地域是文化的空间因素,因而文化的形成不可避免地会受到地域的影响,每一种思想学说的发展也必然受到地域的催化与限制,地域因素会赋予文化独特的内涵和巨大的理论空间。较早注意到诸子之学地域性特征的是王国维,他发现了诸子之学在南北地域上的差异。在王国维研究的基础上,后人对诸子之学的地域性特征有了更为具体的认知,现略述如下。

一是儒家。其与齐鲁文化中的鲁文化密不可分,因而也叫邹鲁派,其主要分布于现在的山东,即当时的鲁国,他们主要讲仁、义、礼、教化等,以孔子、孟子及后来的荀子为代表。儒学是鲁学,这句话大约没有疑问,且儒学一由鲁国散到别处便容易往其他方向衍变,可见该地域与儒学的深厚渊源。

二是荆楚派,主要分布于现在的湖南、湖北、河南南部一带,以尚道、守雌、虚无为旨,老子和庄子是这一派的代表人物。楚国是春秋战国时期的大国,它的疆域范围最大时已包括今湖北、湖南全部,以及江西、河南、安徽、重庆、江苏、广东、贵州、云南的部分地区。隐逸之士以

---

① 曹胜高:《国学通论》,北京大学出版社2008年版,第108—109页。
② 参见冯友兰:《中国哲学史》(上),华东师范大学出版社2011年版,第15—19页。

楚人居多。老庄与楚文化的渊源早有定论,与老子同时代的老莱子,以及老子的弟子文子、庚桑楚、蜎子等,直到战国中后期的环渊、詹何、长庐子、鹖冠子之类,这些先秦道家思想发展史上的重要人物都是楚人,可见楚国地域文化对道家思想形成和流变的影响,后来冯友兰先生的《中国哲学史》专立"楚人精神"一节来讲述楚地与道家的精神联系。

三是燕齐派,主要分布于现在的河北、山东北部、河南东部,以空疏迂怪之谈见长,与邹鲁派的严谨守成不同。燕齐派起源于战国时燕、齐一带濒海地区,从战国末年,即齐威宣王时候,这些人便已经有了他们自己的传授系统,《史记》中将他们叫做"方仙道",同时还提到了其中的几个典型人物:宋无忌、正伯侨、充尚和羡门子高。鲁迅《汉文学史纲要》第三篇言:"察周季之思潮,略有四派……四曰燕齐派,则多作空疏迂怪之谈,齐之驺衍、驺奭、田骈、接子等,皆其卓者,亦秦汉方士所从出也。"这一地区都是临海地区,因而特别适宜怪诞之学的产生,阴阳五行家就产生在齐国这一滨海地区。

四是三晋派,主要分布在战国时期燕、赵、韩等地,即现在的山西、河北、河南北部一带。这一带土地干旱、谋生艰难,但人都富有刻苦精神,做事都是有板有眼的,因此注重质实而简易的实学,法家学说在此地比较流行,如商鞅、慎到、韩非都是在三晋出现的学者。三晋文化的核心精神是理性精神和功利主义,绝无神秘成分。法家文化是三晋文化的主体构成,此外名家也产生于三晋地区,名家的理性精神比法家更甚,但少法家的功利主义。

由此可以看出,先秦诸子的形成,一方面是在西周官学的基础上发展而来的,另一方面也吸收了不同地域的文化。司马迁在《史记·货殖列传》、班固在《汉书·地理志》中专门阐释了不同地区具有的不同民风和民俗,以此来说明一方水土养育一方人,这种差异至今仍旧存在,我们在讨论先秦诸子时,不能不注意到这一特点。

三、子学的分类

关于诸子之学的分类,从战国时期就已经开始。《庄子·天下》篇把百家之学分成了六类:第一类为墨翟、禽滑厘;第二类为宋钘、尹文;第三类为彭蒙、田骈、慎到;第四类为关尹、老聃;第五类是庄周自己；第六类是惠施、桓团、公孙龙等辩者。《庄子·天下》的分类特点是以人论学，即对学术的分类是因人而分，其对不同人物进行了归纳、分析和比较，大体涉及后世之儒、道、法、墨、名诸家，但尚未形成明确的学派意识。

西汉开始按照学术的旨趣进行分类。汉初司马谈的《论六家要旨》对先秦诸子学进行了分析，体现出了明确的学派划归意识。司马谈将先秦诸子分成了儒家、墨家、名家、法家、阴阳家和道德家等六家，并对每家的学说进行了评述，建立了学派意义上的六家，其六分法基本形成了后世先秦诸子学的框架。西汉刘歆《七略》、东汉班固《汉书·艺文志》的群书分类，有《诸子略》一类，包括九流十家，《诸子略》所称的九流为儒家、道家、阴阳家、法家、名家、墨家、纵横家、杂家、农家，加上小说家，合称"十家"。

《四库全书》将子部分为儒家类、兵家类、法家类、农家类、医家类、天文算法类、术数类、艺术类、谱录类、杂家类、类书类、小说家类、释家类、道家类等，把凡是不属于经、史、集三部的都归于子部之中，这显然将子部过于扩大了。到现代，吕思勉将先秦诸子之学分为十二家，"故论先秦学术，实可分为阴阳、儒、墨、名、法、道、纵横、杂、农、小说、兵、医十二家也"①，这一分类在总结前人分类经验的基础上，准确概括了诸子的主要派别，渐成学界共识。

具体到先秦诸子各流派的思想内容，我们根据与医学结合的特点，选择以儒、道、法、墨四家为对象，儒家已专列一章（第二章"仁者爱人"），道家之老子和庄子亦专列（见第九章"道法自然"），故本章仅列墨家和法家各一节，讲述两家代表人物墨子和韩非子及其思想。

第二节 墨　　子

一、墨学概述

在先秦，墨学与儒学是并称的两大显学。孟子曾说："杨朱、墨翟

---

① 吕思勉：《先秦学术概论》，上海书店1992年版，第13页。

之言盈天下,天下之言不归杨,则归墨。"据后来《韩非子·显学》记载:"世之显学,儒墨也,儒之所至,孔丘也。墨之所至,墨翟也。"鲁迅也谓儒墨"当时足称显学者"①,由此可知,在那个百家争鸣的辉煌时代,墨家所创立的墨家学派声势之浩大,超法逸道,可与儒家相抗衡。墨学的代表人物是墨子,《庄子·天下》评论墨家,首举墨翟。关于墨子,司马迁在《史记·孟子荀卿列传》中仅附记24字:"盖墨翟,宋之大夫,善守御,为节用。或曰并孔子时,或曰在其后。"今天看来,墨子其人之时代应在春秋战国之际,大致在孔子后、孟子前,大体上应与孔门的再传弟子同时。孔子活动的时代在春秋末世,墨子活动的时代是在战国初年,这个时期,正是一个天下大变革、大转型的急遽变动时代。

墨学与儒学有着极深的渊源。墨学源于儒学但又非儒。《淮南子·要略》中说,墨子曾"学儒者之业,受孔子之术",可见其最初是师孔学儒的,但他对于孔子所主张的繁文缛节极为不满,"繁饰礼乐以淫人"(《墨子·非儒下》),故另为立说,放弃了儒学,形成了墨学,从而走上了与儒学争锋的道路。由于墨家学说代表了小生产者的利益,所以很多人参与进来,墨子这个学派里的人被称为"墨者",大多数墨者来自平民和手工业者。《吕氏春秋》记载儒家与墨家的弟子"从属弥纵,弟子弥丰,充满天下"。他们的思想中有一些相同的精神,但亦自有分水岭,不容混同。不同于孔子的述而不作,墨子是"作而且述"。《墨子》一书据《汉书·艺文志》记载,共有71篇,然现仅存53篇,其中有8篇有目无文,另10篇既无目亦无文。

自秦汉以降,墨家逐渐式微,不仅同取得官方显学地位的儒学不可同日而语,即同老庄之学也不能相比。这种局面的形成绝不是偶然的,其原因很多:一是墨家提倡苦行之道,不符合普通人的生活。《墨子·鲁问》说他们"短褐之衣,黎藿之羹,朝得之,则夕弗得,祭祀鬼神",墨子穿的、用的都极简陋,"以身作则地教人来过一种最低标准的人生,即是日夜以自苦为极的人生"②。"就刻苦实行这方面来

---

① 鲁迅:《鲁迅全集》(第九卷),人民文学出版社2006年版,第333页。
② 钱穆:《中国思想史》,台湾学生书局1988年版,第23页。

看,墨子真是极像基督,若有人把他钉在十字架上,他一定含笑不悔。"①墨子的刻苦并不为己,"墨子兼爱,摩顶放踵利天下,为之"(《孟子·尽心上》)。墨子对自身严格要求,以天下为己任,为救苍生而愿赴汤蹈火,然而其继承者很难有他这样的觉悟和毅力,"墨道太苦,难以实行",墨子之后,墨家学派难以为继。

二是时人认为墨学陈义过高,难以施行。墨家的十大学说理想主义色彩浓厚,过于完美,很多并不符合民众的生活见闻,难免使人产生怀疑。如墨家讲究的"兼爱",是一种无差等的爱,相对儒家有差等的"仁爱"而言,显得更理想化,诚然美好,时人认为却难以实行。而墨子对兼爱施行的途径并不能得到时人的普遍认同,当时语境下,其施行与传统宗法制社会存在无法调和的矛盾,故在当时的社会条件下被认为缺乏现实基础。再如,墨子所言的"对等互利"当时并不能被作为一个普遍原则为大家所共同遵循。

三是严密的组织与统治者的治理理念相冲突。诸子百家中,墨家之组织最为严整,纪律最为严格。墨子建立了严密的社团组织。墨家既是一个学术团体,又是一个带有侠义思想的民间组织,是先秦时代唯一的有严密的组织和鲜明宗旨的学派。墨子带着自己的弟子东奔西走,到处游说以缓解战争。"墨子服役者百八十人,皆可使赴火蹈刃,死不还踵。"墨家的首领称"巨子",下代巨子由上代巨子选拔贤者担任,代代相传。墨门子弟必须听命于巨子,为实施墨家的主张,舍身行道。墨家被派往各国做官的门徒必须推行墨家的政治主张,行不通时宁可辞职,做官的墨者还要向团体捐献俸禄,做到"有财相分"。首领则要以身作则,实行"墨者之法"。墨家聚徒讲学,身体力行。墨家纪律严明,而且执法如山,不徇私情,即使巨子本人也不例外。《吕氏春秋·去私》记载:"墨者有巨子腹䵍,居秦,其子杀人。秦惠王曰:'先生之年长矣,非有它子也,寡人已令吏勿诛矣,先生之以此听寡人也。'腹䵍对曰:'墨者之法曰:"杀人者死,伤人者刑。"'……王虽为赐,腹䵍不可不行墨者之法。'不许惠王,而遂杀之。"墨子之后他的传人仍然恪守墨者之法,这种超脱国家政权体系之外

---

① 梁启超:《墨子学案》,商务印书馆1921年版,第78页。

的管理形态,不符合统治者的需求,因而墨学在秦汉时期不可避免地遭到禁绝,尽管后来也有一些士大夫阶层的人为墨翟说过好话,但作为学派和团体的墨家到秦汉以后就逐渐衰亡了。

《汉书·艺文志》总结墨家时认为:"及蔽者为之,见俭之利,因以非礼,推兼爱之意,而不知别亲疏。"在班固看来,儒家讲有差别的爱,墨家则讲无差别的爱。墨家这种博大的胸襟,在现实中是难以达到的,也不符合人之常情,陈义太高的思想,即使完美,在现实生活中也很难实行。

二、墨子思想

墨子的思想十分丰富和深刻,其核心为十大思想主张:兼爱、非攻、尚贤、尚同、天志、明鬼、非命、节用、节葬、非乐。这十大思想主张,乃以兼爱为本。"兼"字在金文中象手持二禾,《说文解字》释"兼"为"并",即隐喻平等之意。"兼爱"(兼=平等)是指平等的、无差别的爱,也可指普遍相爱,类似于我们今天所言的博爱。与"兼"相对的是"别",墨子认为,一切灾害都产生于"别"。所谓"别",即偏爱、自私。他认为,"凡天下祸篡怨恨",都是由于"不相爱"引起的,即"兼爱"的缺失。由于缺少兼爱,人们各自从偏爱出发,"亏人以遂其私",所以产生了"交相恶"。"交相恶"的具体表现形式是:国与国互相攻伐,家与家互相抢夺,人与人互相残害,强凌弱、富侮贫、贵傲贱、智诈愚等。为什么会出现这些现象?他认为人人都只知自爱其身、家、国,而不爱他人之身、家、国。拯救的办法是"以兼易别","天下兼相爱则治,交相恶则乱"。人应该"视人之国,若视其国;视人之家,若视其家;视人之身,若视其身"。

"兼相爱,交相利","兼爱"的背景是"互利"。"夫爱人者,人必从而爱之;利人者,人必从而利之;恶人者,人必从而恶之;害人者,人必从而害之。"他劝诫"有力者疾以助人,有财者勉以分人,有道者劝以教人",盼望建立一个公平合理的社会。墨子曰:"不可以不劝爱人者,此也。"这是墨子的治国之道和理想中的社会。兼爱是墨子十大思想中最为著名的思想,在其思想中处于核心地位。

"兼爱"必定反对战争。因此,墨子又主张"非攻"。墨子认为战争既不义,又不利。在战争中,不管胜利的一方还是失败的一方,受苦受害的永远是双方的平民百姓,"春则废民耕稼树艺,秋则废民获敛……百姓饥寒冻馁而死者,不可胜数"。墨子控诉了战乱给人民带来的痛苦。战争给人民带来的是疾病、创伤、破产、死亡的悲惨命运,发战争财的是那些王公贵族们。所以,为了老百姓,墨子希望实现"饥者得食,寒者得衣,乱者得治"的和平、安定的理想社会。墨子的这种憎恨战争、向往和平的思想永远闪耀着最强烈的人性光芒,直到今天还在鼓舞着我们。热爱和平、反对战争永远是人类最伟大的思想。需要指出的是,墨子"非攻"的主张不是无条件地反对一切战争,他并不反对抵抗暴力、保卫和平的战争,不但不反对,而且他还用实际行动来抵抗暴力,保卫和平的一方(如止楚攻宋)。墨子的"非攻"主张构成了他学说中强有力的部分。墨子反对战争的理论根据就是"兼爱",把"非攻"当作实现其"兼爱"的一种重要手段。

在"兼爱"的原则下,墨子又提出了"尚贤"的思想主张。《墨子·鲁问》说:"国家昏乱,则语之尚贤、尚同。"虽然墨子在主观上是要维护贵族世袭统治秩序,但"尚贤"的思想客观上突破了王公世袭制度,墨子一再提出:"农与工肆之人",只要贤能有才,也可以参与政治。他提出:"官无常贵,而民无终贱,有能则举之,无能则下之。"他认为,要使国家得治,首先在于网罗贤才,"国有贤良之士众,则国家之治厚;贤良之士寡,则国家之治薄。故大人之务,将在于众贤而已"。当然,墨子所说的"贤良之士"是具有墨子或墨家的道德标准的人,他所希望的"贤士"得到重用绝不是采取革命的方式,而是用和平的方式,这与其"兼爱"和"非攻"的思想是一致的。

在"尚贤"的前提下,墨子又提出了"尚同"的思想命题。他提出"上同而不下比"的原则。有人认为墨子的"尚同"反对多元多样,必然导致"伐异";还有人认为"尚同"是集权的表现。但这些判断不一定准确。"尚同"或更应该理解为是寻求利益共同点,寻求认知和价值上的最大公约数。

墨学较之中国古代诸子中的任何一个思想体系,有着更为强烈的宗教因素。墨家以"天志""明鬼""非命"为其宗教思想。墨子认为,"天"是一个有意志的存在,是一个"至上神",它是自然、社会和人民的主宰,它有赏善罚恶的意志。人类只有顺应天意,才能构建和谐安宁的社会。"我有天志,譬若轮人之有规,匠人之有矩。"如果人类的行为违背了天意,必然会受到上天的惩罚。在"至上神"之外,墨子又提出了"明鬼"说,认为有鬼神和"至上神"一起,在监督着人类,使人间的正义和善恶得以贯彻,使"兼爱"得以施行,这样他就建立了一个类宗教的学术团体。"天志说"和"明鬼说"显然与中国上古传统的鬼神信仰有深厚的渊源,但墨子为其鬼神说找到了很多逻辑支持。同时,墨子又是不相信命运的,他提出了"非命"说,"非命"在于教人不要坐等命运的支配,墨子认为一个人的富贵贫贱不是天生的,而是努力或不努力的结果,人有能力掌握自己的命运,故他强调在天意面前人的主观能动性,反对宿命论。对于墨子的"非命"说与"天志""明鬼"说的关系,后人存在一定的争议,有人认为是矛盾的,有人认为是互相配合的。

"节用""节葬"和"非乐"可以说是墨子的经济思想。墨子从平民和小生产者的立场,提出了"节用"的原则,"非乐"和"节葬"实际上是其"节用"思想在不同层面的运用。从《墨子》一书的描述中可见,战国初期贵族阶级的奢靡之风已经到了无以复加的地步,造成大量的物质耗费。墨子立足于下层老百姓的利益,从"利民"的角度,强调"节用"。他希望统治者勿劳民伤财,应从俭中求富,利民生财。针对当时厚葬成风的陋习,墨子又提出"节葬"说。在先秦诸子中,墨子是反对音乐的,这也本于其"节用"的立场,他认为音乐是一种浪费。

墨家的逻辑思想十分丰富,墨子提出了"三表法":"上本之于古者圣王之事。于何原之?下原察百姓耳目之实。于何用之?废以为刑政,观其中国家百姓人民之利。此所谓言有三表也。"主张在讨论问题时,从历史、现实、是否于老百姓有利三个层面来认知,作为评判的标准。另外,墨子还建立了对事物进行分类认知的逻辑,如他把"名"分为"达名""类名"和"私名"。墨子以"类"的概念把握事物的联系性,以"故"的概念探求事物的因果性,在中国逻辑史上具有划时代的重要意义。

墨家对中国古代的科学技术有卓越的贡献,《墨经》中记载着大量的科学技术成果,以今天的眼光来看,囊括数学、物理、工程制造、方法论等诸多领域。

物理学方面,主要是关于力和光学的考察。"力,刑之所以奋也。"这句话是说力是使物体运动的原因。"力,重之谓。下举,重奋也",是说重量是一种力,物体的下落或上举,都是由于"重"所引起的运动。《墨经》中有关光学方面的陈述可以说最为现代学者所重视与称道,这些陈述虽然是零星片段的,但极具系统性、逻辑性,涵盖了阴影问题、小孔成像问题、凹面镜与凸面镜成像原理及实验等多个方面。

数学方面,《墨经》给出了一系列算学与几何学命题与定义。如说:"倍,为二也。"即原数自加一次或者乘以2为倍。又如,定义圆:"圆,一中同长也。"即圆是与中心同样长度的线所构成的图形。虽然这些命题与定义只是文字的表述,并无数学符号的表达,但是其所具有的抽象性、逻辑性与严密性,可以说代表了先秦时期最高的数学理性思维水平。

工程与机械制造方面,《墨经》中记载了用机械力量代替人拉弓的连弩车,由辘轳、轮轴控制,据说一次可发射小矢六十枚,威力巨大。还有利用杠杆原理制造掷车、转射机,用来在战争中远距离抛掷武器。其中掷车较大,转射机较小,但更为灵活。它们应该是后世战争中使用的发石机的鼻祖。

总之,尽管《墨经》中只是零散地包含了一些关于科学研究的记录,缺少类似欧几里得《几何原本》的系统性,墨子本人也并非职业的科学家,但是,这些记录在某种程度上代表了先秦时期我国科学技术的最高水平,其内容及其逻辑性、严密性等在我国科学史上极具特色与价值,甚至在世界科学史上都占有重要的地位。

第三节 韩非子

一、法家三派

法的古体字是"灋",左边是水旁,右上是一种独角兽,再加上一个"去",表示离开或被赶走,描述的是一种古代方术或神明裁判的仪式。《说文解字》:"灋,刑也,平之如水,从水;廌,所以触不直者去之,从去。"法家和儒家一样,置身于纯社会学的领域之内,这两家对自然界兴趣都不大。但与儒家重视"仁"和"礼"不同,法家把他们的重点都放在"法"上。

法家学派的兴起是在公元前4世纪的齐国,然后在后起的韩魏赵三国发展,而他们真正获得统治地位是在公元前3世纪的秦国。管仲被认为是法家的开山祖师,不是因为他有什么学说,而是因为他的事功初具法家的思想。后来郑国的子产,也是一位法家的实践者。他不怕非议,而决然"铸刑书",和管仲同为法家的先驱。李悝是战国初期的法家,曾辅佐魏文侯,他的贡献第一是造《法经》,较前之郑铸刑书更进步,为成文法典之嚆矢。有了成文法典,法家的法治主义遂能渐次确立。第二是尽地力,也就是增加农产,为重农主义的先河。可见李悝不仅是理论型的法家,也是实践型的法家。随后的吴起相楚,变法废公族,助楚强大。前期法家当中最重要者,当首推商鞅,他在秦国推行的变法,是全面的、彻底的、严格的,他本人虽在秦孝公死后遭反对派清算,然而其变法却仍然在秦国推行。商鞅是一个典型的法家,不仅声动当时,亦对后世深远影响。和商鞅同时的还有申不害,他辅佐韩侯十多年,与商鞅重在"任法"不同,申不害重在"任术"。他著有《申子》二篇,但宋以后就散失了。稍迟一些的一位法家人物是慎到,著有《十二论》,今已失传。他是法家,也是道家,他对法家的贡献不在于实践,而在于理论。他的法家理论,虽不废法,但特别重势。总之,在战国时,法家和法家的言论已有不少,已经构成一个有影响力的学派。

韩非子之前,法家大致可分为三派。

一是重法派,以商鞅为代表。通过史书所记载的事迹和《商君书》来看,商鞅的思想主要包括:第一,以赏罚必信为手段。众所周知的"立木建信"的故事使商鞅取得了民众的信任,从而推行了变法的法令。第二,以"一决于法"为目标,以此打破贵族统治,推行"太子犯法与庶民同罪",这是对儒家"礼不下庶人,刑不上大夫"传统的颠覆。第三,以严刑峻法为特征。为了整顿风俗,推行法律,也为了维护刑法的尊严,商鞅制定连坐法,建立了相互牵连、相互管理、相互监督的治安体系。第四,以弃古法新为追求。在对待传统方面,法家与儒家正好相反,他认为历史是不断变化的,固步自封不足可取。商鞅用实践行动为法家建立起了一套适合于当时的制度体系。

一是重术派,以申不害为代表。申不害的学术思想明显地受到道家的影响。他认为术就是治国的手段,是君主驾驭臣下的技巧和手段。在申不害看来,法是可以公开的,以之作为臣民的行为准则;而术则要隐藏在君主的心中。他认为国君的主要威胁不仅来自民众或敌国,更来自臣下。所以国君必须有两面之术,用术来助长威势,推行刑法,三者合一,就如虎添翼,使臣下慑服。申不害在韩国变法虽未成功,但其思想影响到后来的法家。

一是重势派,以慎到为代表。法家之"势",是指统治者占据的地位和掌握的权力。慎到是法家中强调"势"治的一派,主张君主可以"握法处势""无为而治"。重"势"是为了重视法律,君主只有掌握了权势,才能保证法律的执行。慎到把君主和权势分别比喻为飞龙和云雾,飞龙有了云雾才能飞得高;如果云雾散去,飞龙就是地上的蚯蚓了。如果有了权势,即使像夏桀那样昏庸残暴,命令也能得到执行,"令则行,禁则止";如果没有权势,即使像尧那样贤德,百姓也不听从命令。所以,慎到反对儒家主张的"德治",认为那样不可能使法律贯彻执行,会产生很多弊端。韩非子吸收了慎到"重势"的思想,认为"势"也是统治术中不可缺的。他说,虎豹所以能比人利害,能抓其他野兽,是因为它的爪牙利害;如果它没有爪牙,人很容易就可以制服它。"势"就是君主的爪牙。君主所以能够发号施令、统治臣民,那是由他所处的地位、所掌握的权力决定的。

二、韩非子的思想

关于韩非子,目前我们所能依据的文献记载主要是《史记·老子韩非列传》,不过该传收录韩非子的《说难》一文占了大部分篇幅,关于其身世事迹的记载还不足五百字。尽管如此,仍为我们提供了最关键的线索。

韩非子生长在战乱空前的战国时代,为韩国人。他了解前辈法家管仲、子产、吴起、商鞅等的成就。申不害辅佐韩昭侯,一度让韩国国治兵强,诸侯不敢侵伐,这对他有很大影响,他因而喜好刑名法术之学,并努力探究,后来又到楚国向儒家大师荀子学习,李斯曾和他同门。回韩国后,韩非子屡次以"行法治"的主张上书韩王,据说因为韩非子口吃,不善言谈,又为当时权贵所恶,其主张得不到采用,因而发愤著书十万余言。其著作流传到秦国,秦王嬴政读后大为赞叹,叹息曰:"嗟乎,寡人得见此人与之游,死不恨矣。"后来秦国攻打韩国,韩王派韩非入秦求缓兵,秦王喜欢韩非,但李斯联合姚贾等一干人诬陷韩非,秦王听信,令刑官治韩非罪,韩非想向秦王申诉,未获允许,李斯私送毒药,韩非自杀于狱中,后秦王悔悟已迟。

韩非子的思想主要有两个来源,一是他的老师荀子,二是上述法家三派。此外,他也吸收了道家、墨家、名家的一些思想,加以融会贯通,构成自己的独特见解,形成了趋于完善的法家思想体系。

第一,性恶论。"性恶论"是法治的一个逻辑前提。韩非子"性恶论"思想主要受其师荀子的影响,但他的"性恶论"与荀子又有根本性的不同。"性恶论"构成荀子整个思想体系的基础,与孟子主张的"人性善"不同,荀子认为人生来就有好利之心、妒忌之情、耳目之欲,饥而欲饱、寒而欲暖、劳而欲休,这是人的本性,但人性之恶可以通过后天的教化来改变。韩非子却把老师的"性恶论"理解为:人都是自私的、为己的,根本没有向善的可能。既然人性没有向善的可能,那就必须用法律来严惩,使坏人不敢行恶。《韩非子·外储说左上》记载了这样一件事:"吴起为魏将而攻中山,军人有病疽者,吴起跪而自吮其脓,伤者之母立而泣,人问曰:'将军于若子如是,尚何为而泣?'对曰:'吴起吮其父之创而父死,今是子又将死也,吾是以泣。'"从中我们可以见到韩非子对人性的认知,其"性恶论"比其老师荀子要彻底得多。荀子言:"木受绳则直,金就砺则利。"说的是后天的教育教化,韩非子则以法的管制和改造代替教育和教化,"自治"在韩非子这是不可能的,"人为婴儿也,父母养之简,子长而怨。子盛壮成人,其供养薄,父母怒而诮之"。

第二,法后王。韩非子反对师古,他认识到人类社会变化的事实,主张顺应时代,不必师法古人。《韩非子·五蠹》曰:"今有构木钻燧于夏后氏之世者,必为鲧禹笑矣;有决渎于殷周之世者,必为汤武笑矣。然则今有美尧、舜、汤、武、禹之道于当今之世者,必为新圣笑矣。是以圣人不期修古,不法常可,论世之事,因为之备。宋人有耕者,田中有株,兔走,触株折颈而死,因释其耒而守株,冀复得兔,兔不可复得,而身为宋国笑。今欲以先王之政治当世之民,皆守株之类也。"反对复古,主张"因世适教"。他把称道先人的儒、墨称为"非愚则巫",坚决反对儒家的法先王观念,"不知治者,必曰:'无变古,毋易常。'"他主张"法后王",所谓的"法后王"就是不要管以前怎么做,关键是现在应该怎么做。"故治民无常,唯治为法。法与时转则治,治与世宜则有功。""时移而治不易者乱。"荀子骂那些主张"古今异情,其所以治乱者异道"的人都是"妄人",而韩非子则说:"故明据先王必定尧舜者,非愚则诬也。"

第三,实用主义。韩非子是实用主义者,他在构建其学说时,处处以实用作为其根本立足点。韩非子对问题的认知和思考都是从实用出发的,且将实用主义推向了某种极端。《韩非子·五蠹》说:"故不相容之事,不两立也。斩敌者受赏,而高慈惠之行;拔城者受爵禄,而信廉爱之说;坚甲厉兵以备难,而美荐绅之饰;富国以农,距敌恃卒,而贵文学之士;废敬上畏法之民,而养游侠私剑之属。举行如此,治强不可得也。"他认为,文学之士、儒生、游侠等都是社会的蛀虫,均应列入打击和禁止之列。韩非子所言的五蠹是:(1) 儒生称颂先王,论说仁义;(2) 善辩者引证故实,伪造言辞,以谋取私利;(3) 行险侥幸的军人拥兵自重;(4) 商贾工匠蓄积财物;(5) 官吏只顾个人私利。这"五蠹"显然也是其从实用的角度得出的认知和判断。

第四,以法治替德治。荀子主张"礼法并重",而韩非子把仁政和德治都彻底否定了,对于政治,他主张改革和实行法治,要求"废先王之教","以法为教"。"任人不如任法",行政只有"一断于法",才能消除各种弊端,《韩非子·有度》篇中说:"法不阿贵,绳不挠曲。法之所加,智者弗能辞,勇者弗敢争。刑过不避大臣,赏善不遗匹夫。"制定了"法",就要严格执行,任何人也不能例外,他要把法治作为治国理政的基本方式和评判事件的根本准绳。他认为只有实行法治,社会才能安定,统治才能巩固,"国无常强,无常弱,奉法者强者国强,奉法弱者国弱"。韩非子认为依靠"德政"根本行不通,"不恃人之为吾善也,而用其不得为非也,恃人之为吾善也,境内不什数,用人不得为非,一国可使齐,为治者用众而舍寡,故不务德而务法"。他否定儒家的仁政和德政,主张以"法治"代替"德治"。

班固《汉书·艺文志》说:"法家者流,盖出于理官,信赏必罚,以辅礼制。《易》曰:'先王以明罚饬法',此其所长也。及刻者为之,则无教化,去仁爱,专任刑法而欲以致治,至于残害至亲,伤恩薄厚。"秦统一天下前,充分运用了法家思想的正面作用,让秦国走向强国。秦统一天下后,把法家学说用到极端,最终导致其迅速地崩溃,原因在于把法家思想的弊端用到了极致,正所谓"成也法家,败也法家"。贾谊《过秦论》末评秦政权之败曰:"夫并兼者高诈力,安定者贵顺权,此言取与守不同术也。"秦政权如此,法家思想亦如此。贾谊的《过秦论》用"仁义不施,攻守之势异也"来总结秦之用法家的经验教训,是非常恰当的。

本章文选

一、晏子对齐侯问[1]

齐侯至自田[2],晏子侍于遄台,子犹驰而造焉[3]。公曰:"唯据与我和夫!"夫晏子对曰:"据亦同也,焉得为和?"公曰:"和与同异乎?"对曰:"异。和如羹焉,水、火、醯、醢、盐、梅,以烹鱼肉,燀之以薪,宰夫和之,齐之以味[4];济其不及,以泄其过。君子食之,以平其心。君臣亦然。君所谓可而有否焉,臣献其否以成其可[5];君所谓否而有可焉,臣献其可以去其否。是以政平而不干[6],民无争心。故《诗》曰:'亦有和羹,既戒既平。鬷嘏无言。时靡有争。'[7]先王之济五味,和五声也,以平其心,成其政也。声亦如味,一气、二体、三类、四物、五声、六律、七音、八风、九歌,以相成也;清浊、小大、短长、疾徐、哀乐、刚柔、迟速、高下、出入、周疏,以相济也。君子听之,以平其心。心平,德和。故《诗》曰:'德音不瑕。'[8]今据不然。君所谓可,据亦曰可;君所谓否,据亦曰否。若以水济水。谁能食之?若琴瑟之专一,谁能听之？同之不可也如是。"

（据清阮元刊刻《十三经注疏》，中华书局1980年影印世界书局缩印本）

[1] 本段文字选自《左传·昭公二十年》。从本文来看，早在春秋时期，我们的祖先就能以"和而不同"的先进思想来认识自然界和社会政治了。文章以厨师和羹与乐师操琴的双重比喻反复论述"和而不同"的道理。说理形象生动，使人易于感知和接受，也使所论显得精辟透彻，富有哲理。文章深刻指出："和"的关键，首先是要承认不同。如果都相同，就无所谓"和"了。"不同"是"和"的条件。承认不同，容许不同，接受不同，才能走向和谐。

[2] 齐侯：此指齐景公。至自田：从打猎场归来。田：打猎。

[3] 遄(chuán)台：地名。子犹：宦者梁丘据。驰而造焉：驱车赶来。造，前往，到。

[4] 醯(xī)：醋。醢(hǎi)：肉酱。燀(chǎn)：炊。宰夫：厨师。齐(jì)：调和。

[5] 可而有否：可行而其中有不可行的地方，与下文的"否而有可"意思相反。献其否：指出其不可行之处。成其可：使其趋于完善可行。

[6] 不干：指行为不违礼制。

[7] "亦有和羹"四句：为《诗经·商颂·烈祖》中的诗句。诗意是：汤羹调和，滋味平和而适中，献羹，神降不出声，秩序井然无争抢。戒：完备。鬷(zěng)：通"奏"，指献羹。嘏(gǔ)：原诗作"假"，通"格"，指神至。

[8] 此句谓品德、名声无瑕疵。

二、《墨子·尚贤》节选[1]

子墨子言曰：古者王公大人为政于国家者，皆欲国家之富，人民之众，刑政之治[2]。然而不得富而得贫，不得众而得寡，不得治而得乱，则是本失其所欲[3]，得其所恶。是其故何也？

子墨子言曰：是在王公大人为政于国家者，不能以尚贤事能为政也。是故国有贤良之士众，则国家之治厚[4]，贤良之士寡，则国家之治薄。故大人之务，将在于众贤而已[5]。

曰[6]：然则众贤之术，将奈何哉？子墨子言曰：譬若欲众其国之善射御之士者，必将富之贵之[7]，敬之誉之，然后国之善射御之士，将可得而众也。况又有贤良之士，厚乎德行，辩乎言谈，博乎道术者乎，此固国家之珍，而社稷之佐也。亦必且富之贵之，敬之誉之，然后国之良士，亦将可得而众也。

……

故古者圣王之为政，列德而尚贤，虽在农与工肆之人，有能则举之,高予之爵,重予之禄,任之以事,断予之令[8],曰:爵位不高则民弗敬,蓄禄不厚则民不信,政令不断则民不畏。举三者授之贤者,非为贤赐也,欲其事之成。故当是时,以德就列,以官服事,以劳殿赏[9],量功而分禄。故官无常贵,而民无终贱,有能则举之,无能则下之。举公义,辟私怨,此若言之谓也[10]。

……

故古者圣王甚尊尚贤而任使能,不党父兄,不偏贵富,不嬖颜色[11]。贤者举而上之,富而贵之,以为官长。不肖者抑而废之,贫而贱之,以为徒役。是以民皆劝其赏,畏其罚,相率而为贤者[12]。以贤者众而不肖者寡,此谓进贤。然后圣人听其言,迹其行[13],察其所能而慎予官,此谓事能。故可使治国者,使治国。可使长官者,使长官。可使治邑者,使治邑。凡所使治国家、官府、邑里,此皆国之贤者也。

贤者之治国也,蚤朝晏退,听狱治政,是以国家治而刑法正。贤者之长官也,夜寝夙兴[14],收敛关市、山林、泽梁之利,以实官府,是以官府实而财不散。贤者之治邑也,蚤出莫入,耕稼树艺,聚菽粟,是以菽粟多而民足乎食[15]。故国家治则刑法正,官府实则万民富。上有以絜为酒醴粢盛,以祭祀天鬼。外有以为皮币,与四邻诸侯交接[16]。内有以食饥息劳,将养其万民,外有以怀天下之贤人。是故上者天鬼富之[17],外者诸侯与之,内者万民亲之,贤人归之。以此谋事则得,举事则成,入守则固,出诛则强。故唯昔三代圣王尧、舜、禹、汤、文、武之所以王天下、正诸侯者,此亦其法已。

……

为贤之道将奈何?曰:有力者疾以助人,有财者勉以分人,有道者劝以教人[18]。若此,则饥者得食,寒者得衣,乱者得治。若饥则得食,寒则得衣,乱则得治,此安生生[19]。

……

(据孙诒让:《墨子间诂》,吴毓江:《墨子校注》,中华书局版"新编诸子集成")

[1]"尚贤"即尊尚贤人,是墨家重要的政治学说之一。墨子在本篇明确提出"尚贤者,政之本也"的主张。他认为,要治理好国家,必须任贤使能。不管与王公贵族的关系亲疏远近,不管身份贫富贵贱,只要有能就应该举用,反之则应予以贬斥。此外,墨子还阐明了使贤者增多的方法和界定贤者的标准。墨子主张完全以贤能与否决定人的进退用废,彻底打破世

袭贵族的特权,表达了广大底层平民的政治诉求。
[2] 子墨子:即墨子。子在古代可表示对老师和男子的尊称,表示尊称老师时放在姓氏之前,表示一般对男子尊称时放在姓氏之后。言曰:说。言表说,曰亦表说,二者联用,意义不变。治:与乱相对,谓社会安定、太平。
[3] 王树枏:"'本'字涉'失'字形近而误,当删。"
[4] 事:役使。厚:大,这里指国家治理成效。
[5] 将:当。众:增多,这里指使贤人增加。
[6] 曰:表设问,意谓"问道"。《墨子》一书中这种设问,一问一答,以相互辩难的形式来阐发自己的观点。
[7] 御:驾驭车马。将:犹乃。
[8] 列:位次。肆:集市,文中指商人。断:决断,此处意谓给予贤人决断政令的权力。
[9] 服:从事。殿:定。俞樾:"殿者,定也。殿与定一声之转。"
[10] 辟(bì):排除。若:意同"此",此若,古人常用复语。王念孙:"若亦此也。古人自有复语。"
[11] 吴毓江:"尊尚、任使,古人复语。"党:偏私。嬖(bì):宠爱。颜色:姿色,这里指容貌姣美的人。
[12] 徒役:服劳役的人。劝:鼓励,意谓百姓受到重赏的鼓励。相率而为贤者:俞樾谓"'者'字乃'是'字之误,属下读。"
[13] 孙诒让:"'进贤'依上文当作尚贤。"迹:追寻踪迹,意谓观察贤人的行为。
[14] 蚤:通"早"。晏:晚。夙:早。兴:起。
[15] 莫:同"暮"。艺:种植。菽粟:豆类和谷物,泛指粮食。
[16] 絜:通"洁",清洁。酒醴(lǐ):酒。粢盛(zī chéng):盛在祭器内以供祭礼的谷物。皮币:毛皮和缯帛,这里代指与诸侯通好的礼物。
[17] 食(sì):供养。将:养。怀:招徕。富:通"福",降福。
[18] 疾、劝:并同"勉",努力。王树枏:"劝与上疾、勉同义。"
[19] 王引之:"安犹乃也。言如此乃得生生也。"生生:生存。

三、贾谊《过秦论》节选[1]

秦孝公据崤函之固,拥雍州之地,君臣固守以窥周室,有席卷天下,包举宇内,囊括四海之意,并吞八荒之心[2]。当是时也,商君佐之,内立法度,务耕织,修守战之具;外连衡而斗诸侯。于是秦人拱手而取西河之外[3]。

孝公既没,惠文、武、昭襄蒙故业,因遗策[4],南取汉中,西举巴、蜀,东割膏腴之地,北收要害之郡。诸侯恐惧,会盟而谋弱秦,不爱珍器重宝肥饶之地,以致天下之士,合从缔交,相与为一[5]。当此之时,齐有孟尝,赵有平原,楚有春申,魏有信陵[6]。此四君者,皆明智而忠信，宽厚而爱人，尊贤而重士，约从离衡[7]，兼韩、魏、燕、楚、齐、赵、宋、卫、中山之众[8]。于是六国之士，有宁越、徐尚、苏秦、杜赫之属为之谋[9]，齐明、周最、陈轸、召滑、楼缓、翟景、苏厉、乐毅之徒通其意[10]，吴起、孙膑、带佗、倪良、王廖、田忌、廉颇、赵奢之伦制其兵[11]。尝以十倍之地，百万之众，叩关而攻秦。秦人开关延敌，九国之师，逡巡而不敢进[12]。秦无亡矢遗镞之费，而天下诸侯已困矣。于是从散约败，争割地而赂秦。秦有余力而制其弊，追亡逐北，伏尸百万，流血漂橹[13]；因利乘便，宰割天下，分裂山河。强国请服，弱国入朝。延及孝文王、庄襄王[14]，享国之日浅，国家无事。

及至始皇，奋六世之余烈[15]，振长策而御宇内[16]，吞二周而亡诸侯[17]，履至尊而制六合，执敲扑而鞭笞天下[18]，威振四海。南取百越之地，以为桂林、象郡[19]；百越之君，俛首系颈[20]，委命下吏。乃使蒙恬北筑长城而守藩篱[21]，却匈奴七百余里。胡人不敢南下而牧马，士不敢弯弓而报怨。于是废先王之道，焚百家之言，以愚黔首；隳名城，杀豪杰，收天下之兵，聚之咸阳，销锋镝，铸以为金人十二，以弱天下之民。然后践华为城，因河为池[22]，据亿丈之城，临不测之渊，以为固。良将劲弩守要害之处，信臣精卒陈利兵而谁何。天下已定，始皇之心，自以为关中之固，金城千里[23]，子孙帝王万世之业也。

始皇既没，余威震于殊俗。然陈涉瓮牖绳枢之子[24]，氓隶之人，而迁徙之徒也[25]；才能不及中人，非有仲尼、墨翟之贤，陶朱、猗顿之富[26]；蹑足行伍之间，而倔起阡陌之中，率疲弊之卒，将数百之众，转而攻秦，斩木为兵，揭竿为旗，天下云集响应，赢粮而景从[27]。山东豪俊遂并起而亡秦族矣。

且夫天下非小弱也，雍州之地，崤函之固，自若也。陈涉之位，非尊于齐、楚、燕、赵、韩、魏、宋、卫、中山之君也；锄櫌棘矜[28]，非铦于钩戟长铩也[29]；谪戍之众，非抗于九国之师也；深谋远虑，行军用兵之道，非及向时之士也。然而成败异变，功业相反，何也？试使山东之国与陈涉度长絜大，比权量力，则不可同年而语矣[30]。然秦以区区之地，致万乘之势，序八州而朝同列，百有余年矣；然后以六合为家，崤函为宫；一夫作难而七庙隳[31]，身死人手，为天下笑者，何也？

仁义不施而攻守之势异也。

(据阎振益:《新书校注》,中华书局版"新编诸子集成")

[1] 原文分上、中、下三篇,这里选的是上篇。"过秦"的"过"是过失、过错的意思,此处用作动词。
[2] 秦孝公:秦国国君,公元前361—前338年在位。靖函:靖山和函谷关。雍州:古九州之一,今陕西、甘肃、青海一带。窥周室:暗暗地计划吞并周朝。八荒:八方荒远的地方。
[3] 商君:商鞅。连衡:也作"连横",是当时外交斗争的一种策略。斗诸侯:使诸侯自相斗争。拱手:形容毫不费力。
[4] 惠文、武、昭襄:秦国的三位国君即惠文王、武王、昭襄王。惠文王是孝公的儿子,武王是惠王的儿子,昭襄王是武王的异母弟。蒙:有承接的意思。因:沿袭。
[5] 不爱:不吝啬。致:招纳。合从:也作"合纵",是六国联合共同对付秦国的策略。相与为一:互相援助,成为一体。
[6] "齐有"四句:孟尝,孟尝君,齐国的公子,姓田名文。平原,平原君,赵国的公子,名胜。春申,春申君,姓黄名歇。信陵,信陵君,魏国的公子,名无忌。
[7] 约从离衡:相约为合纵,离散秦国的连横策略。
[8] 韩、魏、燕、赵、宋、卫、中山:《史记·秦始皇本纪》"燕"后有"楚、齐"二字。
[9] 宁越:赵人。徐尚:宋人。苏秦:周人,是当时的"合纵长"。杜赫:周人。
[10] 齐明:东周臣。周最:东周君的儿子。陈轸:楚人。召滑:楚臣。楼缓:魏相。翟景:魏人。苏厉:苏秦之弟。乐毅:燕将。
[11] 吴起:卫人。孙膑:齐将。带佗:楚将。倪良、王廖:都是当时的兵家。田忌:齐将。廉颇、赵奢:都是赵将。
[12] 叩关:攻打函谷关。延敌:引敌人进来。延:引。逡(qūn)巡:徘徊,行而不进。
[13] 亡:逃跑。北:溃败。橹:盾牌。
[14] 孝文王:秦国国君,昭襄王的儿子,在位只有三天就死了。庄襄王:孝文王的儿子,在位三年就死了。
[15] 六世:指孝公、惠文王、武王、昭襄王、孝文王、庄襄王六代。余烈:遗留下来的功业。
[16] 振:挥动。策:马鞭子。御:驾御、统治。
[17] 吞二周:吞并西周和东周。秦昭襄王五十一年(前256年)灭西周。秦庄襄王元年(前249年)灭东周。
[18] 履至尊:登上帝位。六合:天地四方,指天下。敲朴:刑具,短的叫敲,长的叫朴。
[19] 百越:古代越族居住在江浙闽粤各地,各部族各有名称,而统称百越,也叫百粤。桂林、象郡:秦所置二郡,都在今广西境内。
[20] 俛首:低头,表示服从。俛,同"俯"。系颈:颈上系绳,表示投降。
[21] 蒙恬:秦将,秦始皇时领兵三十万北逐匈奴,修筑万里长城。
[22] 锋镝(dí):泛指兵器。锋:刀尖。镝:箭头。践华为城:依凭着华山当作城。因河为池:顺沿着黄河当作护城河。
[23] 谁何:指盘诘查问,系将代词用作动词。金城:坚固的城池。

[24] 殊俗：不同的风俗，指边远地区。瓮牖(yǒu)绳枢：以破瓮做窗户，以草绳系户枢，形容家里穷。
[25] 氓(méng)：民。隶：奴隶。迁徙之徒：被征发的人，指陈涉被征发戍守渔阳。
[26] 陶朱：春秋时越国的范蠡。他帮助越王勾践灭吴后，离开越国，跑到陶，自称陶朱公。他善于经营生计，后人常以"陶朱"为富人的代称。猗(yī)顿：春秋时鲁国人。
[27] 赢粮：担着粮食。景从：如影随形地跟随。景，同"影"。
[28] 锄櫌(yōu)棘矜(qín)：櫌，锄柄。棘，同"戟"，兵器。矜，戟柄。
[29] 铦(xiān)：锋利。钩戟：有钩的戟。长铩：长矛。
[30] 乡(xiàng)使：先前，乡同"向"。度(duó)长絜大：量量长(短)，比比大(小)。絜：衡量。
[31] 七庙：天子的宗庙。周制天子祀祖立七庙。

思考与练习

1. 说说诸子之学形成的原因。
2. 你如何看墨子在中国文化中的影响？
3. 谈谈你对墨家"兼爱"思想的理解。
4. 简述中国法家思想的发展脉络。
5. 谈谈你对韩非子法家思想的看法。

第四章　天人合一

"天"字古文字乃是在正立的人形（大字古文字形即为正立之人）上部加指事符号而成，强调人身最高处，即头、头顶。《说文解字》："天，颠也。"颠就是顶，头顶。从这个角度理解"天人合一"，自然形象感十足，说的是人头和人合而为一，人就是天，天就是人。

在中国文化中，天包括两个层面：天、地，亦即今天所言自然。中国传统文化将人与天之间的关系看作是"合一"的。相较中国，西方在天人关系上是对立和分裂的。"天人合一"是中国文化对全人类的伟大贡献。钱穆晚年在《中国文化对人类未来可有的贡献》一文中指出："中国文化中，'天人合一'观，虽是我早年已屡次讲到，惟到最近始彻悟此一观念实是整个中国传统文化思想之归宿处……""中国文化过去最伟大的贡献，在于对'天''人'关系的研究。中国人喜欢把'天'与'人'配合着讲。我曾说'天人合一'论，是中国文化对人类最大的贡献。"

"天人合一"是中国文化的基本精神，也是中国人所追求的精神境界。由于秉持自觉的"天人合一"观念，中国古人很早就做到了不违背自然，又能与天地自然融合一体。"天人合一"观念不仅决定了中国人的世界观、价值观、人生观、审美观的形成，而且直接影响到中国人整体式思维方式的形成,而整体式思维正是中国传统医学的基本思维方式。

在卷帙浩繁的中国文化典籍中,表述"天人合一"的典籍首推《周易》,因而本章我们将走近《周易》,从中感悟中国文化这一基本精神。同时,在文选部分,我们将通过对《黄帝内经·素问·四气调神大论》和《庄子·齐物论》等的品读,从不同的维度来体悟何谓"天人合一"。

第一节 《周易》概述

《周易》虽然披着卜筮的外衣,但散发着哲理的光辉,千百年来一直以其独特的魅力为人们所喜爱。我们今天必须将目光聚焦在《周易》的哲学价值和现实价值上,在学习其基本内容、研究其基本哲学内涵的基础之上,将其合理的东西用于我们的生活。

一、《周易》的基本结构

《周易》很早以前即被视为"群经之首",是因为其性质神秘、言辞古奥、模式简略、充满智慧。我们今天能见到的《周易》分两部分:《易经》,大致成型于殷周之际;《易传》,主要内容是阐发经的哲理,形成于战国时期。《易经》的性质是卜筮之书①,正因为此,秦焚书时未被波及。

可以这样认为,《易经》大体上是由古代卜筮之官的占卜记录(即卜辞)汇编而成,它的形成是长期积累的结果。我们熟知的"巫",他们的职责不仅是施行巫术、进行占卜,也包括类似史官的整理卜辞的工作,卜筮的方法和卜辞的记录都应当是他们的工作成果。这些卜辞,虽然和祭祀、巫术等神秘活动相关,但其中很多内容也反映了重要历史事件及古人的思维、伦理等观念,是古人政治、生活等方面经

---

① 卜是以龟甲、兽骨预测,筮是以筮草预测,是两种方式,手段不同,性质相仿。商代多用卜,周代多用筮。中华书局 1980 年版《朱子语类》第 1626 页:"《易》乃是卜筮之书,古者藏于太史太卜以占吉凶,亦未有许多说话。及孔子始取而敷绎为《文言》《杂卦》《彖》《象》之类,乃说出道理来。"

验的总结。我们从甲骨文中就获知了很多关于商周的历史、社会、文化信息,如"师"卦上六爻辞说"大君有命,开国承家,小人勿用",就反映出君权神授之类的宗法观念。

《易经》由符号体系和对符号的解说两部分组成。符号体系由阴阳二爻衍生出六十四卦,对符号的解说则由爻辞、卦辞等组成,这部分我们后面会提到。

《易传》的产生比《易经》晚了约七八百年,两者反映的文化背景和思想内容有很大的不同。《易传》对《易经》的符号体系作了完整的哲学解释。《易经》体现了人类蒙昧时代的迷信观念,可以说是巫术文化的产物,而《易传》则较之《易经》向人文时代迈进了一大步,有了更多的人文色彩,可以说两者的不同反映了商、周两个时代人类社会的进步。《易传》对《易经》的巫术文化进行了人文改造,以传解经、牵经合传,共同展示了以"阴阳"为核心的哲学观念。可以说,《易传》是后人对《易经》的哲学总结,将《易经》由包含丰富哲学内核的璞石雕琢成为精美的玉器。

《易传》共十篇:《象传》上、下篇,《系辞》上、下篇以及《大象》《小象》《文言》《说卦》《序卦》《杂卦》。司马迁在《史记·孔子世家》中提出《易传》是孔子所作之说,至欧阳修开始提出怀疑。近人经过大量研究后发现,《易传》应当是战国以来陆续形成的解读《易经》的作品。这里面涉及各篇形成年代问题、作者学派问题等,有持成书于战国前期、战国后期两说者,有持作者为儒家学者、道家学者等说者,此不赘述。虽说并不能确定孔子就是《易传》的作者,但孔子和《易》有很大关系则是无疑的。自战国以后,后代学者奉《周易》为经典,多有阐发和研习,《周易》思想深入人心,《周易》学术也不断丰富和发展,形成"易学"。

二、《易》书名解及相关概念

"周易"一词最早见于《左传·庄公二十二年》,在《左传》襄公九年、昭公七年也出现过,此外如《周礼》《国语》《庄子》等先秦典籍中皆有记载。

对"周"字的解释,《管子》曾有过表述:"周者,不出于口,不见于色,一龙一蛇,一日五化之谓周。""周"的意思是变化莫测,这是第一种观点。汉代郑玄在《易赞》中说:"'周易'者,言《易》道周普,无所不备。"意思是"周"指代周到、全面等含义,这是第二种观点。唐代孔颖达在《周易正义》中说:"《周易》称'周',取岐阳地名。"周朝发迹于岐山之阳,因以称《周易》,用地名给书命名,这是第三种观点。唐代贾公彦在《周礼·大卜》的疏中说:"以《周易》之纯《乾》为首,乾为天,天能周蔽于四时,故名《易》为'周'也。"认为"周"指的是涵盖了完整的四季循环之意,这是第四种观点。

对于大家的学习来说,非要认定某一种说法,既无必要也不可能,了解即可。

对于"易",也有很多解释。清代学者朱骏声在《六十四卦经解》中说:"'三易'①之易读如觋。"意思是易、觋音同,故借"易"字代替"觋"字,是同音假借,从官职来说是觋,从觋所著之文来说是易。近代学者高亨亦持此说,是为"官名说"。第二种解释是"变化说",《说文解字·易部》:"易,蜥易,蝘蜓,守宫也。象形。《秘书》说,日月为易,象阴阳也。"用"蜥易"(蜴)的变化多端借称《周易》。唐代学者孔颖达在《周易正义》里说:"易者变化之总名,改换之殊称。"西方人翻译"易"字,也有用 change 一词的②。第三种说法,也反映在上引《说文解字》之中,以日月合文指称"易"③。此外,尚有一种为大多数学者认可的"三易说"。唐代孔颖达《周易正义》中说:"《易纬·乾凿度》云:《易》一名而含三义,所谓易也、变易也、不易也。"第一个"易"是简易的意思,说的是《周易》构建的反映宇宙万物运行规律的模型是简单易晓的。"变易"则指的是《周易》反映的是万物运行变动不居的特征。"不易"是说《周易》反映了万物运行的规律,没有《周易》没说到的内容,涵盖广大,无所不包。

《周易》符号体系涉及很多概念,下面拣选一些重要的予以介绍。

---

① 三易指和《周易》并称的卜筮之书。郑玄在《易赞》中说:"夏曰《连山》,殷曰《归藏》,周曰《周易》。"夏代的卜筮之书叫《连山》,商代的卜筮之书叫《归藏》,三部书性质相同,皆为卜筮之书,《连山》《归藏》亡佚不传。
② 清代唐宗海在《医易通说》中说过"西人译《易》,译为'变化'二字"。
③ 这种说法的意思是,"易"字上为日,下为月。

爻：《周易》最基础的符号，由爻推衍而生六十四卦完整体系。爻有两个：阴爻（--）、阳爻（—），用以表示阴、阳这一组对立统一的概念。爻本无定形，人们选择--、—这样两根线条，以其最便于写卦而已。《易经》六十四卦共计三百八十四爻。

两仪：指阴、阳。阴阳原本浑然一体，是为"太极"，不能截然分开。人们为了研究和叙述的方便，判其为阴、阳两仪。

爻辞：《易经》中与爻对应、解释爻的含义的语句。如"乾"初九"潜龙勿用"等皆是。爻辞最初是先民占卜的记录，经后人改编而成我们今天看到的样子，是后人据以推衍《易经》哲理的依据。

爻名：卦中爻的名称，又称爻题。《易经》每卦六爻，每一爻均有位置、性质两项指标，这两项确定了，爻便确定。一卦之中，自下而上的位置名称分别是初、二、三、四、五、上；而就其性质来说，可以用"九"代表阳爻、用"六"代表阴爻。如"屯"（zhūn）卦，卦形是䷂，自下而上爻名分别为初九、六二、六三、六四、九五、上六，如下图。注意，初、上二字在爻名之前，二、三、四、五在后。

水雷屯

卦形：卦的形态。两仪的符号--、—就是最基础的卦形，由之拓展而为四象、八卦、六十四卦，上图"水雷屯"就是六十四卦卦形。由卦的形态也可以阐发某些暗含的哲理，它并不单纯是一个代表符号。

卦名：卦的名称。如"屯"就是一个六爻卦的名称。卦名往往是以一个字浓缩全卦的含义，有很深刻的内涵。如"屯"卦反映的是万物初生时的困难状态，《说文解字》言"屯，难也"，字义和卦义是相合的。卦名前也可以用两个字表示其内外卦对应的物象，比如"屯"，上卦为水、下卦为雷，因此也可以叫"水雷屯"。

卦辞：对全卦进行解释的语句。如"乾"卦卦辞是"元亨利贞"，用以说明全卦的含义。卦辞用字皆有深意。

卦序：卦与卦之间的排列顺序。如今本《易经》前七卦的顺序为"乾""坤""屯""蒙""需""讼""师"。

四象：一般而言指由阴阳两仪所生的太阴（⚏）、少阳（⚎）、少阴（⚍）、太阳（⚌）四卦。太阴又称老阴，太阳又称老阳。少阴上面一根为阴爻,少阳上面一根为阳爻。其他如春夏秋冬、东西南北、一二三四、阴阳刚柔、阴阳老少等,皆有人以之为四象,我们了解即可。

八卦:又称"八经卦",指"乾""坤""震""巽""坎""离""艮""兑"八个三爻卦。详见后文。

六十四卦:《周易》全书阐释的对象,详见后文。

内卦:又叫下卦,《左传》称其为"贞",指六爻卦内下三爻。

外卦:又叫上卦,《左传》称其为"悔",指六爻卦内上三爻。内外卦又称"二体",是一个六爻卦的两个组成部分。

正:阴爻位于二、四、六位,阳爻位于一、三、五位。奇数为阳,偶数为阴,这是古人一贯的观念。

中:六爻卦的二、五两爻。二爻位于下卦之中位,五爻位于上卦之中位,是从位置命名的,象征事物持守中道、不偏不倚。阳爻居于中位称"刚中",阴爻居于中位称"柔中",如果恰逢阴爻居二位、阳爻居五位,则称"中正"。

象:《系辞下》说:"象也者,像此者也。"象是形象、象征,指爻和卦在具体的卦内所指的物象,有爻象、卦象之别。比如"乾"卦初九爻辞为"潜龙勿用",潜龙就是初九的爻象;而乾为龙、为天,龙、天都是"乾"卦全卦代表的卦象。象的特征是有具体形象,可以为人所把握与感知,人们往往是根据爻、卦的性质和含义赋予其对应的物象,再根据这些物象和爻、卦的性质,作统一考量,判断所占事情的吉凶,推衍爻、卦的深刻哲理。

数:是卜筮过程中体现出来的数的观念。数可以有三种:占筮时通过特定的手段得出数如九、六、七、八,通过这些数确定爻的位置和阴阳属性;阴阳之数,一般而言偶数属阴,奇数属阳;第三是爻位数,如初、二、三、上等。数与象关系密切,不能分开研究。

辞:对卦、爻的解释性文字,因而分卦辞、爻辞等,是《周易》符号系统之外的文字系统。其基本功能是告诉占者卦象的吉凶。《系辞上》说:"辨吉凶者存乎辞。……是故卦有小大,辞有险易。辞也者,各指其所之。"

义:指的是象、数、辞中蕴含的意义和道理。象、数是通过符号展示的,辞是通过文字描述展示的,三者共同展示卦、爻的义理。

卦象：详见上所述"象"的部分。

象辞：《象传》之辞。《易传》有《大象》《小象》之别。《大象》释全卦之象，兼说卦名、卦义，不释卦辞。唐代学者孔颖达说："总象一卦，故谓之大象。"易学家李镜池认为，《大象》"阐发儒家的政治、哲学和人生哲学"。《小象》以爻象、爻位等方式释爻辞，每爻一条，共三百八十六条。《小象》虽也称"象"，但与《大象》没有多少联系。

彖：指《彖传》。每卦一条彖辞，共六十四条。《彖传》论卦名、卦辞的含义。《系辞传》中提及的"彖"则指卦辞。彖有决断的意思，孔颖达《周易正义》引褚氏、庄氏之说，云"彖者，断也，断定一卦之义，所以名为彖也"，这指的是卦辞有决断吉凶之用。两种"彖"所指不同，或许是因为作者不同之故①。

彖辞：见上述"彖"。

第二节 六十四卦简述

六十四卦的相关内容占了《周易》一书的大部分篇幅，是《周易》占筮与哲理的依托，也是我们学习的主要内容。深入《周易》的世界，必须了解六十四卦相关的知识，这是学习的基础。

一、八卦与六十四卦

八卦与六十四卦有生成关系，二者又是由太极生出。《周易·系辞上》说："是故《易》有太极，是生两仪，两仪生四象，四象生八卦。八卦定吉凶，吉凶生大业。"这反映了先民的宇宙观。在太极之前是无极，无极生太极。

太极是极为宏阔的混沌之体，太极剖而为阴阳两仪。由两仪生四象的过程则是在- -、—符号的基础上再行添加- -、—符号，如此不断累加而成八卦、六十四卦（见下图）。

---

① 易学家高亨说："盖《彖传》与《系辞》非一人所作。《彖传》作者题其所作之传曰'彖'，并不称卦辞为'彖'也。《系辞》作者称卦辞为'彖'，并不知别有《易传》名'彖'也。两者各为一书，本不相谋。及编为一帙，'彖'之义始易相混。"

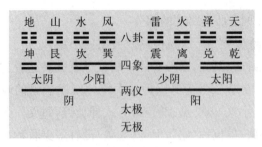

八卦生成图

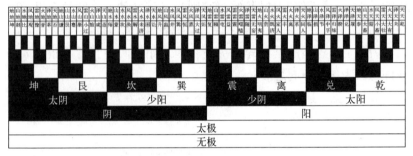

六十四卦生成图①

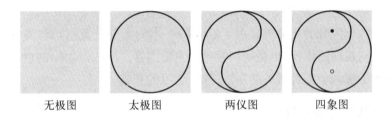

无极图　　太极图　　两仪图　　四象图

虽说上述四图可以细分，但综合来看，太极图中也有无极，两仪图中也有无极、太极，四象图中也有无极、太极、两仪。

上一节已经简要介绍了两仪、四象、八卦的概念。清代易学家、医学家魏荔彤在《大易通解》中说："伏羲画卦时，由太极之一分动静阴阳为一奇一偶，此乾坤之根柢也。各加一奇一偶而少阴少阳四象

---

① 图中白色方块表示阳爻，黑色方块表示阴爻。比如自下而上第四行左一加第五行左二两块表示少阳，自下而上第四行左一、第五行左二加第六行左三表示坎卦，其他卦看法相同。此图反映的另一个特点是，自下而上第五行从左到右的顺序是"坤""艮""坎""巽""震""离""兑""乾"，那么到第八行形成的六十四卦，自左至右，前八个卦下卦皆为"坤"（坤为地），第二组八个卦下卦皆为"艮"（艮为山），以此类推。而下卦相同的每一组卦中，上卦的顺序也是"坤""艮""坎""巽""震""离""兑""乾"，下二层和上二层具有同构性。

得矣,此即水火之根柢也。再各加一奇一偶,而三画之卦备,风雷山泽俱成矣。"说的就是八卦生成的方式。

八卦既已生成,现在需要熟记其卦形、卦名以及对应的物象。有卦歌一首可以帮助记忆卦名、卦形:

乾三连(☰),坤六断(☷)。震仰盂(☳),艮覆碗(☶)。
离中虚(☲),坎中满(☵)。兑上缺(☱),巽下断(☴)。

《周易·说卦传》说:"乾为天,坤为地,震为雷,巽为风,坎为水,离为火,艮为山,兑为泽。"这八种物象可以说是人们公认的标准物象,历代玩《易》、学《易》的人已将其内化为思维惯性,其他各种物象都是由此衍生而得。《说卦传》的作者以此八种事物代表宇宙一切事物,这反映了先民蒙昧质朴的宇宙观,与希腊哲学家泰勒斯以水为一切事物的本源、佛教认为地水火风是组成事物的四种元素有相似之处。下面再根据《说卦传》,列举一些八卦对应的物象。

乾为天,天是乾的基本卦象。乾的基本性质是刚健,因为天在先民眼中是刚健的。因乾为天,故乾也可指父、君。乾为马,马擅长跑,健行不息。

坤为地,地是坤的基本卦象。坤的基本性质是柔顺,因为地在先民眼中是生养万物的,顺应天时,三国时吴国易学家虞翻说,"(坤)纯柔,承天时行,故顺"。坤为母。

震为雷,雷是震的基本卦象。震的基本性质是动,震在八卦方位中属东方,东方属春,春雷惊蛰,能够震动万物,促成万物的生发。震为长男,因其卦中唯一的阳爻在初位(初位是一卦所由生的第一步),这就是《说卦传》说的"震,一索而得男"。

巽为风,风是巽的基本卦象。巽的基本性质是入,风无孔不入,古人有言"避风如避刀"。风吹木动,因木动而知风至,故巽又为木。巽为长女,以其唯一的阴爻在初位,《说卦传》云:"巽,一索而得女。"

坎为水,水是坎的基本卦象。坎的基本性质是陷、险,古人说"如临深渊",就是意识到陷于水则凶,这是对水的认识。坎为豕,豕即猪,古人认为猪是水畜,《诗经·小雅》笺云,"豕之性能水"。坎为中男,因为坎卦唯一的阳爻居中,《说卦传》云:"坎,再索而得男。"

离为火,火是离的基本卦象。火是明亮的东西,故离又为明,明是离的基本性质。离亦为日、为电,因二者皆与火相关。离又有依附之象,因火必须依附某物而生,这就是丽,丽有依附、附丽之义。离为雉(野鸡),因为雄鸡羽毛鲜艳。离为中女,因卦中唯一的阴爻居中,《说卦传》云:"离,再索而得女。"

艮为山,山是艮的基本卦象。艮又为止,止是艮的基本性质,因山是不动的。艮为狗,因狗能看家护院,防止外人入内。艮为少男,因为艮卦唯一的阳爻在上,《说卦传》云:"艮,三索而得男。"

兑为泽,泽是兑的基本卦象。兑又为悦①,悦是兑的基本性质。兑为羊。兑为少女,因为兑卦唯一的阴爻在上,《说卦传》云:"兑,三索而得女。"

了解八卦的基本卦象,对于理解《易经》《易传》及后世易学著作、易学理论,都是一桩基本功夫,所以在此用较多篇幅介绍。

六十四卦(指六爻卦)的生成,可以是从八卦中随机选择两个叠加形成六爻卦②,也可以如上列《六十四卦生成图》那般由阴爻、阳爻开始逐层向上累加五次而成。注意,这里需要强调的是,如爻名反映的那样,画出一卦的卦形是从下而上的。下页图是六十四卦卦名、卦形全图。

此图可以说是一个卦的坐标系,横坐标表示上卦,纵坐标表示下卦。给你一个卦名,比如"天水讼",只需要在横坐标中找到天(左一)、在纵坐标中找到水(第六行),"讼"卦也就找到了。

六十四卦卦形之间,有"错综③复杂"的关系。

错,又称变④,将某一六爻卦的阴爻变为阳爻、阳爻变为阴爻,改变爻的阴阳属性。比如"节"错为"旅",即由䷻变为䷷。

---

① 《说文》:"兑,说也。"此处说读如悦。也就是说,兑即悦,喜悦之义。
② 从八卦中选择两个,因内外卦位置不同,可以形成两个不同的六爻卦。
③ 错、综是来知德提出的。他在《周易集注》自序中说,文王"序六十四卦,其中有错有综,以明阴阳变化之理。错者,交错对待之名,阳左而阴右、阴左而阳右也。综者,高低织综之名,阳上而阴下、阴上而阳下也。虽六十四卦,止乾、坤、坎、离、大过、颐、小过、中孚八卦相错,其余五十六卦皆相综而为二十八卦"。
④ 变、覆是孔颖达提出的。他在《周易正义·序卦》中说:"今验六十四卦,二二相偶,非覆即变。"

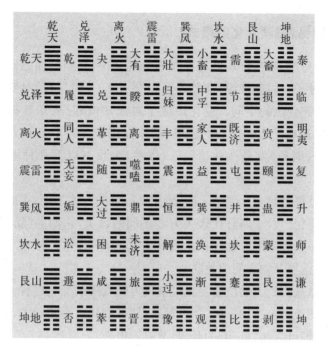

六十四卦卦图

综，又称覆，将某一六爻卦旋转180°，等于从对面看这一卦。比如"节"综为"涣"，即由☵变为☴。大家可以自己将六十四卦一一相综，看哪些变为其他卦，哪些仍然是原卦①。

复卦，又称互卦、互体。将某一六爻卦的二、三、四爻作为下卦，三、四、五爻作为上卦，重新组合为一卦。比如"节"的复卦为"颐"，即由☵变为☶。

杂卦则是针对复卦而言的，对复卦再进行一次"错""综"卦。

从哲学上解释"错综复杂"，可以这样去理解：研究一卦时要看本卦也要看错卦，看待事物要看本身也要从反面看；研究一卦时要看综卦，看待事物也要从对方的角度看；研究一卦时要看复卦，看待事物也要透过现象看本质，看到事物内部的性质、核心等；研究一卦时要看杂卦，看待事物应该长远、深刻。

---

① "乾""坤"为偶、"颐""大过"为偶、"坎""离"为偶、"中孚""小过"为偶，这四组卦有以下几个特征：初爻上爻同、二爻五爻同、三爻四爻同、内外卦同，错则为对方，综则为自己。"泰""否"、"随""蛊"、"渐""归妹"、"既济""未济"这四组卦的变化，既是错，又是综。

二、《周易》解读变化的模式

《周易》的基本哲理体现在基本卦理之中,我们前面已经或多或少接触过了。简单来说,那就是一个字:变。《周易》是对变化的解读,是研究变化的学问。变化造成了对未知世界、未知事物的难以把握,也造成了人们内心的恐惧,所以先民极力寻求各种方式去把握变化,《周易》就是一种途径。《周易》大致有以下几种解读变化的模式:

通过符号的变化展示。阴爻、阳爻组合的方式不同,产生了千奇百怪的变化。六十四卦代表了万物不同的种类,它们的"错综复杂"卦又进一步展示了万物不同的变化方式和形态,这种相互之间的关联,可以模拟万物之间的关联。

通过从初到上的位置变化可解读万物发展的变化过程。六十四卦中从初爻到上爻的发展,一般都遵循"事物从弱小到壮大、衰弱"的模式,我们可以从"乾"卦的卦辞、爻辞看出来。

第三节 《周易》文化

一、《周易》的思维方式

由上一节《八卦生成图》可知,"太极生两仪,两仪生四象,四象生八卦"是先民质朴的宇宙生成观,这和老子的"道生一、一生二、二生三、三生万物"从结构模式上来看是一样的,都是由简单到复杂、前者生后者。《周易》的说法类似受精卵分裂的过程,老子的说法则是逐一增加,两者看起来都像递增的无穷数列。古人多有这种极限思想,比如庄子曾说"一尺之棰,日取其半,万世不竭"。进一步仔细观察,可以知道,太极、两仪、四象、八卦的生成,都是老子说的"一生二",是在简单分化的过程中产生了无比的复杂性。虽说"八卦定吉凶",但正因为由八卦又可以产生六十四卦,所以"吉凶生大业",六十四卦已经可以较为全面地反映一切事物的全部发展过程了。

六十四卦的生成有其哲学内涵,同样的,六十四卦的卦序也有其意义,只不过是后人赋予的,因为六十四卦卦序不止一种①。就通行本《易经》而言,从"乾""坤"到"既济""未济",反映了宏观的事物发展的过程。它从天地("乾""坤")孕育万物开始,描述了各种事物发展过程中可能遇到的情况、经历。"盈天地之间者惟万物",六十四卦描述世间万物的各种情况,也就是"弥纶天地之道",即把天地万物的情况都描述了,也就是在描述万物发展变化的同时,描述、介绍了支配万物运行的道。"屯"表示万物初生之难,"蒙"表示万物幼小稚嫩的状况……"既济"表示事物发展已告终结,"未济"又表示事物开始新一轮循环。这样的一种内在逻辑,显然不是最初创作《易》的那群人的初始想法,应该属于后人的附会,不过附会得很有道理,用来解释世间万物也能说得通。

上文已经说到两种六十四卦的生成方式,一种是从八卦中随机选择两个,一种是如《六十四卦生成图》那样逐层累加。这里再介绍一种六十四卦生成的方式:八宫卦法。这三种方法都涉及排列组合的知识,都极富逻辑性。第一步,从八卦中选择一个,上下重叠成为主卦,比如选择乾(☰),上下重叠形成"乾"(䷀)。第二步,变爻,依次是初、初二、初二三、初二三四、初二三四五变,分别称为"乾"宫的一世、二世、三世、四世、五世卦;五世的四爻变,称为"乾"宫游魂卦;游魂卦的初、二、三爻再变,称为"乾"宫归魂卦。仍以"乾"为例,一世为"天风姤"(䷫)、二世为"天山遁"(䷠)、三世为"天地否"(䷋)、四世为"风地观"(䷓)、五世为"山地剥"(䷖)、游魂为"火地晋"(䷢)、归魂为"火天大有"(䷍)。"乾"宫的卦较容易看出其间的联系,其他宫则不易,需要不断熟悉和背诵。八宫卦每宫八个,共计六十四个。这种卦的生成方式,也仍然体现了《易经》符号体系的逻辑自洽,表现了《易经》作为一种模型的数理特性,值得玩味。

综观错综复杂、非覆即变、六十四卦生成的三种方式,这些玩卦的方法都从侧面揭示了卦与卦之间的某种逻辑联系。需要注意的是,这些方法都是后人发现的,没有资料可以证明最初画卦的人就已

---

① 马王堆帛书《周易》卦序即与今本大为不同,不同的卦序反映了人们对世界的不同认知。

经发现这些卦象之间的联系。这些可以说是演绎推理。

《易传》是解释《易经》的著作,《易传》成书于战国时期,因此,《易传》在解释《易经》时对概念十分重视,这是受到战国时人的影响。我们耳熟能详的"一阴一阳之谓道",就是出自《系辞传上》。此外,《系辞传上》还有以下一些定义:"吉凶者,失得之象也。悔吝者,忧虞之象也。变化者,进退之象也。刚柔者,昼夜之象也。"诸如此类为名词下定义的例子有很多,都反映了《易传》作者想要从逻辑起点上把事物说清楚的愿望。这些定义的得出,应该是多次经验的归纳和演绎,不是一两次经验可以做到的,就是《系辞传上》所说"夫《易》,圣人之所以极深而研几也"。定义是做出判断的基础,这在《易传》中反映得也很清晰:《系辞传下》说"爱恶相攻而吉凶生,远近相取而悔吝生,情伪相感而利害生",就是基于上述"吉凶者失得之象也"等判断作出的。喜爱和厌恶既然产生,那么就定会有所取舍,有所取舍就定会有失有得,有失有得则是吉凶之所在了。需要注意的是,虽然《易经》是卜筮之书,但《系辞传》多谈的是人事,这可以反映出周人的人文色彩[①],他们已经在唯物的道路上越走越远。

《文言传》有句话很有名气:"积善之家必有余庆,积不善之家必有余殃。"在魏晋南北朝时期儒、佛的辩论中经常被用来说明"报应"这个概念。但就《文言传》反映的原意,这句话应该说的是行为与后果之间的对应关系。《文言传》接着说"臣弑其君,子弑其父,非一朝一夕之故,其所由来者渐矣",谈的是事物积量变到质变的飞跃问题。这也是先民观察世界得到的一种经验性认识,他们已经认识到事物往往会由小变大,见微知著就是古人的重大收获。

我们都学过赋比兴的写作手法,其中的比,在《周易》中比比皆是。早期人类思维的一个特征是,对某一特定事物的研究并不深入,但是能很好地观察到事物之间的因果或逻辑或形象关系。这一点造就了《诗经》中完美的比兴手法,在《易经》中也有很多的体现。"乾"卦经文"潜龙勿用",用龙比拟事物发展的初始阶段,并且给出了应对

[①] 《易经》材料积累是在商代,而《易传》的创作已经是春秋战国时期了。周人起自西北边陲,自古就十分重视靠自己的力量吃饭,对商代浓重的迷信色彩是一种反动。

的方式：勿用。《文言传》"天行健,君子以自强不息",则是以天比君子,认为君子应当效法天的特性,天行不息,君子也当不断上进。六十四卦都可以对应人类社会某一类事物,这也是比。比如"讼"讲争讼、"师"讲战争、"恒"讲稳定、"渐"讲逐渐的变化等。可以将六十四卦理解为当时人们注意到、观察到了的六十四类事物。根据卦辞爻辞的解说,我们可以得到相应的指导,这就是类比方式的价值所在,也就是《周易》的价值所在。类比的方式有形象、直观的好处,能够让人产生情景感(所谓的诗情画意),是文学的利器,是一种模糊处理人与物之间关系的方式。

《周易》里面充满了中国传统的整体观,这在祖国医学中也体现得很充分,是中华民族传统的思维方式。"艮"卦卦辞说"艮其背不获其身,行其庭不见其人",是要求"艮其背获其身,行其庭见其人"。三国曹魏哲学家王弼解释"艮"说："艮者,止而不相交通之卦也。"据此可知,"艮其背"说的是停留、局限在背部,"不获其身"说的是不能通达、顾及全身。而"艮"卦爻辞自下而上说到了趾、腓、限、身、辅、敦,全身主要部位自下而上都涉及了,这也是整体观的一种表现。《易传》中也有很明显的整体观。八卦具足,代表了万物全体,天、地、水、火、山、泽、雷、风已经可以衍生出所有的事物。《说卦传》也曾以八卦比拟人身："乾为首,坤为腹,震为足,巽为股,坎为耳,离为目,艮为手,兑为口。"这也是从整体观照八卦,是整体观的表现。

《说卦传》将八卦与四时、八方相配,形成古人特有的空间观念模型,直接影响了祖国医学的思维模式,汉代孟喜、京房的卦气说就是以此为基础建立的。《说卦传》说："万物出乎震,震,东方也。齐乎巽,巽,东南也,齐也者,言万物之絜齐也。离也者,明也,万物皆相见,南方之卦也。……坤也者,地也,万物皆致养焉,故曰致役乎坤。兑,正秋也,万物之所说也,故曰说言乎兑。战乎乾,乾,西北之卦也,言阴阳相薄也。坎者,水也,正北方之卦也,劳卦也,万物之所归也,故曰劳乎坎。艮,东北之卦也,万物之所成终而所成始也,故曰成言乎艮。"这是描述了文王八卦的方位,是将时间、空间、万物统一观照,万物以年为单位周而复始,从而产生春夏秋冬、生长收藏,此观点与《黄帝内经·四气调神大论》所述高度相似。

《周易》体现的思维方式远不止上述几种,还有变易性原则、阴阳互补原则、中和均衡原则、意象思维等不同的表现,有兴趣的同学可以深入研究《周易》文本,自己好有个切身体会。

二、《周易》与医学

《周易》是研究变化的学问,强调人的一举一动要符合自然界事物发展的规律,这种天人合一观念不仅决定了中国人的认识观、世界观、价值观、人生观、审美观的形成,而且直接影响到中国人整体式思维方式的形成。历来有"医易同源"或"医易相关"之说。我国医学理论的总结性著作如《黄帝内经》,其创作年代晚于《周易》;马王堆汉墓医书如《阴阳十一脉灸经》《足臂十一脉灸经》等也晚于《周易》,说祖国医学受到《周易》的影响应该是没有问题的。但是这并不能证明祖国医学的实践也晚于《周易》。最早的人类从动物那里学习了治病的某些方式,应该就是医疗实践,这不会晚于人们创作《周易》的时代。明代医学家张介宾在《类经附翼·医易》中所说"易具医之理,医得易之用",较好地说明了医、易之间的关系。

具体而言,《周易》阴阳等概念反映的天人合一观念成为祖国医学的理论框架,祖国医学中的阴阳、气、六经、藏象等观念都受到《周易》的影响。祖国医学在《周易》整体观、变易观等思路影响下,形成了辨证论治的特色,这是古代哲学在祖国医学中的体现。

祖国医学的阴阳观念受《周易》影响极大,有以下几个特征:

《易传》说"一阴一阳之谓道",《黄帝内经·素问·调经论》则说"阴阳匀平以充其形,九候若一,命曰平人",视人体阴阳二气的均平为正常生理状态,这也得到现代医学的认可。

《黄帝内经·素问·生气通天论》说"阴平阳秘,精神乃治,阴阳离决,精气乃绝",平、秘都是平衡的意思。阴阳这两种截然相反的事物能在人体中协调相处、中正调和才能使精和神达到调和状态,反之则病生。

《黄帝内经·灵枢·营卫生会》说"阴阳相贯,如环无端",意思是阴阳首尾相连,没有起点、终点,阳根植于阴、阴根植于阳,阳中有阴、阴中有阳。金匮肾气丸是在有滋阴功效的六味丸基础上添加两味温阳药而成的，就是这个道理。

很早以前医生已经开始运用阴阳对立统一的思维模式分析病情。《史记·扁鹊仓公列传》记载扁鹊"闻病之阳，论得其阴，闻病之阴，论得其阳"，意思是看到表证、热证可以联想到里证、寒证。祖国医学治疗的原则就是调节阴阳、重建平衡，即《黄帝内经·素问·至真要大论》所说"谨察阴阳所在而调之，以平为期"。

人与自然的物质统一性是祖国医学整体观的立论基础。天与人既是整体又独立存在，人体内部是一个整体，也有不同的器官。人体内外环境的统一性是以气为本原，以阴阳为共同的变化规律，正如《黄帝内经·素问·阴阳应象大论》说的"清阳为天，浊阴为地，天地者万物之上下也"，万物之上下即阴阳之上下；又如《黄帝内经·素问·六节藏象论》所说"九窍、五脏、十二节皆通于气"，窍、脏、节虽不同，但都与气贯通，受气影响。人既与气、阴阳息息相关，祖国医学也就提出适应阴阳、四时以保存精气的养生之道，这在《黄帝内经·素问·四气调神大论》中说得已很明白。

由上述可知，《黄帝内经》受《周易》影响甚为深远。同样的，《伤寒论》也和《周易》有很深的渊源。《伤寒论》六经①表示六种象，病象的变化正如《周易》每一卦从初爻到上爻的变化那样有轨迹可循：发病时为太阳病，依次向阳明病、少阳病、太阴病、少阴病、厥阴病演化，每一个层次对应《周易》卦中的一爻，可用"乾"卦初九变化至上九与之对应。这六个层次，与《文言传》及《黄帝内经·素问·六节藏象论》所述一年六节一致：阳气外盛为太阳，体表高热；阳气内外俱亢是为阳明，体内外皆高热；少阳时节阳气初生，时冷时热，人之病有往来寒热的特征；太阴对应夏秋之间的长夏，多雨潮湿，人之病以水泻为主；少阴对应初夏，此时日渐火热，人之病常伴烦热失眠；冬去春来之时为厥阴，人之病为寒热交错。六经病从表入里、由阳转阴逐渐加重，至少阴为最重，至厥阴为尽阴，此时阳气复来；"乾"卦初九"潜龙"至上九"亢龙"，也是物极必反之象。医家受《周易》意象思维影响，以

---

① 六经指太阳、阳明、少阳、太阴、厥阴、少阴，六经病证是经络、脏腑病理变化的反映，其中前三者称三阳病证，阐述六腑病变，后三者称三阴病证，阐述五脏病变。

六经病情比拟六爻,动态地反映了病情的进展。

此外,《周易》万物交感观念①影响了祖国医学的胎教理论,八卦影响小儿变蒸②理论,"坎""离"水火论、肾水—心火既济说、八纲八法说等医学理论,都摆脱不了《周易》的影响。

本章文选

一、《周易·乾卦》节选

乾为天

卦辞：元、亨、利、贞
用九：见群龙无首,吉
上九：亢龙有悔
九五：飞龙在天,利见大人
九四：或跃在渊,无咎
九三：君子终日乾乾,夕惕若,厉,无咎
九二：见龙在田,利见大人
初九：潜龙勿用

乾[1]：元、亨、利、贞[2]。初九[3]：潜龙勿用[4]。九二：见龙在田[5],利见大人[6]。九三：君子终日乾乾[7],夕惕若[8],厉,无咎[9]。九四：或跃在渊[10],无咎。九五：飞龙在天,利见大人[11]。上九：亢龙有悔[12]。用九[13]：见群龙无首[14],吉。

（据清阮元刊刻《十三经注疏》,中华书局1980年影印世界书局缩印本）

[1] 卦名,此卦内外卦皆为乾（☰）,重卦仍名乾。《说卦传》："乾,健也。""乾,天也。"表明乾的性质是刚健,代表的物象是天。

[2] 元是始的意思,我们经常说"元始"。"乾"是《易经》第一卦,此是"始"。《说卦传》说"乾为首",首也是始,我们经常说"元首",此亦是"始"。《周易尚氏学》以元、亨、利、贞配春、夏、秋、冬,有理。亨：亨通。夏天万物生长,是通达、亨通的状态。利：有利。利字左半为禾,右半为立刀旁,会收割禾苗之意,因有收获之意。秋天收割禾苗,因而有利可图。贞：在这里可以理解为"正"。《周易正义》："《子夏传》云'元,始也；亨,通也；利,和也；贞,正也',言此卦之德有纯阳之性,自然能以阳气始生万物,而得元始、亨通,能使物性和谐各有其利,又能使物坚固贞正得终。"这是关于元亨利贞的"四

---

① 《咸·彖传》："天地感而万物化生,圣人感人心而天下和平,观其所感,而天地万物之情可见矣。"天地、万物、圣人、人心可以互感。

② 隋代医学家巢元方在《诸病源候论》中说："小儿变蒸者,以长气血也。"

"德"之说,较为通行。

[3] 参本章前面相关名词解释。《周易正义》:"居第一之位故称'初',以其阳爻故称九。"

[4] 潜龙:《周易》意象思维的一个体现。初九爻以其位置最下,故称"潜"。因其为阳爻,故称"龙",古人认为龙是阳物,能潜能腾、能显能隐,故《易经》取以为"乾"卦、爻的象征。勿用:不用,不有所行动。

[5] 见(xiàn):展现。田:田地。《周易集解》引郑玄之说:"二于三才为地道,地上即田,故称田也。"三才为天、地、人。六爻卦的上二爻对应三才的天,中二爻对应三才的人,下二爻对应三才的地,九二在地道二爻的上面,即"地上",地上就是田了。

[6] 大人:一般的说法是指自己,自身经过初九的潜藏、积累阶段,已经可以崭露头角。也可以理解为地位、能力、品德等高于自己的他人,此人可以给自己以帮助,所以"利于去寻求大人的帮助"。九二得下卦之中,虽非阴爻因而不正,但也未包含多少消极、危险因素,所以称"利"。

[7] 君子:与后之"大人"义相近,指有德者或居尊位者。九三不得中,故不称大人;但以阳爻居阳位得正,是以称君子。乾为健,"乾乾"犹言"健而又健",持续不懈地努力。

[8] 惕:普通的看法是警惕之义。但清华大学教授廖名春认为本义是"解除",引申为安闲、休息之义,并引《淮南子·人间训》"夕惕若厉,以阴息也。因日而动、因夜以息,唯有道者能行之"之说为证。从字面逻辑上也解释得通。若:语助词,……的样子。

[9] 厉:《广雅·释诂一》:"厉,危也。"厉是《周易》常用术语,表示情况危急、危险。咎:《尔雅·释诂》:"咎,病也。"《说文解字·人部》:"咎,灾也。"此外还有恶、过、怨等含义,也是《周易》常用术语,常与"无"组合使用。《系辞传上》说"无咎者,善补过也",此爻处下卦之上,又未升入上卦,在古人的观念中这样的位置或多或少都会有危险存在,只要警惕危险所在就不用过分担心,所以《周易集解》又说:"凡无咎者,忧中之喜,善补过者也。"

[10] 或:《乾文言》:"或之者,疑之也。"《周易正义》:"言九四阳气渐进,似若龙体欲飞,犹'疑或'也。"用"疑"解释"或"有将简单问题复杂化的嫌疑,虽然逻辑可通。此处理解为"可能性"即可。渊:九四处上卦之下,与初九位于下卦之下相呼应,初九称"潜",此处用"渊",正相匹配。六爻卦的三、四爻均表示人道,人道最为艰难,三、四爻的境况往往也很艰难。三爻在下卦之上但未升入上卦,四爻位居上卦之下受到上方的压迫,所以《系辞传下》称"三多凶""四多惧",这是爻位的一个重要特点。

[11] 《周易集解》引郑玄之说:"五于三才为天道,天者,清明无形而龙在焉,飞之象也。"《周易正义》:"言九五阳气盛至于天,故云'飞龙在天',此自然之象,犹若圣人有龙德,飞腾而居天位,德备天下,为万物所瞻睹,故天下利见此居王位之大人。"五位在六爻卦中往往是最好的位置,表示事物发展到了最为鼎盛的时期。加之阳爻居中位,得中、得正,是最好的情况了。

[12] 亢:《周易集解》引王肃之说:"穷高曰亢。"穷高就是穷尽最高处,到达极端。上六在六爻中是最高的,所以爻辞解释为"亢"。悔:《系辞传上》:"悔吝者,忧虞之象也。"《周易正义》:"悔者,其事已过,有所追悔之也。"悔是《周易》常用术语,表示判断,表示事物盛极必衰的道理,六爻卦的上爻往

往包含这个想法。《朱子语类》:"当极盛之时便须虑其亢,如这般处,最是。《易》之大义,大抵于盛满时致戒。"

[13] 在占筮之时,会有"动爻"(又称变爻),出现频率最高的是一爻或两爻动,判断吉凶首先要看动爻。假如占得"乾"而六爻皆动,则主要看用九爻辞以断吉凶。《周易本义》:"用九,言凡筮得阳爻者皆用九,而不用七。盖诸卦百九十二阳爻之通例也。以此卦纯阳居首,故于此发之。而圣人因系之辞,使遇此卦而六爻皆变者,即此占之。"

[14] 群龙:龙指每一爻,群龙则指六爻。无首:阳为首、首领,六爻皆变阳为阴,故不以首领自居,是"无首"。《周易》极为重视谦逊,与《老子》"后其身而身先""贵以贱为本"的看法相似,《象传》也说"天德不可为首",都是强调"谦"。

二、《周易·系辞上》节选

天尊地卑[1],乾坤定矣。卑高以陈,贵贱位矣[2]。动静有常[3],刚柔断矣[4]。方以类聚,物以群分[5],吉凶生矣。在天成象,在地成形,变化见矣。是故刚柔相摩,八卦相荡[6]。鼓之以雷霆,润之以风雨;日月运行,一寒一暑[7]。乾道成男,坤道成女[8]。乾知大始[9],坤作成物。乾以易知,坤以简能[10];易则易知,简则易从;易知则有亲,易从则有功;有亲则可久,有功则可大;可久则贤人之德,可大则贤人之业。易简,而天下之理得矣。天下之理得,而成位乎其中矣。

圣人设卦观象,系辞[11]焉而明吉凶,刚柔相推而生变化[12]。是故,吉凶者,失得之象也;悔吝者,忧虞之象也[13];变化者,进退之象也;刚柔者,昼夜之象也[14]。六爻之动,三极之道也[15]。是故,君子所居而安者,《易》之序[16]也;所乐而玩者,爻之辞也。是故,君子居则观其象[17]而玩其辞,动则观其变[18]而玩其占。是以自天佑之,吉无不利。

(据清阮元刊刻《十三经注疏》,中华书局1980年影印世界书局缩印本)

[1] 尊:高。《广韵·魂韵》:"尊,高也。"从天地自然现象出发观察,可以知道天在上,为高,地在下,为低。由天高地低的自然现象引申而有尊贵、卑贱之义。《周易》以阴阳为根本,而乾为纯阳,坤为纯阴,所以《系辞》先总说乾坤的尊卑、动静、刚柔等性质。

[2] 卑:低。陈:陈列、排布。因为有高有低,所以能据以确定贵和贱。位:就位,确定其位置。

[3] 动静:乾动坤静。常:指一定的运动规律。此句意思是乾坤依据一定的规律表现出动和静。

[4] 刚柔：乾刚坤柔。《周易集解》引虞翻之语曰："断，分也。乾刚常动，坤柔常静。分阴分阳，迭用刚柔。"
[5] 方：《周易集解》引《九家易》之说曰"道也"，《周易正义》说"方谓性行法术也"，《周易本义》说"方谓事情所向"，因此"方"属抽象概念"道"。"方以类聚"指的是概念因为相同的属性聚在一起，也就是划定概念的外延。物：指具体的事物。
[6] 摩：阴阳摩切交感。荡：八卦之间推移变动、组合。这两句说明阴阳交感而生八卦，如初爻交感生震(☳)、巽(☴)，中爻交感而生坎(☵)、离(☲)，上爻交感而生艮(☶)、兑(☱)；八卦之间又组合而成六十四卦。
[7] 此句举雷霆、风雨、日月、寒暑四组对立统一的概念来说明天上物象的阴阳变化。
[8] 此句举男女这组对立统一的概念来说明地上事物的阴阳变化。
[9] 乾知：王引之《经义述闻》引王念孙曰："知犹为也，为亦作也。乾为大始，万物资始也；坤作成物，万物资生也。"大始：即太始，指始创之初。
[10] 此句意思是：乾因为其平易而为人所知，坤因为其简约而有生发万物的功能。
[11] 系辞：在卦、爻之下附以解释性语句。
[12] 此三句说明《周易》的创作，是通过卦象以喻示事物吉凶、变化的道理。
[13] 吉凶、悔吝：都是《周易》用以判断吉凶的词汇。这两句举例说明卦爻辞的象征寓意。
[14] 此句是说六十四卦中的刚柔变化犹如人事的进退、昼夜的交替。
[15] 三极：指天、地、人三才。此句说明六爻的变化体现着天、地、人的道理。
[16] 《易》之序：指六爻的排序，是初、二、三、四、五、上的变动顺序。此句说明，君子能居处安稳，是由于效法六爻变动的次序而守其本位，不妄作。
[17] 象：指爻象。
[18] 变：指动爻。

三、《黄帝内经·素问·四气调神大论》节选

春三月[1]，此谓发陈[2]。天地俱生[3]，万物以荣[4]。夜卧早起[5]，广步于庭[6]，被发缓形[7]，以使志生[8]，生而勿杀[9]，予而勿夺，赏而勿罚[10]，此春气之应[11]，养生之道也[12]。逆之则伤肝，夏为寒变，奉长者少[13]。

夏三月[14]，此谓蕃秀。天地气交，万物华实。夜卧早起，无厌于日；使志勿怒，使华英成秀，使气得泄，若所爱在外；此夏气之应，养长之道也。逆之则伤心，秋为痎疟[15]，奉收者少。冬至重病[16]。

秋三月，此谓容平[17]。天气以急，地气以明[18]。早卧早起，与鸡俱兴；使志安宁，以缓秋刑[19]，收敛神气，使秋气平，无外其志，使肺

气清;此秋气之应,养收之道也。逆之则伤肺,冬为飧泄[20],奉藏者少。

冬三月,此谓闭藏。水冰地坼[21],无扰乎阳。早卧晚起,必待日光。使志若伏若匿,若有私意,若已有得;去寒就温,无泄皮肤,使气亟夺[22];此冬气之应,养藏[23]之道也。逆之则伤肾,春为痿厥[24],奉生者少。

……

夫四时阴阳[25]者,万物之根本也。所以圣人春夏养阳、秋冬养阴[26],以从其根,故与万物沉浮[27]于生长之门,逆其根则伐其本、坏其真矣。故阴阳四时者,万物之终始也,死生之本也。逆之则灾害生,从之则苛疾[28]不起,是谓得道。道者,圣人行之,愚者佩[29]之。从阴阳则生,逆之则死。从之则治,逆之则乱。反顺为逆,是谓内格[30]。是故圣人不治已病,治未病;不治已乱,治未乱,此之谓也。夫病已成而后药之,乱已成而后治之,譬犹渴而穿井、斗而铸锥,不亦晚乎?

(据中医古籍出版社影印清刻京口文成堂刻本)

[1] 春为四气之首,自立春始,包括立春、雨水、惊蛰、春分、清明、谷雨六气。古人以五日为一候,三候为一气,三气为一节,"节气"是笼统的称呼。一年八节、十二月、二十四气、七十二候,八节为立春、立夏、立秋、立冬、春分、秋分、冬至、夏至。

[2] "发陈"指明春天的特征是"发",发的内容则是"陈"。王冰注云:"春阳上升,气潜发散,生育庶物,陈其姿容,故曰发陈。""陈"包括去年冬天身体储藏的能量和过去积攒的病根,二者在春天都会发出来,俗语"冬天进补,开春打虎""冬不藏精,春必病温"说的就是这两种情况。

[3] 意思是天地之间的生发之气都已发动。这是在概括春天的整体情况,夏、秋、冬也是大致概括当季的情况。"生"是春天的总体特征。

[4] 荣:草本植物的花叫做荣,又为花的通称。《集韵·庚韵》:"草华谓之荣。""万物以荣"就是说万物都在开花,万物的气血和能量都在向外走,表现在植物就是发芽、开花,表现在动物就是苏醒、发情。生、荣相对,都是动词。

[5] 一般而言,按照"人定"(亥时,晚九点至十一点)的时间夜卧即可。古人一般在寅时(早三点至五点)起床,"寅时点卯"。

[6] 王冰:"温气生,寒气散,故夜卧早起,广步于庭。"早晨寒气不似秋冬一般侵人,故可广步于庭。张志聪注:"所以运动生阳之气。"广步于庭,目的在舒展四肢,效法楚天万物生发的气机,保持天人合一的步调,下面的"被发缓形"也是出于同一目的。

[7] 被:通"披",使头发披散。古人视头发为心性的外在表现,被发可助心志

生发,束发则代表自我约束。古代成人束发、行冠礼,目的就在于给自己心理暗示,要约束行为了。缓:使动用法。形:形体。马莳注:"被发而无所束,缓形而无所拘,使志意于此而发生。"缓形的目的和被发一样,也是使志意顺从春天生发之气而生。

[8] 对于人的心志,古人也认为要符合春天生发的特征。这种思维方式就叫做"法象",效法天地之象。此处是说从身心等内外方面都要与天地保持同样的状态和步调。

[9] 生:助生长。杀:遏制、削减,也可以读 shài。《广雅·释诂二》:"杀,减也。"《集韵·怪韵》:"杀,削也。"生而勿杀,意思是尽量助成万物生发的态势而不要抑制。杀如要与下文的"夺""罚"相呼应,解释成"削""减"较"杀死"更为妥帖,涵盖面更广。

[10] 此处可以接续上文指对"志"的生杀、予夺、赏罚,也可以指对万物的生杀、予夺、赏罚。春天播种就是予。

[11] 春气:春季的气机,即生发之气机。应春气,就是"因时之序",顺应时节发展的次序(安排自己的生活)。

[12] 养生:助长万物之生,就是养生,和今天我们理解的"养生"不一样。

[13] 张志聪注:"逆谓逆其生发之气也。肝属木,王于春,春生之气逆则伤肝,肝伤则至夏为寒变之病,因奉长者少故也。盖木伤不能生火,故于夏月火令之时反变而为寒病。"奉:贡献、提供。长(zhǎng):特指夏天万物的成长。春天是最好的养肝季节,肝得养,对胆、筋、眼睛、指甲都有好处,而如果春天肝没有得养,夏天长势就不旺,心属火,火王于夏,古人认为其中的逻辑是"木生火"。

[14] 夏季自立夏始,包括立夏、小满、芒种、夏至、小暑、大暑六个节气。

[15] 华:开花。实:结果实。厌:满足。怒:压抑。长(zhǎng):生长。痎疟:疟疾。

[16] "冬至重病"四字或为衍文。

[17] 秋三月:包括立秋、处暑、白露、秋分、寒露、霜降六个节气。容:指生物的状态。平:指平定、安稳。

[18] 张介宾注《黄帝内经》:"风气劲疾曰急,物色清肃曰明。"

[19] 秋气肃杀,故称"秋刑"。

[20] 飧(sūn):熟食。飧泄的临床表现有大便溏稀、食物未能完全消化等。

[21] 冬三月:包括立冬、小雪、大雪、冬至、小寒、大寒六个节气。坼(chè):开裂。

[22] 亟(jí):通"极",最大限度之意;亦可读 qì,屡次。以前一解为优。夺:被夺取。

[23] 春生、夏长、秋收、冬藏是一个完整的循环周期。

[24] 痿厥:不挺拔。

[25] 阴阳生四象,四象表现为四季。

[26] 养阳:指养生、养长。养阴:指养收、养藏。

[27] 沉浮:运动的一种形式,在这里泛指所有事物的运动。

[28] 苛疾:小病。另一种解释是苛通"疴",疾病之义,疴疾是同义复词。

[29] 佩:通"背",违背。

[30] 内格:内斗,指人体脏腑气血等的活动运行与自然界的阴阳变化不协调。

四、《庄子·齐物论》节选

天下莫大于秋豪之末[1],而大山为小;莫寿乎殇子[2],而彭祖[3]为夭。[4]天地与我并生,而万物与我为一[5]。既已为一矣,且得有言[6]乎?既已谓之一矣,且得无言乎?[7]一与言为二,二与一为三。自此以往,巧历[8]不能得,而况其凡[9]乎!故自无适有[10],以至于三,而况自有适有乎!无适焉[11],因是已!

夫道未始有封,言未始有常[12],为是而有畛也[13]。请言其畛:有左有右,有伦有义,有分有辩,有竞有争,此之谓八德。六合[14]之外,圣人存而不论;六合之内,圣人论而不议;春秋经世先王之志[15],圣人议而不辩。故分也者,有不分也;辩也者,有不辩也。曰:"何也?""圣人怀之,众人辩之以相示也[16],故曰辩也者,有不见也[17]。"

夫大道不称[18],大辩不言,大仁不仁,大廉不嗛,大勇不忮[19]。道昭而不道[20],言辩而不及[21],仁常而不成[22],廉清而不信,勇忮而不成,五者园而几向方矣![23]故知止其所不知,至矣。孰知不言之辩,不道之道?若有能知,此之谓天府[24]。注焉而不满,酌焉而不竭,而不知其所由来,此之谓葆光[25]。故昔者尧问于舜曰:"我欲伐宗、脍、胥敖[26],南面而不释然。其故何也?"舜曰:"夫三子者,犹存乎蓬艾之间。若不释然,何哉?昔者十日并出,万物皆照,而况德之进乎日者乎!"

齧缺问乎王倪[27]曰:"子知物之所同是[28]乎?"曰:"吾恶乎知之!""子知子之所不知邪?"曰:"吾恶乎知之!""然则物无知邪?"曰:"吾恶乎知之!虽然,尝试言之。庸讵知吾所谓知之非不知邪?[29]庸讵知吾所谓不知之非知邪?且吾尝试问乎女:民湿寝则腰疾偏死,鳅[30]然乎哉?木处则惴栗恂惧,猨猴然乎哉?三者孰知正处?民食刍豢[31],麋鹿食荐,蝍蛆甘带[32],鸱鸦嗜鼠,四者孰知正味?猨猵狙以为雌[33],麋与鹿交,鳅与鱼游。毛嫱丽姬,人之所美也;鱼见之深入,鸟见之高飞,麋鹿见之决骤,四者孰知天下之正色哉?自我观之,仁义之端,是非之途,樊然淆乱,吾恶能知其辩!"齧缺曰:"子不知利害,则至人固不知利害乎?"王倪曰:"至人神矣!大泽焚而不能热,河汉沍[34]而不能寒,疾雷破山、飘风振海而不能惊。若然者,乘云气,骑日月,而游乎四海之外,死生无变于己,而况利害之端乎!"

瞿鹊子问乎长梧子曰:"吾闻诸夫子:'圣人不从事于务,不就利、不违害、不喜求、不缘道,无谓有谓,有谓无谓[35],而游乎尘垢之外。'夫子以为孟浪[36]之言,而我以为妙道之行也。吾子以为奚若?"长梧子曰:"是黄帝之所听荧[37]也,而丘也何足以知之!且女亦大早计,见卵而求时夜[38],见弹而求鸮炙。予尝为女妄言之,女以妄听之,奚若[39]?旁日月,挟宇宙,为其吻合,置其滑涽,以隶相尊。[40]众人役役,圣人愚芚[41],参万岁而一成纯[42]。万物尽然,而以是相蕴。予恶乎知说[43]生之非惑邪!予恶乎知恶死之非弱丧[44]而不知归者邪!丽之姬,艾封人之子也。晋国之始得之也,涕泣沾襟。及其至于王所,与王同筐床,食刍豢,而后悔其泣也。予恶乎知夫死者不悔其始之蕲[45]生乎?梦饮酒者,旦而哭泣;梦哭泣者,旦而田猎。方其梦也,不知其梦也。梦之中又占其梦焉,觉而后知其梦也。且有大觉而后知此其大梦也,而愚者自以为觉,窃窃然知之。君乎,牧乎,固哉!丘也与女皆梦也,予谓女梦亦梦也。是其言也,其名为吊诡[46]。万世之后而一遇大圣,知其解者,是旦暮遇之也。"

"既使我与若[47]辩矣,若胜我,我不若胜,若果是也?我果非也邪?我胜若,若不吾胜,我果是也?而果非也邪?其或是也?其或非也邪?其俱是也?其俱非也邪?我与若不能相知也,则人固受其黮闇[48],吾谁使正之?使同乎若者正之,既与若同矣,恶能正之?使同乎我者正之,既同乎我矣,恶能正之?使异乎我与若者正之,既异乎我与若矣,恶能正之?使同乎我与若者正之,既同乎我与若矣,恶能正之?然则我与若与人俱不能相知也,而待彼也邪?"

"何谓'和之以天倪'?"曰:"是不是,然不然[49]。是若果是也,则是之异乎不是也亦无辩;然若果然也,则然之异乎不然也亦无辩。化声之相待[50],若其不相待,和之以天倪,因之以曼衍[51],所以穷年也。忘年忘义,振于无竟[52],故寓诸无竟。"

罔两问景曰[53]:"曩子行,今子止;曩子坐,今子起。何其无特操与?[54]"景曰:"吾有待而然者邪?吾所待又有待而然者邪?吾待蛇蚹、蜩翼邪?[55]恶识所以然?恶识所以不然?[56]"昔者庄周梦为胡蝶,栩栩然胡蝶也。自喻适志与![57]不知周也。俄然觉,则蘧蘧然周也。

不知周之梦为胡蝶与？胡蝶之梦为周与？周与胡蝶则必有分矣。此之谓物化[58]。

(据范祥雍：《南华真经批校》，上海古籍出版社2013年版)

[1] 天下：是"天下之物"的省略。毫：即毫，秋毫，秋天鸟兽新生的绒毛。
[2] 大：同太，太山即泰山。殇：《释名·释丧制》："未二十而死曰殇。殇，伤也，可哀伤也。"《说文·歺部》："殇，不成人也。"《仪礼·丧服》："年十九至十六为长殇，十五至十二为中殇，十一至八岁为下殇，不满八岁以下皆为无服之殇。"文中"殇子"泛指年幼而亡者。
[3] 彭祖：传说中的长寿之人。一说彭祖叫篯铿，颛顼玄孙，生于夏代，至殷末已有七百余岁，事见《神仙传》《列仙传》。一说以彭为国名，彭祖是彭姓之祖，建立彭国，八百岁亡国。
[4] 这几句是《庄子》中最具颠覆性的结论之一，用最为夸张的对比展示思维的跳跃性和相对性。字面意思是观察事物的角度不同，其结论也不同：用显微镜看秋毫之末则其内也包罗万有，泰山从宏观宇宙的角度看也不过是一粒微尘；从时间的凝固角度看出生未久即死之人则是最为长寿的，从宇宙生发至今的时间跨度看彭祖也不过一瞬间。庄子将秋毫之末、泰山放在一起比较，将殇子和彭祖放在一起比较，但有意忽略两者之间的绝对差别，这是一种辩论的技巧，更是在告诉读者要能够突破常规、从全新视角看待宇宙、看待万物。
[5] 这是"天人合一"观念的一个方面的意思：天、人本即一体。另一个意思是保持自己的身、心与天地宇宙同一步调。
[6] 言：指差别。因"万物与我为一"，则万物与我没有差别，没有差别则无从分辨彼此，说不出话。
[7] 因有"谓"，则已是有言、有说法了，则不能说"无言"。有言、无言是从两个角度说的，正是下文"一与言为二"。
[8] 巧历：善于计算的人。
[9] 凡：凡夫。
[10] 无、有：陈鼓应认为是"没有语言的机心"和"有语言的机心"。
[11] 无适焉：不必再往前计算，应消除语言的机心。
[12] 封：疆域、界限。常：定说，确定的说法。
[13] 为是：有两种解释：一种是"因为这个原因"，一种是"为了(求得)正确(的结果)"。两说皆可通。畛：界限、界畔。
[14] 六合：上、下、东、南、西、北谓之六合，六合即六面。
[15] 王先谦说："春秋经世谓有年时以经纬世事，非孔子所作《春秋》也。"此句意思是"春秋一类的典籍是先王经纬(治理之意)世事的记载"。
[16] 句中的两个"之"指代万事之理。圣人在心中默默思索、探求，普通人则辩论以相互展示。
[17] 因为有未能看到、考虑到的方面，所以会辨。
[18] 称：指称。大道不称：意思是大道不可言说，正是"道可道非常道"之意。
[19] 嗛(qiǎn)：逊让。忮(zhì)：刚愎，固执，狠戾。
[20] 道昭：道能明白清晰地显耀。不道，不能遵行。道是用来走的。
[21] 这句意思是辨析一件事物非常地清晰透彻反而不能反映事物的核心与

本质。
[22] 成：或作"周"。这句话意思是，在一处强调"仁"则不能周遍。
[23] 意思是追求道昭、言辩、仁常、廉清、勇忮，最终会适得其反，不能真正达到理想的效果。
[24] 天府：自然的府库，只有自然本身才能了解不言之辩、不道之道。
[25] 葆：藏。葆光：潜藏的光明。
[26] 宗、脍、胥敖：三个小国。
[27] 齧缺、王倪：皆是杜撰的人名，下文"长梧子"亦是。
[28] 同是：共同认可的，共同肯定的。
[29] 王引之《经传释词》："庸犹何也、安也、讵也，庸与讵同意，故亦称'庸讵'。"这句话的意思是：怎么知道我所谓的"知"不是"不知"呢？下句同例。
[30] 鳅(qiū)：泥鳅。
[31] 刍豢(huàn)：用草喂的动物叫刍，如牛羊；用谷子喂的叫豢，家畜一类。
[32] 苴：美草。蝍蛆：蜈蚣。带：小蛇。
[33] 猵狙(piān jū)：似猿（同猿）而有别。
[34] 沍(hù)：冻。
[35] 无谓：无言。有谓：有言。这两句的意思是：没有说话却好像说了，说了话好像没说。
[36] 孟浪：不着边际、不实在。
[37] 听荧：疑惑。
[38] 时夜：司夜，即鸡。
[39] 奚若：如何、怎么样。
[40] 旁：通"傍"。置其滑涽，任其纷乱而不顾。以隶相尊，把尊、卑看成一样。
[41] 芚(chūn)：谨厚、无知的样子。
[42] 这句意思是圣人糅合古今却又精纯不驳杂。
[43] 说：通"悦"。
[44] 弱丧：自幼流落。
[45] 蕲(qí)：求。
[46] 吊诡：怪异。
[47] 若：你，指辩论的对手，下同。
[48] 黮闇(dàn àn)：暗昧不明，所见偏蔽。
[49] 第一个"是""然"都是表示肯定的动词。
[50] 这句意思是是非之辩互相对待而成。
[51] 天倪：自然的分际。因：随。曼衍：散漫流衍，不拘常规。
[52] 竟：穷。无竟：即无穷。
[53] 罔两：景外之微阴。景即影的本字，影是景的后起增偏旁体。
[54] 曩：过去。特操：独立的意志。
[55] 这句话的意思是：我所依附的是蛇腹下之鳞皮、蝉翼吗？
[56] 这句话的意思是：我怎么知道为何是这样、为何不是这样？
[57] 喻：通"愉"。适志：快意。
[58] 物化：物、我界限消解，万物化而为一体。

思考与练习

1. 举例说明阴阳的概念。
2. 八卦基本物象之外还对应了哪些物象?
3. 尝试根据《八卦生成图》作《六十四卦生成图》。
4. 如何结合《黄帝内经·素问·四气调神大论》所说安排自己的生活,做到天人合一?
5. 阅读《周易》《黄帝内经》部分章节,并写读后感。

第五章　以史明智

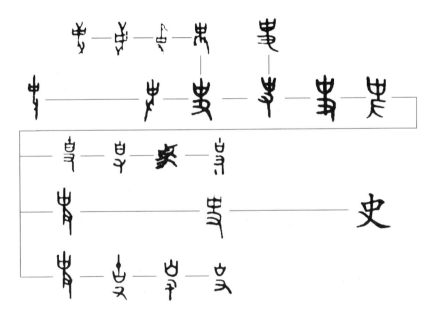

"史"字从又持中,"又"为手之象形,"中"有笔、簿书、工具等说,因而"史"是"又、中"构成的会意字。《说文解字》:"史,记事者也。"以手持工具,所做之事为事,做事之人为吏,所成之结果为史,事、吏、史上古本为一字,后分化为具有三个义项的三字。三字分化之后,人们又将记录历史之人、被记录之事、记录下来的文字都叫做"史"了。既成之事、既有之史,都可以为后人借鉴、效法,因而有"以史为鉴"之说,有以史明智之用。

第一节 史部概述

我们国家有着重视历史、重视史学的悠久传统。了解历史、了解史书,进而了解学习历史的方法,对于个人的智识的提高,对于培养中华儿女的民族认同感、增强凝聚力,都有很强的现实意义。上文已简略谈到"史"字的基本含义,下面再逐步展开对"史"的发展、史书分类等的介绍。

一、"史"的发展

"史"有以下几个内涵:事、吏、历史、史料、史官、史书、史学等。这些概念并不都是在人类历史发展的早期就有的。《周礼·天官冢宰·宰夫》所述宰夫八种职责中,"六曰史,掌官书以赞治",赞是助的意思,说明了史的工作内容。《汉书·艺文志》说:"古之王者,世有史官,君举必书。"同时,书中还记述了"左史记言,右史记事。事为《春秋》,言为《尚书》",表明史官在漫长的历史发展过程中有了分工的细化等不同的变化。

"史"向"史官"的衍变是一个长期的过程。殷商时代,史、事分别尚不明晰,也不存在"史学"的概念。西周时,史、事开始分化。《周礼》记载了周代政府各个职能部门的"史",有大史、小史、内史、外史、女史等,其工作任务大抵是掌册命、历法、参加仪式、出使、出征等,并非专职记言、记事。

随着社会生活的不断丰富,朝廷官员的分工越来越细,到春秋战国时期,"史"专任记事、记言的情况增多,已有保管史籍的职能的明确记载。也就在此时期,"史"出现了史官、史书的义项。《史记·秦本纪》:"(秦文公)十三年,初有史以纪事。"由此,出现"史纪""史记"等词,最初指历史的记录,也就是撰写史书的原材料。三国以后,多以"史"称史书。唐代史学家刘知幾在《史通》中运用了"汉中兴史""三国史""晋史"等称谓,后代史家、学者也就多以"某某史"称呼某一朝代或某一时期的历史过程。

古代史学的产生，以最早（春秋后期）的一批历史典籍的出现为标志。也就是说当"史"具备了"记事""史书"的双重含义时，"史学"才能产生，而"史学"概念又比史学的产生晚很多。公元319年，石勒称赵王，任命任播、崔濬为史学祭酒，同时置经学祭酒、律学祭酒等官，标志着史学的独立。此后历朝皆有重史的举措。至宋末元初胡三省重视史学，认为"史学不敢废"，主要是从文献学角度表述的。清代阮元在《〈十驾斋养新录〉序》中说："国初以来，诸儒或言道德，或言经术，或言史学……专精者固多，兼擅者尚少，惟嘉定钱辛楣先生能兼其成。"此处所言"史学"已经包含分科的意识了。章学诚在《文史通义》开篇即言"六经皆史"，认为史学的范围可拓展到历代经典、州县书志、官府案牍等方面，将史学区分为记注、撰述两大门类，展示了古人对史学认识的阶段性成果。

二、史书分类

前面已提到《汉书·艺文志》所言左史、右史，先秦时期的史书划分尚且粗略。西晋荀勖、张华在《中经新簿》中把当时的书分为甲经、乙子、丙史、丁集四类，史书从经书中单列出来。至梁阮孝绪《七录》则进一步分史书为国史、注历等十二类，《隋书·经籍志》则分正史、古史等十三类，而清代《四库全书》则进一步细化，分为正史、编年等十六类。唐代刘知幾在《史通》中对史书的划分与上述稍有不同：《尚书》家、《春秋》家、《左传》家、《国语》家、《史记》家、《汉书》家[①]。梁启超在《中国历史研究法》中沿用了这种分类法。这些划分的标准并不统一，或按体例，或按内容，或按体裁，但均反映了人们对史书、史学认识的深化。下面依照《隋书·经籍志》的分类简要说明如下。

正史。代表作有前四史即《史记》《汉书》《后汉书》《三国志》以及《东观汉记》《晋书》等纪传体史书及其评注。据《隋书·经籍志》介绍，"自是世有著述，皆拟班、马以为正史，作者尤广。一代之史，至数十家"，后世续作合称二十四史等。正史体裁大致可分纪传体、编年

[①] 《尚书》家指代记言类史书，《春秋》家指代记事类史书，《左传》家指代编年体史书，《国语》家指代国别体史书，《史记》家指代纪传体通史类史书，《汉书》家指代纪传体断代史类史书。

体、纪事本末体、国别体等数种。

古史。以《汉纪》①《后汉纪》②等为代表的编年体史书。《隋书·经籍志》称:"其著书皆编年相次,文意大似《春秋经》。诸所记事,多与《春秋》《左氏》扶同,学者因之,以为《春秋》则古史记之正法,有所著述,多依《春秋》之体。"

杂史。以《战国策》③《楚汉春秋》④《越绝书》⑤《吴越春秋》⑥等为代表。《隋书·经籍志》称:"其属辞比事,皆不与《春秋》、《史记》、《汉书》相似,盖率尔而作,非史策之正也。……又自后汉已来,学者多抄撮旧史,自为一书,或起自人皇,或断之近代,亦各其志,而体制不经。又有委巷之说,迂怪妄诞,真虚莫测。然其大抵皆帝王之事……谓之杂史。"

霸史。以《赵书》⑦《燕书》⑧《秦书》⑨《凉书》⑩《十六国春秋》⑪等为代表。《隋书·经籍志》称:"自晋永嘉之乱,皇纲失驭,九州君长据有中原者甚众。或推奉正朔,或假名窃号,然其君臣忠义之节、经国字民之务,盖亦勤矣。而当时臣子,亦各记录。后魏克平诸国,据有嵩、华,始命司徒崔浩,博采旧闻,缀述国史。诸国记注,尽集秘阁。尔朱之乱,并皆散亡。今举其见在,谓之霸史。"

---

① 东汉荀悦编撰,记述西汉历史,编年体,共三十卷。荀悦受汉献帝之命,以《左传》体例重抄《汉书》,《后汉书·荀悦传》称《汉纪》"辞约事详,论辨多美",推动了编年体史书的创作和研究。

② 东晋袁宏著,记述东汉历史,共30卷,编年体史书。《后汉纪序》称是书有"言行趣舍,各以类书""观其名迹,想见其人"等特征。

③ 又称《国策》,国别体,所记年代起于战国初年,止于秦灭六国,所记国家有西周、东周、秦、齐、楚等,所记内容有纵横家的政治主张和言行策略、历史特点和社会风貌等,因与儒家思想相悖,曾被斥为邪说、离经叛道之书,其道德哲学与道家近,社会哲学与法家近。

④ 西汉陆贾撰,所记内容自项羽起事至文帝初期止,司马迁撰《史记》时曾采用此书部分资料,后散佚。现有清人辑本三种。

⑤ 又名《越绝记》,内容为古代吴越地方史,共十五卷。是书以春秋末年、战国初年吴越争霸的历史为主要线索,对吴越地区政治、经济、军事等内容多有记述,被视为地方志的鼻祖。

⑥ 东汉赵晔撰,赵晔事见《后汉书·儒林传》。主要内容是春秋战国时期吴越两国之事,部分内容可补《国语》《左传》《史记》之未道。

⑦ 十六国后赵的史书,十卷,又名《二石集》,燕太傅长史田融撰。

⑧ 二十卷,记慕容隽之事,燕尚书范亨撰。

⑨ 八卷,记苻健之事,何仲熙撰。

⑩ 十卷,记张轨之事,凉大将军从事中郎刘景撰。

⑪ 北魏崔鸿撰,记载十六国历史的纪传体史书,成书时有一百卷,今残缺不全。魏收撰《魏书》、唐修《晋书》,司马光编《资治通鉴》均曾援引其资料,"十六国"之名亦因此书而得。

起居注。《隋书·经籍志》称:"起居注者,录纪人君言行动止之事。……皆近侍之臣所录。"晋朝时始设起居令、起居郎、起居舍人等专职人员编写起居注,至清皆有其人其职。起居注类著作有晋郭璞撰《穆天子传》、李轨撰《晋泰始起居注》等。

旧事。《隋书·经籍志》说:"古者朝廷之政,发号施令,百司奉之,藏于官府,各修其职,守而弗忘。……搢绅之士撰而录之,遂成篇卷。"如有《汉武帝故事》①《西京杂记》②等。

职官。"职官"概念包括政府机构、职位、官员、职责、品级等内容,在此则指反映上述内容的职官类著作。《隋书·经籍志》说:"汉末,王隆、应劭等以《百官表》不具,乃作《汉官解诂》③《汉官仪》④等书。是后相因,正史表志,无复百僚在官之名矣。搢绅之徒,或取官曹名品之书撰而录之,别行于世。宋、齐已后,其书益繁,而篇卷零叠,易为亡散,又多琐细,不足可纪,故删。其见存可观者,编为职官篇。"

仪注。仪注属于礼的范畴,记载礼、仪的各种规定。《隋书·经籍志》说:"仪注之兴,其所由来久矣。自君臣父子、六亲九族,各有上下亲疏之别。养生送死、吊恤贺庆,则有进止威仪之数。……是时典章皆具,可履而行。……汉兴,叔孙通定朝仪……节文渐具。"有《汉旧仪》《晋新定仪注》《宋东宫仪记》等传世。

刑法。《隋书·经籍志》说:"刑法者,先王所以惩罪恶、齐不轨者也。……晋初,贾充、杜预删而定之,有律、有令、有故事。"有蔡法度撰《晋宋齐梁律》、杜预撰《律本》等。

杂传。对正史、正传以外的人物作的传记之类著作。《隋书·经籍志》说:"古之史官,必广其所记,非独人君之举。《周官》……故自公卿诸侯,至于群士,善恶之迹,毕集史职。而又间阎之政,凡聚众庶,书其敬敏任恤者。……又汉时……皆因其志尚,率尔而作,不在

---

① 又名《汉武故事》,一卷,主要描述汉武帝求仙问道等故事,也有金屋藏娇、相如论赋等逸闻趣事,对后代传奇小说有一定影响。
② 汉刘歆著,东晋葛洪抄辑。古代历史笔记小说集,主要内容为西汉首都长安的杂史及西汉逸闻轶事。
③ 三篇,新集令王隆撰,胡广为之作注。其书"略道公卿内外之职,旁及四夷,博物条畅,多所发明"。
④ 东汉应劭撰,内容大致有官职源流、职掌、爵秩、郊祀、封禅、刑制、军事等,是研究汉代典章制度的重要参考资料。

正史。……因其事类，相继而作者甚众，名目转广，而又杂以虚诞怪妄之说。推其本源，盖亦史官之末事也。"有《三辅决录》《海内先贤传》《高士传》《逸民传》等著作。

地理。此类史书，记述内容大致包括河渠、名山、户口、风俗、物产、都邑、园林、寺塔等，记述方式大致有记、志、传、图、注、簿、录、谱等，有总志、方志、图经、图志、游记等类型。较为著名的作品有《山海经》《风土记》《佛国记》《洛阳伽蓝记》《舆地志》等，均极富学术价值，可以从某些角度探求古代社会的状况。

谱系。此类史书著录类别大致包括帝王、宗室、百家、英贤、族姓、州姓、家谱等，内容大致有族源、世系、婚宦、子孙等，有《汉氏帝王谱》《百家谱》《后魏皇帝宗族谱》以及刘向《世本》、宋衷《世本》等。

簿录。此类史书是对古代文献的整理、编目之作。《隋书·经籍志》说："古者史官既司典籍，盖有目录以为纲纪。……汉时刘向《别录》、刘歆《七略》，剖析条流，各有其部，推寻事迹……自是之后，不能辨其流别，但记书名而已。"由此类书籍可以知道文献的源和流，对于掌握学术史脉络是极有好处的。

第二节 史书"三体"

此处所言"三体"，只不过是略举史书三种最为重要的体裁而已，并不是说史书只有此三种体裁。其分类依据，大致是时间、人物、事件，分别对应编年体、纪传体、纪事本末体。通过这三种体裁，我们可以了解古代史学的成就和所达到的高度，可以知道古人记述历史的用心和思路，可以较为便捷地掌握学习历史的方式、方法。

一、纪传体

"纪"[①]指以时间为线索记述帝王的历史，"传"指帝王以外的人物

[①] "纪"本义是丝缕的头绪，引申而为古代纪年月的单位，也有世、代、年岁的含义，再引申而有法度、准则、规律、纪律等义，因而司马迁将记述帝王事迹的部分称为"纪"。

传记,合称"纪传",也就是说,"纪传体"以人物传记为中心。自司马迁①作《史记》、建立纪传体史书体裁规范之后,历代官方史书均采用此种方式撰述,从而使之成为正史专用体裁。"正史"之名最早见于南朝梁阮孝绪的《正史削繁》,而一般意义上的"正史"则指清乾隆钦定的从《史记》到《明史》的二十四部②纪传体史书。需要注意的是,并不是所有的纪传体史书都是正史。

纪传体以《史记》③为模板,因此本书也以介绍《史记》的体例为主。《史记》所用五种基本体裁分别是:本纪、表、书、世家、列传。

本纪是全书总纲,是按年月次序编写的帝王简史,主要记载帝王言、行,旁及政治、军事、经济、文化等重大事件。《史记》共十二本纪④,司马迁借此作为历史叙述的线索,主要目的在于树立两千五百年王者大统。

本纪后接十表⑤。用表格展示错综复杂的人、事、时,好处在于一目了然,便于检索。《史记》的世表、年表、月表,是依据叙述时间长短

---

① 司马迁(前145—前86),字子长,夏阳(今陕西韩城)人,太史令司马谈之子,后继任太史令。因替李陵败降之事辩解而受宫刑,仍发奋完成《史记》,后人又称其为史迁、太史公。早年受教于孔安国、董仲舒,曾游历天下博采传闻,为《史记》的创作奠定坚实的基础。

② 《史记》《汉书》《后汉书》称"三史",合《三国志》为"前四史",《三国志》《晋书》《宋书》《南齐书》《梁书》《陈书》《魏书》《北齐书》《周书》《隋书》合称"十史",这十三部又合称"十三代史"。到了宋代又在十三代史基础上增加《南史》《北史》《新唐书》《新五代史》而成"十七史",明代加入《宋史》《辽史》《金史》《元史》而合称"二十一史"。清乾隆初年刊定《明史》而成"二十二史",旋又增加《旧唐书》而成"二十三史",最终增加从《永乐大典》中辑出的《旧五代史》,经乾隆钦定而为"二十四史"。二十四史是研究中国通史的主要文献资料,约计四千万字。《四库全书总目》史部正史类小叙说:"正史体尊,义与经配,非悬诸令典,莫敢私增,所由与稗官野记异也。"1921年,北洋政府大总统徐世昌下令将近人柯劭忞修撰的《新元史》列入正史,学术界则以民国赵尔巽等撰《清史稿》视为正史,因有两种"二十五史"。

③ 《史记》共130卷,西汉司马迁撰,我国第一部纪传体通史。原名《太史公书》,魏晋之际才以《史记》称呼。全书时间范围起于黄帝,止于汉武帝元狩元年,共三千余年。《史记》所用文献资料翔实、丰富,又有大量田野调查之实地资料,对于研究西汉武帝以前的历史提供了集中、可靠的史料。《史记》贯彻了司马迁"究天人之际、通古今之变、成一家之言"的宗旨,在史学、文学等方面均取得极高成就,被鲁迅誉为"史家之绝唱,无韵之《离骚》"。

④ 依次是五帝、夏、殷、周、秦、秦始皇、项羽、高祖、吕太后、孝文、孝景、孝武本纪。

⑤ 依次是三代世表、十二诸侯年表、六国年表、秦楚之际月表、汉兴以来诸侯王年表、高祖功臣侯者年表、惠景间侯者年表、建元以来侯者年表、建元以来王子侯者年表、汉兴以来将相名臣年表。

区分的。正史中有表的有十一家①,清代学者万斯同曾作《历代年表》一书,可补诸史之不足。

表后接八书②,主要记叙政治、经济、天文、地理等方面的制度或大事。《汉书》③改"书"为"志",后史多从之。欧阳修《新五代史》则称之为"考"。《三国志》《梁书》《陈书》《北齐书》《周书》《南史》《北史》无书、志,但《隋书》的《五代史志》可部分补足。书志后发展成专门史,以唐代杜佑《通典》为代表。

书后是世家④。世家记叙的对象是王侯、封国和对历史有重大影响的特殊人物(孔子、陈涉),因王侯是开国诸侯王及其世袭子孙,所以《史记》这部分内容称"世家"。《汉书》将"世家"改为"列传",后续诸史多从之。略有不同的是,《晋书》将"僭伪"而又世代相继的国家列入"载记";《新五代史》称十国为世家;《宋史》从之,立"十国世家";《辽史》记高丽、西夏诸国则称"外纪"。

世家后为列传⑤,主要记载诸侯王以外的历史人物以及其他民族与外国史事。其中分单传(或称专传),如《伍子胥列传》《苏秦列传》《张仪列传》等;合传,如《老子韩非列传》《孙子吴起列传》等,这些人往往有相似性;类传,如《仲尼弟子列传》等;在某一人的列传中也有附带叙述其他相关人物的附传。世家和列传均属人物传记,有传主

---

① 分别是:《史记》《汉书》《新唐书》《新五代史》《宋史》《辽史》《金史》《元史》《明史》《新元史》《清史稿》。

② 分别是:礼、乐、律、历、天官、封禅、河渠、平准书。

③ 《汉书》共100卷,东汉班固(32—92)撰,我国第一部纪传体断代史。全书时间范围起自汉高祖元年(前206年),止于王莽地皇四年(23年),包括西汉230年的历史。《汉书》有些地方也涉及先秦历史,多移录武帝中期以前的《史记》记载。相比《史记》增加了《刑法志》《五行志》《地理志》《艺文志》《食货志》等,《艺文志》是我国最早的目录学著作,《食货志》则是一部三代至西汉的经济通史。

④ 分别是:吴太伯、齐太公、鲁周公、燕召公、管蔡、陈杞、卫康叔、宋微子、晋、楚、越王句践、郑、赵、魏、韩、田敬仲完、孔子、陈涉、外戚、楚元王、荆燕、齐悼惠王、萧相国、曹相国、留侯、陈丞相、绛侯周勃、梁孝王、五宗、三王世家。共三十卷。

⑤ 分别是:伯夷、管晏、老子韩非、司马穰苴、孙子吴起、伍子胥、仲尼弟子、商君、苏秦、张仪、樗里子甘茂、穰侯、白起王翦、孟子荀卿、孟尝君、平原君虞卿、魏公子、春申君、范雎蔡泽、乐毅、廉颇蔺相如、田单、鲁仲连邹阳、屈原贾生、吕不韦、刺客、李斯、蒙恬、张耳陈余、魏豹彭越、黥布、淮阴侯、韩信卢绾、田儋、樊郦滕灌、张丞相、郦生陆贾、傅靳蒯成、刘敬叔孙通、季布栾布、袁盎晁错、张释之冯唐、万石张叔、田叔、扁鹊仓公、吴王濞、魏其武安侯、韩长孺、李将军、匈奴、卫将军骠骑、平津侯主父、南越、东越、朝鲜、西南夷、司马相如、淮南衡山、循吏、汲郑、儒林、酷吏、大宛、游侠、佞幸、滑稽、日者、龟策、货殖。共六十九卷。

身份不同这个差别在。两种体裁均较好地反映了人物生平和事迹，同时也可看出当时那个时代的许多政治、经济、军事等信息。

《史记》最后一篇是《太史公自序》，类似于全书的后记、跋语，是古代学者著书的惯例。

从上面的介绍可以看出，纪传体不同的体裁相互补充，可以较为全面地叙述历史、表现人物、记录典章制度、展示社会全貌，将可读性和资料性融为一体，便于读者把握历史的全貌。刘知幾在《史通·二体》中说："纪以包举大端，传以委曲细事，表以谱列年爵，志以总括遗漏，逮于天文、地理、国典、朝章，显隐必该，洪纤靡失。"正因为此，后代正史均采用了纪传这一体裁。但，纪传体不容易给读者以编年体般清晰的时间概念，不容易使读者清晰地看到事件之间、人物之间的复杂联系，需要翻阅很多人的传记才能明白一件事的来龙去脉。

二、编年体

"编年"的意思是"依年（时间）成编"，编年体史书是按照年、月、日的时间顺序记载历史事件。编年体在史书三体中出现得最早，以《春秋》①、《左传》②、《竹书纪年》③等为代表。编年体因以时间为经、以事件为纬，便于考察事情发生的时间、便于了解事件之间的联系，避免了纪传体叙事的重复。但编年体因以时间为框架，不容易呈现、突出个人在历史事件中的作用，也不容易集中叙述每一事件的全过程。《春秋》中多次出现追述往事和交代后来之事的情况，这表明编

---

① 《春秋》是我国现存最早的编年体史书，被视为编年史的始祖。《春秋》以鲁国纪年为时间框架，起自鲁隐公元年（前722年），终于鲁哀公十四年（前481年），历十二君二百四十一年。主要记述内容为鲁国政治事件和人物活动、列国征伐、盟会、聘访等，涉及少量自然现象，经济、文化等内容极少。《春秋》叙事简练，因有微言大义、春秋笔法之说。《春秋》就其性质而言应属史书，但古人视之为经书，认为它承载了治道。

② 《左传》又称《左氏春秋》或《春秋左氏传》，是《春秋》的注解之作。上起鲁隐公元年，下迄鲁悼公四年（前464），比《春秋》多十七年。《左传》详于记事，对《春秋》语焉不详之处作了大量补充，使得后人可以知道许多历史的细节。

③ 《竹书纪年》是我国较早的史书，记载了夏禹至战国的历史，是起始最早、年限最长的编年体史书。可能成书于战国时魏国史官之手，西汉前期已不流传于世。西晋太康二年（281）由汲郡（今属河南）魏襄王墓出土数十年竹简，称"汲冢书"，其中有《纪年》十二篇，又称"汲冢《纪年》"或"古文《纪年》"，采用编年体，纪事简略。北魏郦道元注《水经》引用《纪年》，冠以"竹书"二字，于是"竹书纪年"之称通行于世。此书史料价值极大，可与甲骨文、金文、《左传》等相印证，也可纠正部分《史记》的错误，促进古史研究。

年体是不能完全严格地按照年、月、日顺序交代史实的,这是其局限性。又因编年体常以政治事件为纬,所以不能妥善地安排经济、文化、社会等方面的记述。

编年体史书的集大成之作,是北宋司马光①组织编撰的《资治通鉴》。《资治通鉴》共294卷,起自周威烈王二十三年(前403),迄于五代后周世宗显德六年(959),时间跨度1362年,约计300万字,另有《目录》30卷、《考异》(说明材料去取的理由)30卷。

通过"资治通鉴"四字我们可以知道,司马光作此书是为了给统治者提供历史借鉴。该书最大的特色是"通",即突破了断代的局限,以时间为经、事件为纬,遇重大历史事件则交代前因后果,扼要叙述制度沿革,以期帮助读者全方位了解历史。该书取材宏富、精审,除正史之外,于稗官野史、百家谱录、总集别集、传状碑志等无不搜罗选用。该书偏向于政治史,对战争描写较为生动,经济、文艺、宗教等内容较少,原则上不录符瑞、图谶、占卜、神怪等事,相比纪传体是有所偏向的。

《资治通鉴》对后世产生了巨大影响,后人仿作甚多②,也由之派生出朱熹《资治通鉴纲目》和袁枢《通鉴纪事本末》等纲目体、纪事本末体史书。

编年体史书还有起居注③、实录④等体裁,也是按照时间顺序编排史料。目前保存较为完好的是《明实录》《清实录》。

---

① 司马光(1019—1086),字君实,陕州夏县(今山西夏县)涑水乡人,世称涑水先生,据传为西晋安平献王司马孚之后。宋神宗时因反对王安石变法遭贬,主持完成《资治通鉴》,书成于神宗元丰七年(1084)十二月,历时十九年。著作主要有《温国文正司马公文集》《稽古录》《涑水记闻》等。

② 有南宋李焘《续资治通鉴长编》、李心传《建炎以来系年要录》,清代徐乾学《资治通鉴后编》、毕沅《续资治通鉴》、陈鹤《明纪》、夏燮《明通鉴》,今人章开沅《清通鉴》、戴逸《清通鉴》等。

③ 起居注有两层含义:其一为官名,掌侍从皇帝起居,记录其言、行。周代由左史右史负责记录,汉代由宫中女史记录;晋由著作郎兼任;北魏始置起居令史,又别置修起居注二人;隋朝在内史省置起居舍人二员;唐宋在门下省置起居郎,在中书省置起居舍人;明洪武九年定设起居注二人,到万历年间改命翰林院兼管。清康熙时设日讲起居注官,属翰林院,在词臣中选才德兼优者兼任。其二为起居注所记内容,为官修史书史料来源之一。

④ 实录字面意思就是据实记录,一般一位皇帝一部实录,按年月日记录皇帝统治期间政治、经济、军事等方面的大事。《隋书·经籍志》所载最早的实录是南朝梁周兴嗣撰写的《梁皇帝实录》(武帝),唐朝以后,继位皇帝令史官据前朝起居注等资料编撰前朝实录,此制历代相传。

三、纪事本末体

顾名思义,纪事本末体是围绕事件的来龙去脉展开撰述的,着眼于历史事件的发生、发展,可以弥补编年体重时间、纪传体重人物的偏颇。清代学者章学诚在《文史通义·书教下》中说它"因事命篇,不为常格。……文省于纪传,事豁于编年,决断去取,体圆用神",给予高度评价。

纪事本末体产生的年代远远晚于编年体和纪传体。南宋袁枢[①]苦于《资治通鉴》卷帙浩繁,通读不便,乃将《资治通鉴》中同一件事的相关文字汇总,重新编排组织,终成《通鉴纪事本末》。袁枢根据《资治通鉴》所述重要事件,按照《通鉴》原年次,分类抄录正文及司马光史论,每事冠以醒目的标题,其本人未作任何阐述。共确定239个事目,始于"三家分晋",终于"世宗征淮南",前后共计1 360多年,42卷。

《通鉴纪事本末》继承了《资治通鉴》"穷探治乱之迹"的编撰宗旨,同时十分重视"乱世"及历朝兴衰的过程,这是两书相同的地方。《通鉴纪事本末》各个事件相对独立,不易看出历史联系;而且该书侧重选择《资治通鉴》中政治、军事方面的事件,经济方面仅有《奸臣聚敛》《两税之弊》两目,社会、思想文化等则无一目。该书最大的特点是编排史事的灵活性,只需注意所取历史事件的完整性而不必描述整个历史进程,更不必衡量事件在历史进程中的地位。编撰形式的灵活性决定了它成为新的、独立的史书体裁的可能性,但由于其固有的缺陷,又决定了它不能取代编年、纪传两种体裁。

《通鉴纪事本末》成书之后,后代学者多有续仿之作,如陈邦瞻《宋史纪事本末》《元史纪事本末》、谷应泰《明史纪事本末》、高士奇《左传纪事本末》、张鉴《西夏纪事本末》、李有棠《辽史纪事本末》《金史纪事本末》、李铭汉《续通鉴纪事本末》、黄鸿寿《清史纪事本末》等。

---

① 袁枢(1131—1205),字机仲,南宋建州建安(今福建建瓯)人,宋孝宗隆兴元年(1163)进士,曾任太府丞兼国史院编修、右文殿修撰等职。

四、其他体裁

除上述三种体裁之外，史书尚有政书、史评史论、别史、杂史等类型。

政书是记述典章制度的史书，纪传体史书中的书、志单独成篇即为政书。政书广泛收集政治、经济、文化、法律等方面的内容，有助于读者了解各种制度的历史沿革，因而有工具书的某些特征。《礼记·王制》《礼记·月令》等篇可以视为政书的源头，《史记》八书、《汉书》十志等也都是政书的雏形。唐代刘秩作《政典》①、杜佑作《通典》②，此后有《续通典》《历代兵制》《营造法式》《历代大礼辨误》等仿《通典》体例编纂的通史政书。而记述某一朝代典章制度的断代史政书，则称会要或会典。唐代李林甫等人撰《唐六典》，北宋初年王溥编《唐会要》③，此后又有徐天麟《西汉会要》《东汉会要》、徐松《宋会要辑稿》等。至如《大清律例》《大唐开元礼》《皇朝礼器图式》等，则是仿照会要体例编纂的专门性断代政书。

史评也是史书的一种体裁。早在西汉就已有反思秦朝过失的著作出现，以贾谊《过秦论》为代表，此后《史记》中的"太史公曰"、《汉书》中的传赞等也属于对前文所述史事的评论，只不过是单篇的文章而已。宋代范祖禹针对唐代得失而作306篇评论，合为《唐鉴》，是我国较早的史评专书。此后又有孙甫《唐史论断》、李焘《六朝通鉴博议》、王夫之《读通鉴论》《宋论》等，皆为史评名著。

而史论则要以论述史籍得失、评论史学体例、研究撰史方法为主要内容。唐代刘知幾《史通》是早期史论的代表作。清代章学诚《文史通义》则是史论中的经典，诸如"六经皆史"之类的观点影响非常深远。

---

① 刘秩是唐代史学家刘知幾的儿子，《政典》分门别类地叙述黄帝至唐天宝年间典章制度的兴废沿革。

② 《通典》共200卷，分食货、选举、职官、礼、乐、兵、刑、州郡、边防九门，所载唐代制度详于"两唐志"，并收集了很多原始资料，具有很高的史料价值。《四库全书总目提要》称赞道："凡历代沿革悉为记载，详而不烦，简而有要，原原本本，皆为有用之实学，非徒资记问者可比。"

③ 此书是合唐德宗时苏冕的《会要》40卷、宣宗时杨绍复《续会要》40卷而成。

本章文选

一、郑伯克段于鄢[1]

初,郑武公娶于申[2],曰武姜,生庄公及共叔段[3]。庄公寤生[4],惊姜氏,故名曰"寤生",遂恶之。爱共叔段,欲立之,亟请于武公[5],公弗许。及庄公即位,为之请制[6]。公曰:"制,严邑也,虢叔死焉,佗邑唯命。"[7]请京,使居之,谓之京城大叔[8]。

祭仲曰:"都,城过百雉[9],国之害也。先王之制:大都,不过参国之一[10];中,五之一;小,九之一[11]。今京不度,非制也,君将不堪[12]。"公曰:"姜氏欲之,焉辟害?"[13]对曰:"姜氏何厌之有?不如早为之所[14],无使滋蔓。蔓,难图也。蔓草犹不可除,况君之宠弟乎?"公曰:"多行不义必自毙[15],子姑待之。"

既而大叔命西鄙、北鄙贰于己[16]。公子吕[17]曰:"国不堪贰,君将若之何?欲与大叔[18],臣请事之;若弗与,则请除之,无生民心。"公曰:"无庸,将自及。"[19]大叔又收贰以为己邑,至于廪延[20]。子封曰:"可矣,厚[21]将得众。"公曰:"不义不昵[22],厚将崩。"

大叔完聚,缮甲兵,具卒乘,将袭郑[23]。夫人将启之[24]。公闻其期,曰:"可矣!"命子封帅车二百乘以伐京。京叛大叔段。段入于鄢[25]。公伐诸鄢。五月辛丑,大叔出奔共。

书曰[26]:"郑伯克段于鄢。"段不弟[27],故不言"弟"[28]。如二君,故曰"克"。称"郑伯",讥失教也,谓之郑志[29]。不言"出奔"[30],难之也。

(附:事件后续,请大家自行查阅资料去理解、学习)

遂置姜氏于城颍,而誓之曰:"不及黄泉,无相见也。"既而悔之。颍考叔为颍谷封人,闻之,有献于公。公赐之食。食舍肉。公问之,对曰:"小人有母,皆尝小人之食矣,未尝君之羹。请以遗之。"公曰:"尔有母遗,繄我独无!"颍考叔曰:"敢问何谓也?"公语之故,且告之悔。对曰:"君何患焉?若阙地及泉,隧而相见,其谁曰不然?"公从之。公入而赋:"大隧之中,其乐也融融!"姜出而赋:"大隧之外,其乐也泄泄!"遂为母子如初。

君子曰:"颍考叔,纯孝也。爱其母,施及庄公。《诗》曰:'孝子不匮,永锡尔类。'其是之谓乎?"

(据清阮元刊刻《十三经注疏》,中华书局1980年影印世界书局缩印本)

[1] 本文选自《左传·隐公元年》,从这篇文章大家可以接触到"春秋笔法"。
[2] 郑武公:名掘突,郑庄公之父。申:国名,伯夷之后,姜姓,为楚所灭。故城在今河南省南阳市。
[3] 武是郑武公之谥,姜为姓。共(gōng):地名,在今河南省辉县市。共叔段,名段,因出奔共,故称共叔段。
[4] 寤:牾之假借字,寤生犹言牾生,出生时脚先出来。
[5] 欲立之:想要立共叔段(为太子)。亟(qì):屡次。
[6] 制:地名,在今河南省荥阳县汜水公社,亦名虎牢关。
[7] 严邑:险邑,险要之处。虢:指东虢,制为其属地。虢叔:虢仲之后。佗邑:其他的地方。
[8] 京:地名,故城在今河南省荥阳市东南。大叔:太叔,意指段为庄公第一个弟弟。
[9] 都:都邑。城:城垣。雉:三堵。长一丈、高一丈为堵,三雉高一丈、长三丈。
[10] 侯伯之城方五里,每面长九百丈,即三百雉。大都不过其三之一,即不能过一百雉。参:同三。国:国都。
[11] 中等都城,城墙长度不超过国都的五分之一;小都城则不超过九分之一。
[12] 不度:意谓不合乎制度。不堪:意即受不了,无法掌控局面。
[13] 庄公称呼其母武姜为姜氏。辟:同"避"。
[14] 姜氏何厌之有:意即"姜氏什么时候满足过"。早为之所:意即"尽早处置"。
[15] 毙:踣,跌倒。
[16] 西鄙、北鄙:郑国西部、北部。贰于己:指背叛庄公、服从(段)。
[17] 公子吕:郑国大夫,字子封。
[18] 意谓将国君之位让给共叔段。
[19] 无庸:不用。将自及:意即会自己招致祸患。及:及于祸患之意。
[20] 贰:指西鄙、北鄙两处地方。廪延:地名。
[21] 厚:指共叔段实力壮大。
[22] 不义:于国君为不义。不昵:不依附国君。
[23] 完:谓修整城郭。聚:谓聚集粮食。具:使充足。
[24] 启之:为之开启城门。
[25] 鄢:地名,在今河南省鄢陵县西北。
[26] "书曰"二字可以这样理解:"《春秋》记录这件事的用语是:"
[27] 不弟:不像弟弟,指共叔段的做法不符合礼法规定的弟弟对兄长的要求。
[28] 指在《春秋》的记录中没有写"弟"字。
[29] 郑志:郑庄公的意志。此处是谓郑庄公养成共叔段之罪,意在有借口诛杀共叔段,《春秋》用这种记录方法揭露了郑庄公的险恶用心。

[30] "出奔"为有罪之词。《春秋》若在此处写"出奔"二字,则有将此一事件的全部责任推卸到共叔段头上之嫌,因为郑庄公也有责任,所以如果写"出奔",则难以服众、难于下笔,所以说"难之",因为此事件难于记录。

二、《史记·项羽本纪》节选

汉五年,汉王乃追项王至阳夏南,止军,与淮阴侯韩信、建成侯彭越期会而击楚军。……

项王军壁[1]垓下,兵少食尽,汉军及诸侯兵围之数重。夜闻汉军四面皆楚歌,项王乃大惊,曰:"汉皆已得楚乎,是何楚人之多也!"项王则夜起,饮帐中。有美人名虞,常幸从;骏马名骓,常骑之。于是项王乃悲歌慷慨,自为诗曰:"力拔山兮气盖世,时不利兮骓不逝。骓不逝兮可奈何,虞兮虞兮奈若何。"歌数阕,美人和之,项王泣数行下,左右皆泣,莫能仰视。

于是项王乃上马骑,麾下壮士骑从者八百余人,直夜溃围南出,驰走。平明,汉军乃觉之,令骑将灌婴以五千骑追之。项王渡淮,骑能属者百余人耳。项王至阴陵,迷失道,问一田父,田父绐[2]曰:"左。"左,乃陷大泽中,以故汉追及之。项王乃复引兵而东,至东城,乃有二十八骑,汉骑追者数千人。项王自度不得脱,谓其骑曰:"吾起兵至今八岁矣,身七十余战。所当者破、所击者服,未尝败北,遂霸有天下。然今卒困于此,此天之亡我,非战之罪也。今日固决死,愿为诸君快战。必三胜之,为诸君溃围、斩将、刈旗,令诸君知天亡我,非战之罪也。"乃分其骑以为四队,四向。汉军围之数重。项王谓其骑曰:"吾为公取彼一将。"令四面骑驰下,期山东为三处。于是项王大呼驰下,汉军皆披靡,遂斩汉一将。是时,赤泉侯为骑将,追项王。项王瞋目而叱之,赤泉侯人马俱惊,辟易数里。与其骑会为三处,汉军不知项王所在,乃分军为三,复围之。项王乃驰,复斩汉一都尉,杀数十百人。复聚其骑,亡其两骑耳。乃谓其骑曰:"何如?"骑皆伏曰:"如大王言。"

于是项王乃欲东渡乌江[3]。乌江亭长檥[4]船待,谓项王曰:"江东虽小,地方千里、众数十万人,亦足王也。愿大王急渡。今独臣有船,汉军至,无以渡。"项王笑曰:"天之亡我,我何渡为!且籍与江东子弟八千人渡江而西,今无一人还。纵江东父兄怜而王我,我何面目见之?纵彼不言,籍独不愧于心乎?"乃谓亭长曰:"吾知公长者,吾骑此马五岁,所当无敌,尝一日行千里,不忍杀之,以赐公。"乃令骑皆下马步行,持短兵接战。独籍所杀汉军数百人,项王身亦被十余创。顾见汉骑司马吕马童,曰:"若非吾故人乎?"马童面之,指王翳曰:"此项王也。"项王乃曰:"吾闻汉购我头千金,邑万户。吾为若德[5]。"乃自刎而死。……

　　太史公曰:吾闻之周生曰"舜目盖重瞳子[6]",又闻项羽亦重瞳子,羽岂其苗裔耶?何兴之暴也!夫秦失其政,陈涉首难,豪杰蜂起,相与并争,不可胜数。然羽非有尺寸乘执[7],起陇亩之中,三年,遂将[8]五诸侯灭秦,分裂天下而封王侯,政由羽出,号为"霸王",位虽不终,近古以来未尝有也。及羽背关怀楚[9],放逐义帝[10]而自立,怨王侯叛己,难矣!自矜功伐,奋其私智而不师古,谓霸王之业,欲以力征经营天下,五年卒亡其国,身死东城[11],尚不觉悟而不自责,过矣。乃引"天亡我,非用兵之罪也",岂不谬哉!

(据中华书局1982年版校点本《史记》)

[1] 壁:驻扎。
[2] 绐:通"诒",欺骗。
[3] 乌江:地名,今安徽省和县乌江镇。
[4] 檥:通"舣",使船靠岸。
[5] 吾为若德:我为你行个方便,意谓我不再抵抗。
[6] 重瞳子:目有双瞳。
[7] 乘:兵车。执:所执之兵器。此句是说项羽起兵之时没有多少军事实力。
[8] 将:带领。
[9] 《史记正义》:"颜师古云:背关,背约,不王高祖于关中。怀楚,谓思东归而都彭城。"
[10] 义帝:芈姓,熊氏,名心。楚王室末裔,被项梁立为楚怀王,后被项羽徙于长沙,被英布杀害。
[11] 东城:地名,在今安徽定远东南。乌江亭隶属于东城。

三、庾信《哀江南赋序》

　　粤以戊辰之年,建亥之月[1],大盗移国[2],金陵瓦解。余乃单身荒谷,公私涂炭[3]。华阳奔命[4],有去无归。中兴道销,穷于甲戌[5]。三日哭于都亭,三年因于别馆。天道周星,物极不反[6]。傅燮之但悲身世,无处求生[7];袁安之每念王室[8],自然流涕。

昔桓君山之志事[9],杜元凯之平生[10],并有著书,咸能自序。潘岳之文采[11],始述家风;陆机之辞赋[12],先陈世德。信年始二毛,即逢丧乱,藐是流离,至于暮齿[13]。燕歌远别[14],悲不自胜;楚老相逢[15],泣将何及!畏南山之雨[16],忽践秦庭[17];让东海之滨,遂餐周粟[18]。下亭漂泊[19],高桥羁旅[20]。楚歌非取乐之方[21],鲁酒无忘忧之用[22]。追为此赋,聊以记言[23],不无危苦之辞,惟以悲哀为主。

日暮途远,人间何世[24]!将军一去[25],大树飘零。壮士不还[26],寒风萧瑟。荆璧睨柱[27],受连城而见欺[28];载书横阶,捧珠盘而不定[29]。钟仪君子,入就南冠之囚[30];季孙行人,留守西河之馆[31]。申包胥之顿地[32],碎之以首;蔡威公之泪尽[33],加之以血。钓台移柳,非玉关之可望[34];华亭鹤唳,岂河桥之可闻![35]

孙策以天下为三分,众才一旅[36];项籍用江东之子弟,人惟八千。遂乃分裂山河,宰割天下[37]。岂有百万义师[38],一朝卷甲,芟夷斩伐[39],如草木焉?江淮无涯岸之阻,亭壁无藩篱之固[40]。头会箕敛者,合从缔交[41];锄櫌棘矜者,因利乘便[42]。将非江表王气,终于三百年乎![43]是知并吞六合,不免轵道之灾[44];混一车书,无救平阳之祸[45]。呜呼!山岳崩颓,既履危亡之运;春秋迭代,必有去故之悲[46]。天意人事,可以凄怆伤心者矣!况复舟楫路穷,星汉非乘槎可上[47];风飙道阻,蓬莱无可到之期[48]。穷者欲达其言,劳者须歌其事[49]。陆士衡闻而抚掌,是所甘心[50];张平子见而陋之,固其宜矣[51]。

(据倪璠:《庾子山集注》,中华书局1980年版)

[1] 粤:发语词,无实意。戊辰:梁太清二年(548)。建亥之月:阴历十月。
[2] 大盗:指侯景。侯景(503—552),字万景,北魏怀朔镇(今内蒙古固阳南)鲜卑化羯人。因左足生有肉瘤所以行走不稳,但是擅长骑射,因此被选为怀朔镇兵,后又被提升为功曹史、外兵史等低级官职。北魏末年边镇各胡族群起反抗鲜卑族的统治,侯景开始建立功勋,后来侯景投靠东魏丞相高欢。梁武帝太清元年(547)率部投降梁朝,驻守寿阳。太清二年(548)九月,侯景叛乱起兵进攻梁朝,史称"侯景之乱"。梁大宝二年(551)篡位自立

为帝,改国号为"汉",称南梁汉帝。其后,江州刺史王僧辩、扬州刺史陈霸先先后发难,率领军队进攻侯景,侯景军队一触即溃,侯景被部下杀死。

[3] 涂炭:陷于泥涂炭火之中,比喻灾难。

[4] 华阳奔命:指出使西魏。华阳:华山之南。西魏都关中长安(今陕西西安),在华山之南。

[5] 中兴道销:梁元帝平侯景叛乱,是谓"中兴",但很快江陵就在承圣三年(554)为西魏所破,梁元帝被俘遇害,故称"道销"。甲戌:梁承圣三年(554)。

[6] 天道周星:岁星十二年运行一周,指天道周而复始。物极不反:指国家亡而不复。

[7] 傅燮:字南容,东汉北地灵州(今宁夏宁武北)人,灵帝时任汉阳太守,为叛军王国、韩遂围攻,其子劝其弃城还乡,他说:"世乱不能养浩然之志,食禄又欲避其难乎?吾行何之,必死于此。"遂战死,见《后汉书·傅燮传》。

[8] 袁安:字邵公,东汉汝南汝阳(今河南商水西北)人,为司徒,"以天子幼弱,外戚擅权,每朝会进见,及与公卿言国家事,未尝不噫呜流涕。"见《后汉书·袁安传》。

[9] 桓君山:即桓谭,字君山,后汉时人。著《新论》二十九篇。志事:一作"志士"。

[10] 杜元凯:即杜预,字元凯,晋代人,有《春秋经传集解》。其序云:"少而好学,在官则观于吏治,在家则滋味典籍。"

[11] 潘岳:字安仁,晋代诗人。始述家风:潘岳有《家风诗》,自述家族风尚。

[12] 陆机:字士衡,晋代诗人。先陈世德:陆机有《祖德赋》《述先赋》。又《文赋》:"咏世德之骏烈。"即颂祖先勋业。

[13] 二毛:指头发有黑白二色。丧乱:指侯景之乱和江陵沦陷被留于西魏。时信年四十左右。藐:远。"藐是"一作"狼狈"。暮齿:暮年,晚年。

[14] 燕歌:指乐府《燕歌行》。《乐府诗集》引《广题》曰:"燕,地名也,言良人从役于燕而为此曲。"《北史·王褒传》:"褒作《燕歌》,妙尽塞北苦寒之言。元帝及诸文士和之,而竞为悽切之辞。"

[15] 楚老:代指故国父老。据《汉书·龚舍传》,楚人龚胜于王莽时不愿"一身事二姓","遂不复开口饮食,积十四日死",庾信世居楚地,故引此事对自己身事二姓深感惭愧。泣将何及:《后汉书·逸民传》:"桓帝世,党锢事起,守外黄令陈留张升去官归乡里,道逢友人,共班草而言。……因相抱而泣。老父趋而过之,植其杖,太息言曰:'吁!二大夫何泣之悲也,夫龙不隐鳞,凤不藏羽,网罗高悬,去将安所?虽泣何及乎!'"

[16] 南山之雨:《列女传·贤明传》:"妾闻南山有玄豹,雾雨七日而不下食者,何也?欲以泽其毛而成文章也,故藏而远害。"一说以山高在阳喻君主,谓自己迫于君命不敢不使魏。

[17] 践秦庭:《左传·定公四年》:"申包胥如秦乞师……依于庭墙而哭,日夜不绝声……七日……秦师乃出。"此喻自己出使求和救急。

[18] "让东海"二句:据《史记·伯夷列传》载,孤竹君之子伯夷、叔齐因相互推让君位,先后逃至海滨。武王灭纣,二人以为不义,遂不食周粟,饿死于首阳山。二句言自己本以谦让为怀,却不能如伯夷、叔齐那样殉义。一说"让东海"句用《史记·齐太公世家》载齐康公十九年"田常曾孙田和始为诸侯,迁康公海滨"事,指魏、周换代。

[19] 下亭：《后汉书·范式传》载孔嵩应召入京，道宿下亭，马匹被盗。
[20] 高桥：一作"皋桥"。《后汉书·梁鸿传》：梁鸿"至吴，依大家皋伯通，居庑下"。皋家傍桥，在今江苏苏州阊门内。这句和上句言其旅途劳顿。
[21] 楚歌：楚地民歌。《汉书·高帝纪》："帝谓戚夫人曰：'为我楚舞，吾为若楚歌。'"
[22] 鲁酒：鲁地之酒。许慎《淮南子》注："楚会诸侯，鲁、赵俱献酒于楚王，鲁酒薄而赵酒厚。楚之主酒吏求酒于赵，赵弗与。吏怒，乃以赵厚酒易鲁薄酒奏之。楚王以赵酒薄，故围邯郸也。"
[23] 记言：《汉书·艺文志》："古之王者，世有史官，左史记言，右史记事。"据此可知庾信为此赋，不只是慨叹身世，也是为了记录这段历史。
[24] 日暮途远：谓年岁已老而离乡路远。《吴越春秋》："子胥谢申包胥曰：'吾日暮途远，吾故倒行而逆施之。'"远：一作"穷"。人间何世：《庄子》有《人间世》篇，王先谦《集解》："人间世，谓当世也。"二句感慨年老世变。
[25] "将军"二句：《后汉书·冯异传》："每所止舍，诸将并坐论功，异常独屏树下，军中号曰'大树将军'。"此以冯异自喻，言自己去国，梁朝沦亡。
[26] 壮士：指荆轲。《战国策·燕策》记太子丹送荆轲易水上，"高渐离击筑，荆轲和而歌……曰：'风萧萧兮易水寒，壮士一去兮不复还！'"二句言自己出使秦国，一去不归。
[27] 荆璧：即和氏璧，因楚人和氏得之楚山而名。睨：斜视。
[28] 连城：相连之城。二句典出《史记·廉颇蔺相如列传》："赵惠文王时，得楚和氏璧。秦昭王闻之，使人遗赵书，愿以十五城请易璧。……遂遣相如奉璧西入秦。……相如视秦王无意偿赵城……因持璧却立，倚柱，怒发上冲冠，谓秦王曰：'……大王必欲急臣，臣头今与璧俱碎于柱矣！'……秦王恐其破璧，乃辞谢固请，召有司案图，指从此以往十五都予赵。……相如度秦王虽斋，决负约不偿城，乃使其从者衣褐，怀其璧，从径道亡，归璧于赵。"此指自己使魏被欺。
[29] 载书：盟书。珠盘：诸侯盟誓所用器皿。《周礼·天官·冢宰》"若合诸侯，则共珠盘玉敦。"郑注："合诸侯者必割牛耳，取其血歃之以盟。珠盘以盛牛耳。"二句用毛遂事。《史记·平原君列传》："平原君与楚合从，言其利害，日出而言之，日中不决。毛遂按剑历阶而上……谓楚王之左右曰：'取鸡狗马之血来！'毛遂奉铜盘而进之……于是定从。"此言自己出使西魏，未能缔约，梁朝反遭攻打。
[30] "钟仪"二句：《左传·成公七年》："楚子重伐郑。……囚郧公钟仪，献诸晋。……晋人以钟仪归，囚诸军府。"九年，"晋侯观于军府，见钟仪，问之曰：'南冠而絷者谁也？'有司对曰：'郑人所献楚囚也。'……使与之琴，操南音……文子曰：'楚囚，君子也。'"这里以钟仪自比，谓自己本楚人而羁留于魏、周，跟南冠之囚一样。
[31] 季孙：春秋时鲁国大夫。行人：掌朝觐聘问之官。西河：今陕西省东部。《左传·昭公十三年》载诸侯盟于平丘，邾、莒告鲁朝夕伐之，因无力向晋进贡。晋遂执季孙。后欲释之，季孙不肯归。叔鱼遂émo胁说："……鲋也闻诸吏将为子除馆于西河，其若之何？"季孙惧，乃归鲁。二句自比季孙而稍变其意，言自己被留难归。
[32] 申包胥：春秋时楚国大夫。顿地：叩头至地。事见《左传·定公四年》：吴

伐楚,申包胥至秦求兵,"立依于庭墙而哭,日夜不绝声,勺饮不入口。七日,秦哀公为之赋《无衣》,九顿首而坐。秦师乃出。"二句谓自己曾为救梁竭尽心力。

[33] "蔡威公"二句:刘向《说苑》:蔡威公闭门而泣,三日三夜,泣尽而继之以血,曰:"吾国且亡。"此言自己对梁亡深感悲痛。

[34] 钓台:在武昌。此代指南方故土。移柳:据《晋书·陶侃传》,陶侃镇武昌时,曾令诸营种植柳树。玉关:玉门关,在今甘肃敦煌西。此代指北地。和上句谓滞留北地的人再也见不到南方故土的柳树了。

[35] 华亭:在今上海市松江区,晋陆机兄弟曾共游于此十余年。河桥:在今河南孟州市,陆机在此兵败被诛。《世说新语·尤悔》:"陆平原河桥败,为卢志所谮,被诛。临刑叹曰:'欲闻华亭鹤唳,可复得乎!'"二句谓故乡鸟鸣已非身处异地者所能闻。

[36] 孙策:字伯符,三国时吴郡富春(即今浙江富阳)人。先以数百人依袁术,后平定江东,建立吴国。三分:指魏、蜀、吴三分天下。一旅:五百人。《吴志·陆逊传》:"逊上疏曰,昔桓王(孙策谥号长沙桓王)创基,兵不一旅,而开大业。"

[37] 项籍:字羽,下相(今江苏宿迁西南)人。江东:长江南岸南京一带地区。《史记·项羽本纪》记项羽兵败乌江,谓亭长曰:"籍与江东子弟八千人渡江而西,今无一人还。""遂乃"二句:本贾谊《过秦论》"宰割天下,分裂山河"。

[38] 百万义师:指平定侯景之乱的梁朝大军。卷甲:卷敛衣甲而逃。

[39] 芟夷:删削除灭。据《南史·侯景传》载,侯景反,梁将王质率三千无故自退,谢禧弃白下城走,援兵至北岸,号称百万,后皆败走。又景曾戒诸将曰:"破城邑净杀却,使天下知吾威名。"

[40] 江淮:指长江、淮河。涯岸:水边河岸。亭壁:指军中壁垒。藩篱:竹木所编屏障。

[41] 头会箕敛:《汉书·陈余传》:"头会箕敛以供军费。"服虔注:"吏到其家,以人头数出谷,以箕敛之。"合从缔交:贾谊《过秦论》:"合从缔交,相与为一。"原为战国时六国联合抗秦的一种谋略,此指起事者们彼此串联、相互勾结。

[42] 锄耰:简陋的农具。棘矜:低劣的兵器。贾谊《过秦论》:"锄耰棘矜,不敌于钩戟长铩也。"因利乘便:贾谊《过秦论》:"因利乘便,以宰割天下。"此指陈霸先乘梁朝衰乱,取而代之。

[43] 江表:江外,长江以南。王气:古以为天子所在地有祥云王气笼罩。三百年:指从孙权称帝江南,历东晋、宋、齐、梁四代,前后约三百年的时间。

[44] 轵道之灾:《史记·高祖本纪》记高祖入关,"秦王子婴素车白马……降轵道旁。"轵道,在今陕西咸阳市西北。

[45] 混一车书:指统一天下。《礼记·中庸》:"今天下车同轨,书同文,行同伦。"平阳之祸:据《晋书·孝怀帝本纪》,永嘉五年(311)刘聪攻陷洛阳,迁怀帝于平阳。七年(313),怀帝被害。又《孝愍帝本纪》记建兴四年(316)刘曜陷长安,迁愍帝于平阳。五年(317),愍帝遇害。平阳,在今山西临汾。

[46] 春秋迭代:喻梁、陈更替。去故:离别故国。

[47] 楫:船桨。星汉:银河。槎:竹筏木排。张华《博物志》:"旧说云,天河与海通。近世有人居海渚者,年年八月有浮槎去来不失期。"

[48] 飙：暴风。蓬莱：传说中的三座神山之一。无可到之期：《汉书·郊祀志》："自威宣、燕昭使人入海求蓬莱、方丈、瀛洲。此三神山者，其传在勃海中……未至，望之如云；及到，三神山反居水下。临之，患且至，则风辄引船而去，终莫能至云。"

[49] 穷者：指仕途困踬的人。达：表达。《晋书·王隐传》："隐曰：盖古人遭时则以功达其道，不遇则以言达其才。"何休《公羊传解诂》："饥者歌其食，劳者歌其事。"二句说明自己作赋是有感而发。

[50] 陆士衡：陆机，字士衡。抚掌：拍手。《晋书·左思传》：左思作《三都赋》，"初陆机入洛，欲为此赋。闻思作之，抚掌而笑，与弟云书曰：'此间有伧父作《三都赋》。须其成，当以复酒瓮耳。'及思赋出，机绝叹伏，以为不能加也，遂辍笔焉。"是所甘心：谓作此《哀江南赋》，纵使见讥于人，也心甘情愿。

[51] 张平子：张衡，字平子(78—139)，河南南阳人，官太史令，他不满班固《两都赋》，遂另作《两京赋》。固其宜矣：谓读了这篇《哀江南赋》，即使认为文辞鄙陋，也没什么关系。

四、陈寅恪《隋唐制度渊源略论稿·叙论》[1]

　　李唐传世将三百年，而杨隋享国为日至短，两朝之典章制度传授因袭几无不同，故可视为一体，并举合论，此不待烦言而解者。独其典章制度之资料今日得以依据以讨论者，仅传世之旧籍，而其文颇多重复，近岁虽有新出遗文，足资补证，然其关系，重要者实亦至少，故欲为详确创获之研究甚非易事。夫隋唐两朝为吾国中古极盛之世，其文物制度流传广播，北逾大漠，南暨交趾，东至日本，西极中亚，而迄鲜通论其渊源流变之专书，则吾国史学之缺憾也。兹综合旧籍所载及新出遗文之有关隋唐两朝制度者，分析其因子，推论其源流，成此一书，聊供初学之参考，匪敢言能补正前贤之阙失也。

　　隋唐之制度虽极广博纷复，然究析其因素，不出三源：一曰(北)魏、(北)齐，二曰梁、陈，三曰(西)魏、周。所谓(北)魏、(北)齐之源者，凡江左承袭汉、魏、西晋之礼乐政刑典章文物，自东晋至南齐其间所发展变迁，而为北魏孝文帝及其子孙摹仿采用，传至北齐成一大结集者是也。其在旧史往往以"汉魏"制度目之，实则其流变所及，不止限于汉魏，而东晋南朝前半期俱包括在内。旧史又或以"山东"目之者，则以山东之地指北齐言，凡北齐承袭元魏所采用东晋南朝前半期之文物制度皆属于此范围也。又西晋永嘉之乱，中原魏晋以降之文化转移保存于凉州一隅，至北魏取凉州，而河西文化遂输入于魏。其后北魏孝文、宣武两代所制定之典章制度遂深受其影响，故此（北）魏、（北）齐之源其中亦有河西之一支派，斯则前人所未深措意，而今日不可不详论者也。所谓梁陈之源者，凡梁代继承创作陈氏因袭无改之制度，迄杨隋统一中国吸收采用，而传之于李唐者，易言之，即南朝后半期内其文物制度之变迁发展乃王肃等输入之所不及，故魏孝文及其子孙未能采用，而北齐之一大结集中遂无此因素者也。旧史所称之"梁制"实可兼该陈制，盖陈之继梁，其典章制度多因仍不改，其事旧史言之详矣。所谓（西）魏、周之源者，凡西魏、北周之创作有异于山东及江左之旧制，或阴为六镇鲜卑之野俗，或远承魏、（西）晋之遗风，若就地域言之，乃关陇区内保存之旧时汉族文化，以适应鲜卑六镇势力之环境，而产生之混合品。所有旧史中关陇之新创设及依托周官诸制度皆属此类，其影响及于隋唐制度者，实较微末。故在三源之中，此（西）魏、周之源远不如其他二源之重要。然后世史家以隋唐继承（西）魏、周之遗业，遂不能辨析名实真伪，往往于李唐之法制误认为（西）魏、周之遗物，如府兵制即其一例也。

此书本为供初学读史者参考而作，其体裁若与旧史附丽，则于事尤便，故分别事类，序次先后，约略参酌隋唐史志及《通典》《唐会要》诸书，而稍为增省分合，庶几不致尽易旧籍之规模，亦可表见新知之创获，博识通人幸勿以童牛角马[2]见责也。

又此书微仿天竺佛教释经论之例，首章备致详悉，后章则多所阙略（见僧祐书《三藏集记》拾《僧叡大智度论序》及《大智度论记》。寅恪案：鸠摩罗什译经虽有删烦，然于《大智度论》实未十分略九，盖天竺著述体例固如是也，后人于此殊多误解，以其事非本书范围，故不详论）。故于前礼仪章已论证者，如三源中诸人之家世地域等，则于后诸章不复详及，实则后章所讨论仍与之有关也。谨附识于叙论之末，以见此书之体制焉。

（据生活·读书·新知三联书店 2001 年版）

[1]《隋唐制度渊源略论稿》是陈寅恪的备课讲义以及史学论文的合集，包含了隋唐制度中的礼仪、职官、刑律、音乐、兵制等内容，涵盖魏晋南北朝史、隋唐史、民族学、社会学、文化史等诸多领域，是陈寅恪之代表作。陈寅恪

(1890—1969),江西义宁(今修水)人。早年留学欧美及日本,先后就读于德国柏林大学、瑞士苏黎世大学、法国巴黎高等政治学校和美国哈佛大学。回国后历任清华大学中文、历史系教授、岭南大学教授、中山大学教授、中科院哲学社会科学学部委员等职,是著名的历史学家。

[2] 童牛:没有角的牛。角马:长角的马。以此二物比喻不伦不类的东西。

 思考与练习

1. 史书大致可以分为哪几类?都有什么特点?
2. 纪传体史书为何叫纪传体?
3. 编年体史书与纪传体史书的区别有哪些?
4. 纪事本末体的优缺点有哪些?
5. 项羽是怎样的一个人?
6. 阅读《史记·太史公自序》,并写读后感。

第六章　诗骚风流

甶―詩―䛨
𧥛―詩―詩―诗

观察"诗"字字形，可知其右上是"之"，与"言"组合，有"言之所之"之意。《说文解字》古文有省去"寸"这个部件的写法。"寸"字篆书为𦥑，乃是在手肘处加了指事符号。

中国是一个诗的国度，孔子说："诗，可以兴，可以观，可以群，可以怨。迩之事父，远之事君；多识于鸟兽草木之名。"中国古代诗歌，经典灿若繁星，其抒情表意，一字一句，个中甘苦，可为知己者道，不可为低俗者轻传。古典诗歌表现的是诗人内心的真情实感，这也是中国诗歌傲世独立的独特魅力所在。

诗歌在中国传统教育中特别重要。作为传统文化中最为灿烂的经典，诗歌在培养审美感受、塑造艺术趣味、陶冶生命情怀、培育人文精神方面发挥着不可替代的巨大作用。

第一节　古典诗歌的特质

"昔人论诗，有情语、景语之别，殊不知一切景语皆情语也。"（《人间词话》）与西方诗歌偏重叙述不同，中国诗歌重视情感的表达，这是一个基本的倾向。

一、赋比兴

中国诗歌抒情特质的形成,首先与中国诗歌独特的艺术表现手法——"赋、比、兴"有关。

"赋比兴是《诗》之所用。"(《毛诗正义》卷一),诗歌创作离不开"赋比兴",它们是"作诗之法度"(《朱子语类》卷八十)。何谓"赋比兴"呢？"赋者,敷陈其事而直言之者也。""比者,以彼物比此物也。""兴者,先言他物以引起所咏之词也。"(《诗集传》卷一)诗人之情志在诗中不能直说,必以"比兴"出之,所以读诗者要把捉诗人情意,须识诗中"比兴"。如崔护的《题都城南庄》："去年今日此门中,人面桃花相映红。人面不知何处在,桃花依旧笑春风。"崔护以"感兴"来写诗,带来一种天然、素朴的情感力量和艺术魅力,意不浅露,语不穷尽,句中有余味,诗中有余意,让人回味无穷,全诗不着一情感之字,然尽得情致。但凡人对自然、社会、人生、历史等有所感触,情动于中,诉诸文辞,皆是"感兴","感兴"通过人内心情感的自然流动去表达。

赋是指平铺直叙、铺陈、排比,相当于现在的叙述,即把思想感情、风景、事物平铺直叙地表达出来。但在中国传统诗歌中,即使赋担负着叙事的功能,但这种叙事也并非侧重于事件过程的叙述,而是成为表达情志的手段。以柳永《雨霖铃·寒蝉凄切》为例：

寒蝉凄切。对长亭晚,骤雨初歇。都门帐饮无绪,留恋处,兰舟催发。执手相看泪眼,竟无语凝噎。念去去,千里烟波,暮霭沉沉楚天阔。

多情自古伤离别,更那堪,冷落清秋节！今宵酒醒何处,杨柳岸,晓风残月。此去经年,应是良辰好景虚设。便纵有千种风情,更与何人说。

该篇描述的是一个离别的过程,但在叙述这一过程时,侧重点并不是写事,而是人在事件过程中的感受。通过柳永这首词不难发现：

在中国古典诗歌中,叙事一般总是处于表面的状态之中,中国古典诗歌在叙事时的目的往往并不是为了叙事,而是为了表达人的情感,这是中国诗歌常用的手法,即关注所叙事件中人的感觉,而不是事件本身。这样,中国古典诗歌就把赋中叙事的成分弱化掉了,诗歌进而成为情感的流动。

赋比兴是中国诗歌的艺术表达基础,它弱化了中国古代诗歌的叙事技巧。不可否认,中国古典诗歌也存在叙事的传统,比如这种叙事传统在汉魏六朝就有过一个短暂的强势期,产生了《陌上桑》《孔雀东南飞》等叙述性作品,但这种叙事性在此后又很快弱化了。原因在于两方面:一者,叙事性作品不是诗歌的主流,且叙事性作品也一样重情、主情;二者,中国古典诗歌的叙事传统相比于抒情,其基础是很薄弱的。

二、诗言志与诗缘情

中国诗歌言情的传统在古典诗歌的源头就已经出现。先秦典籍《尚书·虞书·舜典》中就记载了"诗言志"说。朱自清在《诗言志辨·序》中指出:就诗歌理论而言,"'诗言志'是开山纲领"。"诗言志"说提出后,人们在一段时期对这一理论纲领产生争议,争议发生的原因主要在于对"志"的理解。"志"的内涵实在是太丰富了,各人理解、取舍的侧重点不一,导致了后来诗论中"言志"与"缘情"的对立。"诗言志"的理论从而衍化出重理和重情两派。重理派强调诗歌的政治教化作用,而往往忽略文学的艺术特点,重情派则与之相反,强调诗歌的抒情特点,重视诗歌艺术规律的探讨。

到汉代,人们对"诗言志",即"诗是抒发人的思想感情的,是人的心灵世界的呈现"这一诗歌的本质特征的认识基本上趋于明确。《毛诗序》说:"诗者,志之所之也,在心为志,发言为诗。情动于中而形于言。"情、志并提,两相联系,比较中肯而客观,"志"被理解为"情志",即其存在基础和表现形态均为情感。

因为有"诗言志"的传统存在,在中国诗歌中,诗人们常将情、事、理三者的融合来作为诗歌表达的手段,很多诗歌都有这样的特点:将感情抒发、事件片段、人生哲理融合在一起。如张若虚《春江花月夜》:"春江潮水连海平,海上明月共潮生。滟滟随波千万里,何处春江无月明!江流宛转绕芳甸,月照花林皆似霰。空里流霜不觉飞,汀上白沙看不见。江天一色无纤尘,皎皎空中孤月轮。江畔何人初见月?江月何年初照人?……"全诗通过月起月落的时间流程,来表达人生的感悟和时间的流逝。再如苏轼的《蝶恋花》:"花褪残红青杏小。燕子飞时,绿水人家绕。枝上柳绵吹又少,天涯何处无芳草。""天涯何处无芳草"一句与"枝上柳绵吹又少"一句紧密相连,哲思、事理与情感体验完全融合在一起,形成了一种特别的诗情和美感。

第二节 古典诗歌的源流

一、诗体的产生

原始艺术是诗、歌、舞三位一体的艺术,诗歌的源头是歌谣,中国古代的原始歌谣经历了由二言到四言的发展过程。上古时期,二言、三言在一段时间内是歌谣的主要句式。有记载的最早的二言诗,是《吴越春秋》中的《弹歌》:"断竹,续竹;飞土,逐肉"。这首歌谣反映了上古人民的劳动生活,南朝刘勰《文心雕龙》说这首歌谣作于黄帝时期。

继二言诗之后出现的是三言诗。三言诗肇始于上古时期,发展至秦代,有很长一段历史,但受记录条件的限制,三言诗的这一段发展史留下的文献资料很少。《吕氏春秋》所载的《候人歌》据说产生于尧舜时期,流传下来的仅一句:"候人兮猗!"这是最早的一首思妇诗,虽只保存一句,仍可见其情意的缠绵悠长。三言诗至迟在春秋战国时期体制上便已成熟了,特别是《诗经》中的诗歌足以证明这一点。如《诗经·国风·江有汜》:

江有汜,之子归,不我以!不我以,其后也悔。江有渚,之子归,不我与!不我与,其后也处。江有沱,之子归,不我过!不我过,其啸也歌。

二言、三言在很长一段时间内都是中国诗歌的主要句式，但很显然，二言诗和三言诗在严格的意义上还并不能称为诗歌，其基本形态还是原始的歌谣，其离诗歌的标准形态还有一定的距离。尽管如此，简洁的二、三言诗体，作为诗体构成元素，对后来的四言诗体的形成有着决定性的影响以及不容忽视的诗体学价值。

　　四言诗的出现，使中国诗歌形式得到了文学史意义上的确认。四言体盛行的标志是《诗经》的出现，其意味着中国早期歌谣发展到了一个相当成熟的阶段。《诗经》整体上趋于四言。其中虽也有个别五言、六言、七言句式，但以四言为主，《诗经》中的《国风》《小雅》《大雅》等大都是以四言诗为基本体式。

　　在四言诗的形成过程中，乐师们在其中发挥了重要作用。《诗经》的选录、结集是经过乐师之手完成的，许多地方都留下了乐师改编的痕迹。首先，句式的整齐化成为自觉追求。我们看到大量的三言句式被加上了语气词，也能看到很多虚词被反复使用，保证了句式的整齐化。其次，普遍采用重章叠句的结构，使篇章固定化、句式整饬化，使诗歌摆脱了原始的歌谣形态，进而成为一种可以在宗庙、宴会、阡陌之间传播的文学样式。再次，乐师们对诗歌的韵脚也进行了处理，《诗经》里的大多诗歌都有押韵。当时的乐谱虽然没有传下来，但从《诗经》诗歌的形式也可以推想乐曲的结构和情调的不凡水平。乐师们对《诗经》的整理是很高超的，他们的整理并没有削弱不同地域诗歌的风格和个性，这就使诗歌在整理后，依然呈现出各种各样的风格，既有热烈的爱情追求，也有浪漫的爱情想象，还有失恋的痛苦、被弃的悲哀；既有宗庙的庄严和肃穆，也有从军的悲壮和慷慨，还有旅途的伤感和思念。乐师们的整理使得《诗经》作品向着多元的方向发展，为中国诗歌的后续发展奠定了一个非常好的基础。

二、骚体的源起

　　除了民间歌谣之外，还有极重要的一部分歌谣是用来祭祀的，那就是祭歌。祭祀是原始社会人类精神生活的重要内容。中国的祭祀产生于远古时代，夏商周三代对祭祀活动十分重视，尤其是殷商，可以说是个鬼神盛行的年代。然而中国在西周中期便进入了人文的、理性的阶段。"中国政治与文化变革,莫剧于殷周之际。"①以祭祀言之,商代祭祀与西周祭祀有根本性的区别,商代祭祀将神排在第一位,将祖先排在其次。西周祭祀将祖先排在第一位,神其次。这说明西周把祭祀先祖作为了统治权和管理权的来源,不再如商代那样,处处寻求天神的支持和帮助,人与神的对话也就相应退到了次要的位置,鬼神信仰已经淡薄,北方地区的祭歌系统因此不再发达,原始的祭歌也逐渐失传。而在楚地,则更多地保留了原始的祭祀风俗,巫文化极为盛行,"(楚地)信巫鬼,重淫祀"(《汉书·地理志下》)。为祭祀而存在的歌谣,成为中国诗歌的另一个源头。

南方的祭歌以《楚辞》为代表。《楚辞》从巫歌中来,《楚辞》更是巫文化的代表作,屈原在其中发挥了重要作用。《楚辞》中的作品多为屈原等人据民间祭神乐歌改作或加工而成,而作为《楚辞》代表作品的《九歌》,更是堪称屈原最富魅力的诗篇之一,它不仅代表了屈原艺术创作的最高成就,同样也忠实地记录下了楚地的民间信仰,为我们还原了数千年前当地的宗教祭祀活动和巫文化情景,成为楚地原始宗教的见证者。这组组诗脱胎于楚地民间巫术祭歌,经屈原精心加工创作,达到了相当高的艺术水准。其最为突出的艺术特点在于:在题材上采用了当地的民间神话传说,并赋予其新的思想内涵。通过屈原自身丰富的想象力、瑰丽的辞藻,以及深刻的思想内涵和政治理想,将自然美、社会美、文学美、思想美完美地融合在了一起。整部作品一方面渗透出了浓厚的浪漫主义色彩,另一方面又带着对于楚文化的深入思考,更寄托着屈原内在的理想和志向。

南方的祭歌升华为《楚辞》。《楚辞》完全打开了中国诗歌想象的大门。在这样的一种境界中,诗人完全可以天马行空,让想象任意驰骋。他不仅可以把自己想象成一个遨游天地之间、能够与神灵相沟通的艺术形象,而且还可以按想象引入各种景物,塑造各种形象,并依照个人情感来组织场景,使人的情感不再借助外物来抒情,而是按照抒情来组织外物。这样,就完全突破了《诗经》中的比兴手法,使中

---

① 王国维:《殷商制度论》,《王国维文集》第四卷,中国文史出版社 1997 年版,第 42 页。

国文学的想象性和情感性得以迅速铺开,开阔了诗人们的创作空间。简而言之,自此以后,诗人们可以使用《楚辞》的方法放飞自己的想象和情感,创作出独特的诗歌审美意境来。这样,《楚辞》就成为中国古典诗歌的另一个重要源头,与《诗经》共同成为中国诗歌发展的伟大源头和传统,成为后世诗人进行诗歌创作的基础和资源。

三、多元的演进

五言诗的出现是促成中国文人诗形成的一个重要因素。最早的五言诗也是民间歌谣,这些民间歌谣在汉武帝时期被采集入乐府时引起重视,进而导致诗体的变革。乐府是汉武帝时的一个官署,它的职责是采集民间歌谣或文人的诗来配乐,以备朝廷祭祀或宴会时演奏之用。由乐府搜集整理的诗歌,后世就叫"乐府诗",或简称"乐府",是继《诗经》《楚辞》之后而起的一种新的诗体。

汉乐府是继《诗经》之后古代民歌的又一次大汇集。汉乐府民歌中女性题材作品占重要位置,它用通俗的语言构造贴近生活的作品,由杂言渐趋向五言,是中国诗史中五言诗体发展的一个重要阶段。《古诗十九首》和建安诗歌均模拟汉乐府而来,汉乐府在文学史上有极高的地位。《江南》《陌上桑》和《孔雀东南飞》都是著名的汉乐府民歌,汉代之后,乐府诗继续发展,《孔雀东南飞》《陌上桑》和《秦妇吟》并称"乐府三绝"。此外,《长歌行》中的"少壮不努力,老大徒伤悲"也是千古流传的名句。

汉乐府所代表的五言诗是在汉代民间诗乐中产生的新兴的五言诗体,这种诗体被后来的士人从民间引入文人诗,终成为魏晋时期诗歌的正体。

早在汉乐府之前,西汉初年已经出现了一种新的诗歌样式——赋。赋属于诗歌的一种,其并不重在叙事,而是重于景物的铺陈、情感的表达。汉赋的特点是散韵结合,专事铺叙。从赋的形式上看,在于"铺采摛文";从赋的内容上说,侧重"体物写志"。汉赋的内容可分为五类:一是渲染宫殿城市;二是描写帝王游猎;三是叙述旅行经历;四是抒发不遇之情;五是杂谈禽兽草木。以前二者为汉赋之代表。

汉赋的产生与中国古代的音乐有关。汉之前的诗歌都是配合着音乐来歌唱的,都是合乐而成的,但是以《诗经》为代表的中国古代诗歌的音乐到汉代已经失传了,《楚辞》的音乐也多数失传了。而且由于汉初音乐人才比较匮乏,又不能给每首诗歌配上音乐,因而,汉人在传播《诗经》和《楚辞》时,不得不采用朗诵的方式,而不能再采用早期歌唱的方式。这时采用朗诵的弊端就显现出来了。如《诗经》中的诗歌篇幅均较为短小,而唱的时候却需要唱很长时间,一唱三叹,余音绕梁。但如果采用朗诵的方式,那一首诗很快就读完了,这显然造成诗意的巨大流失。因此,如果采用朗诵的方式来处理诗歌,就需要将诗歌作品的篇幅加长,由此,一种新的诗歌文体就应运而生——汉赋,"不歌而诵,谓之赋"(《汉书·艺文志》)。在此种历史情境下,汉赋一经形成,就受到汉代文人的喜欢,并流行开来,成为汉朝文学的代表形式。汉赋有著名的四大家,即司马相如、扬雄、班固、张衡,四人都有多篇代表性的名篇传世。汉赋大体上属于宫廷文学,形式上极为华丽,尤喜堆砌辞藻、铺张事物,但因过于偏重形式,渐趋极端,到魏晋时已明显风头不再了。但汉赋对后世影响异常深远,如六朝盛行的骈文,即是由汉赋蜕变而来。

诗歌的多元化演进,离不开中国传统音乐发展的影响。

诗乐相谐,自古而然。《尚书·虞书·舜典》说:"诗言志,歌永言,声依永,律和声。"音乐是诗歌不可或缺的伙伴。中国诗歌的发展是与音乐的发展密不可分的。中国传统音乐的形成期约为公元前3世纪至公元前2世纪,到汉代时,五音(宫、商、角、徵、羽)之外,又出现了七音。传统的雅乐以五音为主,节奏缓慢。远在春秋时期,在郑、卫这些商业发达的地区,就出现了节奏相对较快、组织更为灵活的新曲目,洋洋洒洒,悦耳动听。当时的郑、卫之音,就是郑国、卫国流行的音乐。《礼记·乐记》载魏文侯对子夏说:"吾端冕而听古乐,则唯恐卧;听郑、卫之音,则不知倦。敢问古乐之如彼,何也?新乐之如此,何也?"子夏解答时,先讲古乐是以前圣人创造的定天下的音乐,听了这种音乐有助于修身、齐家、治国、平天下。他认为新乐对修身不利。子夏的说法当然是一家之言。魏文侯之所以会被郑、卫之音吸引,还在于音乐的节奏和韵律的增多,卫音趋数,趋是疾,数是促,大概卫音的节奏较快。在当时,郑、卫之音很有吸引力,流传很广,是新起的时髦乐曲,席卷天下,不少诸侯很感兴趣,乐此忘疲。这一例子说明,远在战国时期,新音乐就已经发展起来了。

到了汉魏时期,清商乐发展起来了,这种音乐舍弃了早期雅乐的古板和凝重,形式上要轻灵活泼很多。清商乐在曹魏的时候非常兴盛,曹丕和曹植的母亲曾是著名的歌伎,曹操及其两个儿子都精通音乐,迷好清商乐。曹丕、曹植等依照清商乐曲节奏填写了很多可以歌舞的诗歌。曹魏时期的诗歌创作,是从曹操的拟乐府开始的,与乐府和拟乐府相匹配的音乐是五音。音乐的变革会带动诗歌文体的变革,在清商乐流行后,清商乐的形式与四言、五言诗的形式是不大匹配的,因此,从合乐的角度来说,就必然促进诗体的新变。但这一过程是缓慢的,它需要经过漫长的时间的积累和衍变。首先是曹操的拟乐府,然后是曹氏兄弟对拟乐府的突破。曹丕的《燕歌行》是现存最早的七言诗;而曹植做了更大胆的突破,后期曹植则摆脱了乐府形式,创作出"不入乐"的文人诗,后来,经过魏晋士人的实践,形成了与音乐相分离的、独立存在的新诗体。

古乐音阶表

音阶\简谱	1	2	3	4	5	6	7	i
雅乐音阶	宫	商	角	变徵	徵	羽	变宫	宫
清乐音阶	宫	商	角	清角	徵	羽	变宫	宫
燕乐音阶	宫	商	角	清角	徵	羽	清羽	宫

四、文人诗的形成

文人诗歌最早可以溯源到屈原和宋玉,可以说他们是文人诗的先驱,其人格精神和文学精神也确实对后世影响很大,可是屈原和宋玉的创作显然还带有某种先民性的色彩,与后来中国文人士大夫的典型诗歌还是有很大不同。最重要的是,文人群体性的诗歌创作,在前此的时代,并不存在,只是在进入魏晋之后,诗歌才成为士大夫文化中重要的一项。从先秦至魏晋,中间还经历了两汉,由于多种历史的原因，使得两汉时期民间诗虽然很发达，但文人与诗歌一直存在隔阂。直到东汉末年，才有一批无名氏的文人诗流传开来，自此，作诗才在文人士大夫中风行开来，至建安时期终蔚为大观。由上述意义上说，中国古代的文人诗传统是魏晋时代正式确立起来的。

文人诗的真正形成，是以一些诗歌典型特质的形成和自觉追求为标志的。

首先，是赋法的减少和比兴的增强。在《诗经》中赋法用得最多，远超比兴，在《楚辞》中，赋法用得更多。《诗经》和《楚辞》这两大传统形成了中国诗歌的两大翅膀，一是情感，一是想象，两者缺一不可。魏晋的诗歌朝着这两个方向发展。一是用赋法来写诗，曹植、曹丕等人的诗作很重铺陈。二是用感兴（比兴）来写诗，以"竹林七贤"为代表。特别是阮籍，尤擅长将内心情感对外界事物的种种触发、感动用感兴的手法表达出来。阮籍通过兴寄引发来抒写内心情感的写法对当时及后世诗人产生了深远影响。《咏怀》中的许多诗歌，其意象很多都是作者心灵与外物交融的产物，如"夜中不能寐，起坐弹鸣琴。薄帷鉴明月，清风吹我襟。孤鸿号外野，翔鸟鸣北林。徘徊将何见？忧思独伤心。"到了陶渊明时，"感兴"之运用更为醇熟，如"采菊东篱下，悠然见南山"这样的诗句，让诗歌达到了"诗、人一体"的高度。

其次，是对诗歌语言凝练的追求。诗歌的语言是高度凝练的，这是诗歌和小说、散文等文体在语言上的根本区别。早期曹魏诗人喜欢铺陈，反复渲染，如曹丕言"诗赋欲丽"，反映了魏晋早期普遍的诗歌美学追求，曹植的《赠白马王彪》，虽然写得非常忧愤，但读起来语言上稍欠凝练。这些爱用铺陈、铺陈过多的问题在魏晋南北朝诗人那里是普遍存在的，如谢灵运的山水诗，喜铺陈文藻，特别是在写景上不厌其烦地铺陈。由于离汉代时间极近，这些诗人还深受汉赋的影响，与汉赋的关系较为密切，大部分诗人还是辞赋作家，因而不可避免地会带来语言上的铺陈。但总体上看来，随着诗歌的发展，他们能够逐渐把语言上的铺陈脱离掉，让诗歌语言日趋凝练和质朴，是这一时期诗歌演进的另一条路径。

再次，是对诗歌意境的自觉追求。意境是中国古典美学的重要范畴,在中国古代诗论中,意境是指作者的主观情意和客观物镜相互交融而形成的艺术境界。意境与意象不同,意境源于意象但又高于意象。意境乃是由意象与真感情融合而成,意境让诗歌深富意蕴和味道。魏晋诗人不仅追求语言的凝练,也追求语言对意境的创造,重视诗歌意蕴的丰富。南北朝诗人正是沿着这样的路径发展,让意境成为中国诗歌自觉的美学追求,这种美学追求也是以陶渊明诗歌的出现为标杆的。

最后,是在声律上的自觉追求。到南齐时,诗歌声律的发展日趋成熟。在声律上,南北朝诗歌日趋重视平仄的搭配,并初步出现了暗合后世格律的律诗。在《诗经》的时代,古人就有许多诗歌声律上的实践了,如双声(声母相同,如仿佛、永远、淋漓、踌躇等),如叠韵(韵母相同,如荒唐、徘徊、依稀、窈窕等),如隔句押韵(这是中国古典诗歌押韵的主要形式),再如句句押韵(在中国诗歌中并不处于主流)。这些诗歌音乐上的追求得到了诗人们在诗歌创作中的实践。

在诗歌格律发展中极具突破性的发现是四声的出现。它让诗歌在平仄上的追求有了规律可循。在此之前,讲平仄是很难具有操作性的。如司马相如说他本人在作赋时讲究"一宫一商",但这种平仄是完全音乐性的。诗歌平仄理论的发展要等到南朝齐永明年间四声的发现后,才正式开始。除入声外,汉语之所以分出平、上、去三声,"实依据及模拟中国当日转读佛经之三声。而中国当日转读佛经之三声又出于印度古时声明论之三声"①。人们发现了汉字中的四声现象,南朝文人们进而将四声和双声、叠韵等结合起来,提出了"四声""八病"等作诗方法,有意识地讲究诗歌声音的和谐,使得对偶成为流行的习惯,重视平仄、押韵成为风气。其间代表性诗人有谢朓、沈约、江淹、庾信、徐陵等,代表性诗体有永明体、齐梁体、玉台体等。经过六朝时对声律的不断实践和探索,最终,格律诗在唐朝得以成熟,并成为传统诗歌的重要诗体。唐朝成为中国传统诗歌集古今体式和南北风格大成的时代。

---

① 陈寅恪:《金明馆丛稿初编》,生活·读书·新知三联书店2015年版,第367页。

本章文选

一、《诗经》三首

1.《秦风·蒹葭》

蒹葭苍苍[1],白露为霜。所谓伊人,在水一方,溯洄从之,道阻且长[2]。溯游从之,宛在水中央[3]。

蒹葭萋萋,白露未晞[4]。所谓伊人,在水之湄。溯洄从之,道阻且跻[5]。溯游从之,宛在水中坻[6]。

蒹葭采采,白露未已。所谓伊人,在水之涘[7]。溯洄从之,道阻且右。溯游从之,宛在水中沚[8]。

(据余冠英:《诗经选》,中华书局2012年版;朱熹:《诗集传》,中华书局2011年版,下同)

[1] 蒹葭(jiān jiā):芦苇。苍苍:茂盛的样子。
[2] 伊人:那个人。溯洄:逆流而上。从:追寻。
[3] 溯游:顺流而下。与前文"溯洄"相对。
[4] 萋萋:茂盛的样子。晞(xī):干。
[5] 湄:岸边。跻(jī):登高。
[6] 坻(chí):水中的小洲。
[7] 采采:茂盛的样子。已:止,干。涘(sì):水边。
[8] 右:弯曲,迂回。沚:水中的小洲。

2.《郑风·将仲子》[1]

将仲子兮,无逾我里,无折我树杞[2]。岂敢爱之?畏我父母。仲可怀也,父母之言,亦可畏也。

将仲子兮,无逾我墙,无折我树桑。岂敢爱之[3]?畏我诸兄。仲可怀也,诸兄之言,亦可畏也。

将仲子兮,无逾我园,无折我树檀[4]。岂敢爱之?畏人之多言。仲可怀也,人之多言,亦可畏也。

[1] 将(qiāng):请,愿。仲(zhòng)子:诗中男子的名字。
[2] 逾:越过。里:宅院,院子。杞(qǐ):树木名,即杞树。
[3] 爱:吝惜,痛惜。
[4] 檀:檀树。

3.《郑风·风雨》

风雨凄凄,鸡鸣喈喈[1]。既见君子[2],云胡不夷[3]?
风雨潇潇,鸡鸣胶胶[4]。既见君子,云胡不瘳[5]?
风雨如晦,鸡鸣不已[6]。既见君子,云胡不喜?

[1] 凄凄:寒凉之意。喈:古读如"饥"。喈喈:鸡鸣声。
[2] 君子:女子对她爱人的称呼。
[3] 云:发语词。胡:何也。夷:平也。"云胡不夷",就是说还有什么不平呢?言心境由忧思起伏一变而为平静。
[4] 潇潇:急骤也。胶:古读如"鸠";胶胶:鸡鸣声。
[5] 瘳(chōu):病愈也。言原先抑郁苦闷,像患病似的,现在却霍然而愈。
[6] 如晦:昏暗如夜也。已:止也。

二、《楚辞·哀郢》[1]

皇天之不纯命兮,何百姓之震愆[2]。民离散而相失兮,方仲春而东迁[3]。去故乡而就远兮[4],遵江夏以流亡[5]。出国门而轸怀兮[6],甲之晁吾以行[7]。发郢都而去闾兮,怊荒忽之焉极[8]。楫齐扬以容与兮[9],哀见君而不再得。望长楸而太息兮[10],涕淫淫其若霰。

过夏首而西浮兮[11],顾龙门而不见。心婵媛而伤怀兮[12],眇不知其所蹠[13]。顺风波以从流兮,焉洋洋而为客[14]。凌阳侯之泛滥兮[15],忽翱翔之焉薄[16]。心絓结而不解兮,思蹇产而不释[17]。

将运舟而下浮兮[18],上洞庭而下江[19]。去终古之所居兮,今逍遥而来东[20]。羌灵魂之欲归兮,何须臾而忘反[21]。背夏浦而西思兮[22],哀故都之日远。登大坟以远望兮[23],聊以舒吾忧心。哀州土之平乐兮[24],悲江介之遗风[25]。

当陵阳之焉至兮[26],淼南渡之焉如[27]。曾不知夏之为丘兮[28],孰两东门之可芜[29]。心不怡之长久兮,忧与愁其相接。惟郢路之辽远兮,江与夏之不可涉[30]。忽若去不信兮,至今九年而不复[31]。惨郁郁而不通兮[32],蹇侘傺而含戚[33]。

外承欢之汋约兮[34],谌荏弱而难持[35]。忠湛湛而愿进兮,妒被离而障之[36]。尧舜之抗行兮,瞭杳杳而薄天[37]。众谗人之嫉妒兮[38],被以不慈之伪名。憎愠惀之修美兮[39],好夫人之慷慨[40]。众蹠躞而日进兮[41],美超远而逾迈[42]。

乱曰[43]:曼余目以流观兮,冀壹反之何时[44]。鸟飞反故乡兮,狐死必首丘。信非吾罪而弃逐兮,何日夜而忘之[45]。

(据洪兴祖:《楚辞补注》,中华书局2012年版)

[1] 《哀郢》:屈原《楚辞·九章》之一。从题目看,此诗传为哀悼楚国都城被秦将白起攻破而作,时屈原已在放逐中。郢,楚国都城,故址在今湖北省江陵县西北。
[2] 皇天:上天。纯:正,常。全句意思是说,天命不常。震愆(qiān):震恐获罪。愆:罪过。
[3] 仲春:阴历二月。东迁:郢都被攻陷后,楚国军民被迫向东迁移至陈(今河南淮阳)。
[4] 去:离。就远:到远方去。
[5] 遵:循,沿。江夏:长江、夏水。夏水原在长江和汉水之间,后水流改道,旧床干涸。
[6] 国门:指楚国都城的门,即郢都的东门。轸(zhěn)怀:内心痛苦。轸:痛。
[7] 晁:同朝。甲之晁:甲日的早晨。古人以干支记时,甲即指含甲之日。
[8] 闾:里巷,指旧居之地。怊(chāo):悲伤、惆怅。荒忽:恍惚。焉极:何处是尽头。
[9] 楫:船桨。容与:缓慢难进貌。
[10] 楸(qiū):一种高大的落叶乔木。古人常以高大的树木为故国故乡的象征。太息:叹息。
[11] 夏首:指夏水的起点。西浮:船随流水曲折而向西行。
[12] 顾:回头望。龙门:指郢都城门。婵媛:忧思不安貌。
[13] 眇:通"渺",渺茫。跖:脚踏。不知走向何处之意。
[14] 焉:乃。洋洋:漂泊不定貌。
[15] 凌:乘。阳侯:指大波涛。传说古凌阳国之侯溺水而亡,化为波涛之神。
[16] 焉薄:止于何处。焉:何。薄:迫近,止。
[17] 絓(guà)结:焦虑郁结。蹇(jiǎn)产:纠缠盘曲貌。释:解开。
[18] 运舟:驾船。下浮:顺流而下。
[19] 上洞庭而下江:向右进入洞庭湖,向左进入长江。古时往右称上,往左称下。
[20] 终古:宗族世代。逍遥:此指漂泊不定貌。
[21] 羌:发词语,楚地方言。须臾:片刻。反:通"返"。
[22] 背夏浦:过了夏口。背:背向。夏浦:地名,又称夏口,在今汉口地。西思:指思念夏浦西方的郢都。
[23] 大坟:水边高地。
[24] 州土:指所经江汉之土地。平乐:土地宽广平坦,百姓安居乐业。
[25] 江介:江边,江畔,指江汉楚地。遗风:指古代流传下来的淳朴民风。
[26] 当:面对着。
[27] 淼(miǎo):水茫茫貌。焉如:何往。
[28] 曾不知:未曾料想。夏:通"厦",高房大屋。丘:土丘,废墟。

[29] 孰两东门之可芜：怎么可以再度让东门荒芜。公元前506年，伍子胥曾从东门破楚入郢。孰：怎么。两：再，第二次。东门：郢都东城门。芜：荒芜。郢都东城之荒芜，喻指楚国破亡。
[30] 怡：预约。惟：思。
[31] 忽若去不信：时光流逝快得令人难以置信。忽：快速。若：好像。一说，忽，恍惚，全句意思是说，神志恍惚得仿佛在梦中而不可信。九年：指流放时间。
[32] 惨郁郁：愁苦忧郁貌。不通：指音讯断绝。
[33] 蹇：发语词，楚地方言。侘傺（chà chì）：失意貌。戚：伤心。
[34] 外：表面。承欢：媚上以邀取欢心。汋约：同"绰约"，容态柔美貌。
[35] 谌（chén）：实。荏（rěn）弱：怯懦，软弱。
[36] 湛湛：朴实厚重貌。愿进：愿被进入。被离：同"披离"，众多纷乱貌。鄣：阻隔。
[37] 抗行：高尚行为。抗：通"亢"，高。薄天：近天，与天相接。
[38] 被：通"披"，加上。不慈：无慈爱之心。尧舜禅让，让位贤人而不传给儿子，被谬称"不慈"。
[39] 愠惀（wěn lún）：诚信积于心而不巧于言。此指忠贤君子。
[40] 夫人：那些小人。慷慨：此指小人善装腔作势，高谈阔论。
[41] 踥蹀（qiè dié）：小步行走貌。此指奔走钻营态。
[42] 美：指贤人君子。超远：疏远。逾迈：越来越加大，越来越厉害。
[43] 乱：本为乐曲最末一章，此用于篇末结语。
[44] 曼：引，展开。一说，远。流观：四方张望。冀：希望。壹反：有一个回返的机会。
[45] 首丘：头朝穴居的山丘。信：确实。

三、《西洲曲》[1]

忆梅下西洲，折梅寄江北。
单衫杏子红，双鬓鸦雏色[2]。
西洲在何处？两桨桥头渡。
日暮伯劳飞，风吹乌臼树[3]。
树下即门前，门中露翠钿[4]。
开门郎不至，出门采红莲。
采莲南塘秋，莲花过人头。
低头弄莲子，莲子青如水。
置莲怀袖中，莲心彻底红[5]。
忆郎郎不至，仰首望飞鸿。

鸿飞满西洲,望郎上青楼。
楼高望不见,尽日栏杆头。
栏杆十二曲,垂手明如玉。
卷帘天自高,海水摇空绿。
海水梦悠悠,君愁我亦愁。
南风知我意,吹梦到西洲。

(据吴兆宜、程琰:《玉台新咏笺注》,中华书局1985年版)

[1] 南朝乐府民歌,最早著录于徐陵所编《玉台新咏》。西洲乃地名,未详所在。
[2] 鸦雏色:形容头发乌黑发亮。鸦雏:小鸦。
[3] 伯劳:鸟名,善鸣。乌臼树:落叶树。实如胡麻子,多脂肪,可制肥皂及蜡烛等。
[4] 翠钿:用翠玉做成或镶嵌的首饰。
[5] 莲心:和"怜心"双关,就是相爱之心。

思考与练习

1. 《诗经》和《楚辞》是怎样产生的?
2. 魏晋时期,音乐如何促进传统诗歌的发展?
3. 何谓意境?试举例说明。
4. 你如何理解"诗言志"?
5. 何谓诗歌的平仄?谈谈在四声发现前,中国古人在诗歌声律上有哪些实践。
6. 阅读以下作品:

(1)《诗经》,任选其中6首。

(2)《古诗十九首》,任选其中6首。

(3) 曹植《白马篇》。

(4) 屈原《山鬼》(选自《楚辞·九歌》)。

(5) 陶渊明《归园田居》(其四)、《饮酒》(其八)、《移居》(其一)。

(6) 鲍照《拟行路难》,任选其中4首。

(7) 谢朓《之宣城出浦向枝桥》。

(8) 庾信《哀江南赋序》;《拟咏怀》,任选其中4首。

(9) 江淹《别赋》。

第七章　道法自然

从西周"道"字字形来看,🔲从行、从首,🔲在🔲基础上加了表示脚的🔲,从行、从辵没有分别,辵即走之旁。"首"是眼睛和毛发的形象,也就是人头的样子。"行"是以十字路口的形象表示路,作为字的组成部分时也可以表示道路,表示在路上走等含义。谁走呢?就是那个"首"代表的人。因此,"道"字本是人睁大了眼睛在路上走的意思,引申有引导、人所行之路等意思。《说文解字》说:"道,所行道也。"沿着路走会到达目的地,因此进一步引申,可以有规律、法则等较为宽泛的含义了。

道家和道教文化对中华民族的影响是全方位和立体多维的。道家与儒家不同(广义之道家包含道教),它关注的重心不仅是人与人的关系,更有人与物的关系、物与物的关系。林语堂认为,在中国,每个人的社会理想都是儒家的,而每个人的自然人格理想都是道家的。儒道互补是中国人所追求的理想人格。

第一节 老　　子

一、走近老子

老子可以说是中国历史上最模糊的人物之一。关于老子这个人,学术界有不同的看法。"老子者,楚苦县厉乡曲仁里人也。姓李氏,名耳,字聃。周守藏室之史也。"(《史记·老子韩非列传》)与老子其人有关的著名传说有"孔子问礼"和"老子出关"。司马迁言:

孔子适周,将问礼于老子……孔子去,谓弟子曰:"鸟,吾知其能飞;鱼,吾知其能游;兽,吾知其能走。走者可以为罔,游者可以为纶,飞者可以为矰。至于龙,吾不能知其乘风云而上天。吾今日见老子,其犹龙邪!"

司马迁又言:

老子修道德,其学以自隐无名为务。居周久之,见周之衰,乃遂去。至关,关令尹喜曰:"子将隐矣,强为我著书。"于是老子乃著书上下篇,言道德之意五千余言而去,莫知其所终。

由以上记载我们可知如下信息:老子是春秋末期的人,比孔子年长。但真如此吗?司马迁接下来又说:

或曰:老莱子亦楚人也,著书十五篇,言道家之用,与孔子同时云。盖老子百有六十余岁,或言二百余岁,以其修道而养寿也。自孔子死之后百二十九年,而史记周太史儋见秦献公曰:"始秦与周合,合五百岁而离,离七十岁而霸王者出焉。"或曰儋即老子,或曰非也,世莫知其然否。老子,隐君子也。

这些说法自相矛盾,可见,在汉初,老子的身世就已经无法确定了,连司马迁也搞不清楚,他只能把各种传说和各家说法罗列在一起,供读者自己辨别。在文章最后,司马迁做了如下总结:"世之学老子者则绌儒学,儒学亦绌老子。'道不同不相为谋',岂谓是邪?李耳无为自化,清静自正。"这一总结道出了道家和儒家之间的巨大差异。

自清代以来流行一种观念,认为老子是战国时期人。不少学者根据《老子》一书的语言风格和思想内容分析,推测出这一结论,认为老子要远远晚于孔子①。但这些说法如今遭到了考古学的否定。对人物时代的推测,最有说服力的结论还是要充分与考古学相结合,考古能提供我们一些实证信息,用以判断以上诸种说法中哪种更接近历史真实。自从1993年湖北荆门出土战国楚墓竹简《老子》,老子的时代已有了比较明晰的轮廓,考古资料强有力地说明,老子应该是春秋时代的人。

关于《老子》(又名《道德经》)一书,需要首先了解古代《老子》的一些重要版本:首先是魏王弼本和汉河上公本,以上两本尤以王弼本最为风行,河上公本在医学上影响深远。古代人们阅读《老子》主要是这两个版本,而真正的"原版"《老子》直到中华人民共和国成立后才发现。1973年在长沙马王堆汉墓发现《老子》帛书甲、乙本,在学界引起轰动。1993年在湖北荆门郭店村楚简发现了三件《老子》抄本,但每本字数均只约2000字②。这些版本流行的时间大致在战国中期。

对《老子》一书,或一直存在严重的误读现象。该书问世以来,一直被人视为最难读懂的经典。由于《老子》是一部空前的哲学著作,它具有高度的抽象性,因而极易被误读,甚至会发生刻意的曲解现象。对《老子》的刻意曲解,始于战国时代的韩非子,韩非子的《解老》《喻老》以法家思想释老,已经离老子思想本义不能以道里计了。由于韩非子之于《老子》的曲解,一度使老子的形象始终被遮蔽在了法家的影子里。王弼注《老子》也有不少误解(王弼属儒家人物)。有关《老子》的这种命运,老子本人其实早就在书中有所预言:"上士闻道,勤而行之;中士闻道,若存若亡;下士闻道,大笑之。不笑不足以为

---

① 如冯友兰认为:"《老子》……非问答体,故应在《论语》、《孟子》后。"见冯友兰:《中国哲学史》(上),华东师范大学出版社2011年版,第100页。
② 详见荆门市博物馆编:《郭店楚墓竹简》,文物出版社1998年版。

道。"(第四十一章)

老子思想文化的重要性,犹如苏格拉底和柏拉图在西方思想文化史上的地位,中国文化中一些基本观念,如"道""德""无""有""气""心"等,多由老子及后来的庄子所提出。无论我们同不同意老子的观点,其都值得我们加以认真学习。

二、老子思想

相较于孔子对伦理的关注,老子是一个朴素的自然主义者。对于老子来说,道不仅仅指人类生活之道,而是指宇宙的运行之道。老子思想的理论基础是在"道"这个观念上发展而来的,而"道"实际就是他在经验世界中所体悟到的道理,这些道理统统负载在其所言的"道"上面,最终还落实到政治层面,因此班固说:《老子》一书是"君王南面之术"。

1. 道与德

什么是老子所言的"道"?看老子对道的一些描述。

首先是实存意义的道。老子认为道是真实存在的东西,是宇宙(世界)的本原。"有状(物)混成,先天地生。寂兮寥兮,独立不改。周行而不殆,可以为天地母。吾不知其名,强字以曰道,强为之名曰大。大曰逝,逝曰远,远曰反。"(第二十五章)为什么不知道它的名字呢?因为我们既听不到它的声音,也看不到它的形体(寂兮寥兮),换句话说,它不是一个有具体形象的东西。名是随着形象来的,无形当然就"无可名"了。老子为什么要设定道是无形的呢?因为道如果是有形的话,那必定就是存在于特定时空中的具体之物了,存在于特定时空中的具体之物是会生灭变化的。然而在老子看来,道却是永久存在的东西,所以他要肯定道是无形的。为什么老子又要反复声明道是不可名的呢?是因为有了名,就会把它限定住了,而道是无限性的。由于道的不可限定性,所以无法用语言文字来指称它。"道可道,非常道;名可名,非常名。"道是不可言说的,是无法用概念来表达的,现在勉强用"道"字来称呼它,只是为了我们的表达起见。道虽然无形无名,超越了我们感觉和知觉的范围,但它却并非空无所有,而是一个实有的存在体。老子又接着告诉我们,这个道在宇宙中间是唯一的,是绝对的,它的本身是永久长存,不会随着外物的变化而消失,也不会因为外在的力量而改变,所以老子说它是"独立而不改"。道是恒久存在的,但它又是一个变体,是一个动体,其本身是不断运动变化着的,由于道的变动,于是产生了天地万物。

因而道是天地万物的本原,下面几章都明白地说到"道"是天地万物的本原。道是一切存在的根源(万物之宗),也是一切存在的始源。道是自然界中最初的发动者,它具有无穷的潜在力和创造力。万物蓬勃生长,都是道的潜在力不断创发的一种表现。从万物生生不息、欣欣向荣的成长中,可以看出道有种无穷的活力。"道生一,一生二,二生三,三生万物。万物负阴而抱阳,冲气以为和。"(第四十二章)这句所言正是道创生万物的过程。道不仅创生万物,创生万物以后,还要使万物得到成熟,"长之育之,亭之毒之,养之覆之",从这里来看,道作为本原,它不仅创生万物就完事,他还要内附于万物,以蓄养、培育它们。

老子认为道在品位上、在时序上都先于任何东西而存在,它不受时间和空间的限制,不会因它物的生灭变化而有所影响。从这些角度来看,"道"是具有超越性的。从它的生长、覆育、畜养万物来看,"道"又是内在于万物的。天地万物都是从这个道中派生出来的,最后又归于这个道。

> 道可道,非常道;名可名,非常名。无,名天地之始,有,名万物之母。故常无,欲以观其妙;常有,欲以观其徼。此两者,同出而异名,同谓之玄。玄之又玄,众妙之门。(第一章)

道是本原,当它作用于万物时,必然表现出规律性,因而在《老子》一书中的"道"除了指本原性的道以外,也指规律性的道。

德是什么?老子所言的德与儒家的德不是一个概念。儒家的德是说品行的德,老子所言的德是道之本体的外在表现,即德是道的外在形式和外化,其外化到天地万物、社会运行和人的生活之中。

2. 反者道之动

老子思想的归结点,是返本复源。"反者道之动,弱者道之用。

天下万物生于有，有生于无。"（第四十章）"反者道之动"历来有两种理解，一种把"反"理解为"相反"——事物向相反的方向运动，这是最朴素的自然辩证法。"天下皆知美之为美，斯恶矣。皆知善之为善，斯不善矣。"（第二章）说的是事物的相互转换。当人们都知道什么是美的时候，丑就会来了；当大家都知道什么是善的时候，不善就来了。"大成若缺，其用不弊。大盈若冲，其用不穷。大直若屈，大巧若拙，大辩若讷。"最圆满的却似乎有欠缺，有一点缺陷的话，反而永远不会坏。最充实的东西一定有空虚的部位，因为空虚能召唤很多力量来填补自己。最正直、清白的，看上去倒有很多扭曲之处。最灵巧的，看上去倒好像有些笨拙。最雄辩的，看上去倒好像无话可说。"信言不美，美言不信；善者不辩，辩者不善；知者不博，博者不知。圣人不积，既以为人己愈有，既以与人己愈多。天之道利而不害，圣人之道为而不争。"（第八十一章）真话不漂亮，漂亮的不是真话；善良的人不巧辩，巧辩的人不善良；真懂的人不卖弄博学，卖弄博学的人不真懂。圣人没有什么好保留的，他尽力帮助别人，自己反而更富足；完全给予别人，自己反而更丰裕。天之道，利万物而不伤害；圣人之道，有所作为却不与别人竞争。关于事物对立转换的关系，老子说了很多，再如"物或损之而益，或益之而损"（第四十二章），"天之道，其犹张弓与？高者抑之，下者举之；有余者损之，不足者补之。天之道，损有余而补不足"（第七十七章）。

反的另一意通"返"，是返回之意，返回道的本原。

致虚极，守静笃。万物并作，吾以观其复。夫物芸芸，各复归其根。归根曰静，静曰复命；复命曰常，知常曰明。不知常，妄作凶。（第十六章）

只有在宁静的状态中，才能回复到生命本身。"复命曰常"，意指回复到生命本身，就是回复到生命的初始状态。

载营魄抱一，能无离乎？专气致柔，能如婴儿乎？涤除玄鉴，能无疵乎？爱民治国，能无为乎？天门开阖，能为雌乎？明白四达，能无知乎？（第十章）

在老子思想中,抵达存在,并非取决于是否聪明绝顶,而在于是否能有纯朴的赤子之心,是否能够回复如婴儿。

小国寡民。使有什伯之器而不用;使民重死而不远徙;虽有舟舆,无所乘之;虽有甲兵,无所陈之。使人复结绳而用之。至治之极。甘美食,美其服,安其居,乐其俗,邻国相望,鸡犬之声相闻,民至老死不相往来。(第八十章)

老子的小国寡民,虽带有一定的理想色彩,但却并非臆想,其实质在于老子"反者道之用"的思想观。在老子眼里,历史不是一根直线向前走的,而是应该越向前走,越是向原点和本初的返回。

3. 上善若水

"上善若水,水善利万物而不争,处众人之所恶,故几于道。"(第八章)对于上善若水的理解,第一个层面可以说是关于爱的。和儒家一样,老子也讲爱,但老子思想中的爱没有儒家那种伦理色彩。老子由水育万物之性而引申出了爱之道。"吾有三宝,宝而持之:一曰慈,二曰俭,三曰不敢为天下先。"(第六十七章)"慈"即爱之意。"治人事天,莫若啬。夫唯啬,是谓早服;早服谓之重积德;重积德则无不克;无不克则莫知其极;莫知其极,可以有国;有国之母,可以长久。是谓深根固柢,长生久视之道。"(第五十九章)啬乃"爱惜"之意。对于上善若水的另一个层面的理解是关于存在的,是存在中的至柔之道。极能说明老子柔之道的是这样一个传说:

常枞有疾。老子往问焉,曰:"先生疾甚矣,无遗教可以语诸弟子者乎?"……(常枞)张其口而示老子曰:"吾舌存乎?"老子曰:"然。""吾齿存乎?"老子曰:"亡。"常枞曰:"子知之乎?"老子曰:"夫舌之存也,岂非以其柔耶?齿之亡也,岂非以其刚耶?"常枞曰:"嘻!是矣。天下之事已尽矣,无以复语子哉!"(《说苑·敬慎》)

这个传说极能说明老子对"柔"的赞赏。在《老子》一书中,扬柔抑刚的句子随处可见。如:

天下莫柔弱于水，而攻坚强者莫之能胜，以其无以易之也。弱之胜强，柔之胜刚，天下莫不知也，而莫能行也。是故圣人之言云：受国之垢，是谓社稷主；受国不祥，是为天下王。（第七十八章）

弱者道之用。（第四十章）

知其雄，守其雌，为天下溪。（第二十八章）

天下之至柔，驰骋天下之至坚。（第四十三章）

将欲歙之，必固张之；将欲弱之，必固强之；将欲废之，必固兴之；将欲取之，必固与之。是谓微明，柔弱胜刚强。鱼不可脱于渊，国之利器不可以示人。（第三十六章）

人之所恶，唯孤、寡、不谷，而王公以为称。故物或损之而益，或益之而损。古人之所教，亦我教而教人。强梁者不得其死，吾将以为教父。（第四十二章）

人之生也柔弱，其死也坚强。万物草木之生也柔脆，其死也枯槁。故坚强者死之徒，柔弱者生之徒。强大居下，柔弱居上。（第七十六章）

希言自然。故飘风不终朝，骤雨不终日。孰为此者，天地。天地尚不能久，而况于人乎？故从事于道者，同于道，德者，同于德。失者，同于失。同于道者，道亦乐得之；同于德者，德亦乐得之；同于失者，失亦乐得之。（第二十三章）

老子的柔主要是针对逞强的作为而提出的，并提出"处下""不争""谦卑"等思想命题。如：

江海之所以为百谷王者，以其善下之，故能为百谷王。是以圣人欲上民，必以言下之；欲先民，必以身后之。是以圣人处上而民不重，处前而民不害。是以天下乐推而不厌。以其不争，故天下莫能与之争。（第六十六章）

4. 自然无为

"自然无为"是老子思想极为重要的一个观念。老子认为任何事物都应顺应道的自然去发展,因此老子提出"自然"观念,说明任事物自然发展的理念。"无为"是指顺其自然而不加以人为之意,这里所说的人为,含有不必要的作为或者强作妄为之意。因而,无为并不是指无所作为,而是提醒统治者应当用做减法的方式而不要用做加法的方式甚至用做乘法的方式治理国家。可做可不做的事情,尽量不做。不可以做的事情,绝对不做。

道常无为,而无不为。侯王若能守之,万物将自化。化而欲作,吾将镇之以无名之朴。镇之以无名之朴,夫亦将不辱。不辱以静,天地将自定。(第三十七章)

太上,不知有之;其次,亲而誉之;其次,畏之;其次,侮之。信不足焉,有不信焉。(第十七章)

不尚贤,使民不争;不贵难得之货,使民不为盗;不见可欲,使民心不乱。是以圣人之治,虚其心,实其腹,弱其志,强其骨。常使民无知无欲。使夫智不敢为也。为无为,则无不治。(第三章)

大道废,有仁义;智慧出,有大伪;六亲不和,有孝慈;国家昏乱,有忠臣。(第十八章)

绝圣弃智,民利百倍;绝仁弃义,民复孝慈;绝巧弃利,盗贼无有。此三者以为文,不足。故令有所属;见素抱朴,少私寡欲,绝学无忧。(第十九章)

民不畏死,奈何以死惧之?若使民常畏死,而为奇者,吾得执而杀之,孰敢?常有司杀者杀。夫代司杀者杀,是谓代大匠斩者,希有不伤手矣。(第七十四章)

治大国若烹小鲜。以道莅天下,其鬼不神;非其鬼不神,其神不伤人;非其神不伤人,圣人亦不伤人。夫两不相伤,故德交归焉。(第六十章)

为学日益,为道日损。损之又损,以至于无为。无为而无不为。取天下常以无事,乃其有事,不足以取天下。(第四十八章)

道常无名。朴虽小,天下莫能臣。侯王若能守之,万物将自宾。天地相合,以降甘露,民莫之令而自均。始制有名,名亦既有,夫亦将知止。知止,可以不殆。(第三十二章)

为无为,事无事,味无味。(第六十三章)

老子希望通过不违背自然、合乎自然之道的行为,最后达到无不为的境界,即只要顺其自然,一定会达到理想的境界。

第二节 庄 子

一、走近庄子

关于庄子其人的历史记载是极少的,后人对庄子的了解主要是通过《史记·老子韩非列传》及《庄子》一书。《史记》中庄子的传很简略,仅有二百多字的记载,但目前看来,这仍然是史书中对庄子所作的最早的较详细的记录,可将其作为了解庄子其人的基本线索,而关于庄子的详细情况,则大部分要依《庄子》一书的内容去推衍。

根据司马迁的记载,庄子是蒙人,《庄子·列御寇》中说庄子居宋。庄子的生活时代可以确定为战国中期,但其确切的生卒年由于年代久远,缺乏确凿证据,已无法考证,只能根据与庄子大约同时的人物来进行推测。《史记·老子韩非列传》中说庄子"与梁惠王、齐宣王同时",又说"楚威王闻庄周贤,使使厚币迎之,许以为相",那么庄子应当大约与梁惠王、齐宣王、楚威王同时。庄子所处的年代,一方面社会经历着剧烈的动荡,战争频发,生灵涂炭;另一方面正值百家争鸣的黄金时代,文化成为一种强烈的需要,于是"士"这一阶层的人大量出现。这种社会与文化状态对庄子思想的形成起着重大作用。彼时孟子正游说各国,墨家门徒遍及天下,齐国稷下之学也正当鼎盛之时,而庄子却主动地选择了"无用"和"贫困"。庄子也曾经做过漆园吏这样的小官,但绝非出于他的主动选择,可能只是为了谋生而不得不做出的退让。漆园吏,据考证是一个管理漆树种植和漆器制作的小官,但庄子很快就辞官回家,讲学授徒,后来终身不仕。庄子一生过着贫穷的生活,但却甘于淡泊,守贫乐道。《庄子》中描述他身住陋巷,以织草鞋为生,饿得形容枯槁,面孔黄瘦,受人讥嘲,有时甚至连温饱都无法解决,还得向人借米;见魏王时,他也只是穿着打补丁的粗布衣服,踏着用麻绳绑着的破布鞋。但《秋水》《列御寇》中都曾描述他断然拒聘的故事,《史记·老子韩非列传》中也曾记载楚威王欲聘庄子为相,庄子却表示"宁游戏污渎之中自快,无为有国者所羁,终身不仕,以快吾志焉"。道家出于隐士,庄子思想是隐士思想的总结。《庄子·让王》篇中叙述了巢父、许由等视富贵、名利如浮云敝屣的隐士。历史的记载和丰富的阅历使庄子了解到宦海沉浮、功名利禄不能久保,一旦误陷其中,却身不由己,后悔莫及。没有炙手可热的权势,没有千金重利的俸禄,庄子的生活实际与庶民百姓等同,这使他最深切地了解到社会最底层人民的疾苦。

庄子继承了老子的学说,"其学无所不窥,然其要本归于老子之言。故其著书十余万言,大抵率寓言也。作《渔父》《盗跖》《胠箧》,以诋訾孔子之徒,以明老子之术"(《史记·老子韩非列传》),但他并非仅仅是对老子思想进行发挥,而是有其独自见解,并形成了其个性鲜明的哲学、艺术特色。

庄子一生没有令世人称道的显赫业绩,但他为后人留下的《庄子》一书,却对人们的精神生活产生了巨大的影响。其书上承《老子》,下启《淮南子》,应该在先秦时期就已经成书。今人所见三十三篇本《庄子》是经西晋郭象删定而传下来的。据载,汉代《庄子》有五十二篇,这一版本到魏晋时期仍然很常见。魏晋时玄学盛行,为《庄子》作注者多达数十家,从而形成了多种多样的版本。郭象本由于吸收和借鉴了向秀及当时各家之注,并形成了一定的创见,为历代所推崇,淘汰了其他版本,逐渐成为定本,并流传至今。因而今本《庄子》的内篇七、外篇十五、杂篇十一均是由郭象所划定的。自秦汉至宋代千余年间,人们一直认为《庄子》一书是庄子自己的作品。苏轼《庄子祠堂记》从《庄子》思想的前后抵牾中发现了一些问题,提出了怀疑,认为《渔父》《盗跖》等四篇为伪作,自此历代学者对《庄子》一书中哪些为庄子本人的作品进行了考证,现在的主流观点认为:内篇是庄子的作品,是庄子思想的核心部分;外篇和杂篇为庄子后学作品,反映了庄子学派思想的发展演变。内篇和外、杂篇在写作年代上是先后关系,在思想内容上是源与流的关系,阅读感悟《庄子》,以内篇为主,兼及外、杂诸篇。

《庄子》是极为难懂的书,关于《庄子》奥义至今仍争议不休,这主要在于庄子著书采用了支离其言、晦藏其旨的特殊写作方法。具体而论就是:寓言、重言、卮言。《庄子》一书也说庄子写文章是:"寓言十九,重言十七,卮言日出,和以天倪","以卮言为蔓衍,以重言为真,以寓言为广"。所谓寓言,是指寓有深意的故事;卮言是指奥义极为隐晦之言;在寓言、卮言之中,皆有重言,重言就是重复之言,即对隐晦之真意的重复,以帮助读者感悟到庄学真义,所以说"以重言为真"。对于《庄子》之难懂,《齐物论》有先见:"万世之后而一遇知其解者,是旦暮遇之也。"

二、庄子思想

庄子是先秦道家的集大成者。庄子学问广博,"于学无所不窥",几乎没有他不涉猎的门类,但其根本思想确实渊源于老子,"然其要本归于老子之言"。老子在《道德经》中提出了先秦道家最高的哲学范畴"道"。庄子继承并发挥了老子道是宇宙本原的思想。《庄子·大宗师》篇说,"道"是"万物之所系而一化之所待",明确地表达了道的哲学本体论意义。庄子认为道衍生万物,万物得道以成。庄子所言的"造物者""造化者",都是指"道"。

老子的思想言说对象主要是政治层面,可以说老子是政治哲学,庄子的言说对象主要是个体生命,可以说是个体生命哲学。庄子在诸子百家中的最为独异之处在于他的言说对象。老子论道是把道用于社会政治治理上,庄子论道更偏重个体生命存在的意义。庄子不太关心政治上的治理办法,更关心人的生命状态。

1. 逍遥论

逍遥是一种个体精神所能达到的境界,是指精神上的绝对自由。

庄子有时用"自在"一词来表述逍遥：独立于天地之间，与天地共舞。有时用"无待"来表述逍遥：追求精神自由要摆脱外面的束缚。不依靠世间万物，才能达到一种心灵的自由。一个人要获得真正的精神自由，必须"无待"，就是从事这个生活的人要有自己的一种使命感，要在自己的生命宇宙里，自己做精神主宰。人的价值体现在精神的独立自由与完整超越上，这就是整篇《逍遥游》的主旨。庄子把逍遥的人称为至人。只有"无待"，达到无己、无功、无名的境界，无所依凭而游于无穷，才是真正的"逍遥游"。庄子所言的这种自由来自心灵对道的体悟，来自身体对道的顺从。庄子所言的绝对自由是一种超越性的生命体验，是企图摆脱外在束缚条件而达到一种无上逍遥的境界，这种生活于现实而在精神上超越现实的做法，是一种身心的自由。

2. 齐物论

首先，"齐物论"建立在道论的基础上。天地万物都是同构的——由道所组成，天地万物都是道的体现或说是道的规律性之外化体现，物德之量为道所分施，因而万物不齐一，这是世俗的视点。如果从本原性的道来说，从至上性来看，万物之质与道同质，因而万物齐一，万物平等。生死与物我的区别仅是人间的知识，从本体看来，只是一个事物的两面，故天地万物乃属一体。庄子认为，天地、天人、你我、里外、大小、长短从本原上看，都是没有根本区别的，这就打破了空间的拘束，消除了时间的差异。欲达至真谛，必须超越人间世俗视野，达至"道"的至高视野。

其次，齐物意识继续发展，就消灭了事物之间的界限。《齐物论》有一个著名的命题是"是亦彼也，彼亦是也，彼亦一是非，此亦一是非"，庄子认为彼与此的区别和对立是相对的，因而，庄子能超越庄周/蝴蝶之分，达到"天地与我并生，万物与我齐一"的齐物真谛。《庄子·秋水》篇中记载庄子和惠施关于"鱼之乐"的辩论：庄子说，鱼真快乐。惠施说，你不是鱼，你怎么知道鱼的快乐呢？庄子说，你不是我，你怎么知道我不知道鱼的快乐呢。可以看出，在庄子眼中，我和鱼之间是没有界限的。

3. 修养论

庄子的修养论主要体现在精神的超越上。庄子认为人可以通过自己内心所建构的精神世界来体认天之运行,体味地之孕育,把自己与天地相并立。这并不是为了凸显自我的伟大,而是把自我放在天地宇宙之中,在精神层面与天地沟通起来。庄子提出了"内圣外王"说。一方面,庄子重内圣而不求儒家式外王,重自我生命而不重政治。庄子的内圣与儒家不同,是要使自己达到完美的境界,这种完美的境界是合乎天道的人的天性的自然回归,不依赖于外在功名的实现,要全天性、重自我、重自得。庄子的外王是指"顺应外境"——因循内德,逍遥自得,自适其适,尽其所受于天。《养生主》阐明了庄子对人生修养的真知灼见。生兼身心,必须兼养。保身是葆德的重要基础,葆德是保身的精神目标;尽管保身先于葆德,葆德必须重于保身。身形为德心寓所,德心为天道分施,天道为万物真宰,德心为养生真君。因此保身仅是生存,是为养生之次,葆德才是存在,是为养生之主。保身需技,葆德需道,无论为知真谛之境以葆德,还是为行俗谛之域以保身,均须行于当行,止于当止;知殆而止,知止不殆。养生必须因循内德,是为"行道";为知必须顺应天道,是为闻道;为行必须因应外境,是为证道。

第三节　道教概论

"东风夜放花千树",每年在盛大节日举办的一些文艺表演中,焰火表演可以说是其中的一大亮点。可是你能想到这一切竟然与那些银须白发、仙风道骨的道士有关吗？中国是火药的故乡,你能想到这火药的发明竟然和那些手执拂尘,在炼丹炉旁炼丹药的道士有关吗？这一切都与道教有关,道教文化在中国文化生活中有重要的影响,要了解中国文化,不能不对道教有所了解。

道教产生于东汉时期,是唯一在中国土生土长的宗教。道教的起源可以追溯到很早以前,先秦两汉时代就有很多的巫师和方士,他们的种种技术和种种传说均是道教产生的基础。到西汉时期,这些巫师和方士仍然在朝野广有影响,信徒甚众。东汉末期太平道和五斗米道开始出现,进入魏晋之后,这种宗教形式初具规模。后来,太平道消失，五斗米道改名为天师道。天师道在魏晋南北朝时期逐渐成熟，各种道家经典和流派都在这一时期得以创建和发展，道教在南北方的传播和发展更为迅猛。

一、道教与道家

通常人们常常混淆道家和道教。比如问道教的创始人是谁，很多人会说：老子！这其实是错误的。道家和道教是有区别的。道家是先秦时候的学术派别（思想流派）之一，道家学派由先秦思想家老子所开创，并在庄子那里得到了继承和发展，现在我们习惯上称为老庄。人们把以老子和庄子关于"道"的学说为宗旨的学术派别通称为道家。而道教是东汉时期形成的一种宗教。它有教义、宗教规范仪式、宗教组织、固定数量的信徒、固定的教派传授系统、共同信奉的经典、固定的传布地区等。东汉末出现的太平道、五斗米道才是"道教"，是具有宗教性质的。尽管有别，然而道家和道教确实有千丝万缕的联系。

首先，《道德经》的基本思想是"道"，道教也宣扬最根本的信仰和教义是老子的"道"，不过它对于"道"的含义，是从宗教的角度来理解的，并与神秘化了的"元气"学说结合起来。认为"道"是"虚无之系，造化之根，神明之本，天地之元"，是先天元气，"万象以之生，五行以之成"，宇宙、阴阳、万物都是由它化生的。《道德经》中道的特点是"至大无外，至小无内"，而道教里的道也是"其大无外，其微无内"，"无形""无名"，"有清有浊，有动有静"。

其次，道教强调自然，崇尚自然，这是对老庄自然理念的继承和发展。老子说"道法自然"。庄子也强调自然："泉涸，鱼相与处于陆，相呴以湿，相濡以沫，不如相忘于江湖。与其誉尧而非桀也，不如两忘而化其道。"（《庄子·大宗师》）就是说与其两人身处困境，相濡以沫，相扶前行，不如大家都没有陷入困境，有一片自己的天地，开开心心过日子，即使彼此互不相识。回归到自然而然、自由自在的境界就是最符合他们心性、最符合他们生存的境界。同样的思想也表现在《庄子·应帝王》关于"浑沌"的寓言中："南海之帝为儵，北海之帝为忽，中央之帝为浑沌。儵与忽时相与遇于浑沌之地，浑沌待之甚善。

儵与忽谋报浑沌之德,曰:'人皆有七窍以视听食息,此独无有,尝试凿之。'日凿一窍,七日而浑沌死。"意思是说,自然而然的东西在人工雕凿下,势必失去它们的生命。所以很多东西,如果强为其难,不如顺其自然。庄子认为自然就是神人和至人的境界,也是逍遥的境界。

再次,道教所追求的长生不死和成仙思想有道家思想深深的印迹。比如道教求长生,而道家思想里就有老子《道德经》中的"长生久视"(通过修炼,长生不死)、"陆行不遇兕虎,入军不被甲兵"(通过修炼,兕虎躲避,甲兵不伤,可以有金刚不坏之身),以及《庄子·养生主》中"善生保真"的观念。道教向往神仙,道家思想里也有诸多神仙的形象。《庄子·逍遥游》中有这样的描写:"藐姑射之山,有神人居焉,肌肤若冰雪,绰约若处子,不食五谷,吸风饮露,乘云气,御风龙,而游乎四海之外。"他们能够"入火不热","入水不濡","御风而行"。这些神仙令人羡慕不已。这些道家哲学中的一些神秘和神仙思想为道教所吸取,并从宗教的角度加以渲染、发挥和发展,成为他们梦寐以求的目标,并为他们的基本信仰服务。

另外,道家人物成为道教神,道家著作成为道教经典。

道教创立的时候,奉老子为教祖,假托老子为道教创始人。道教所崇拜的最高天神,即是由"道"衍化而来的三清尊神——元始天尊、灵宝天尊、道德天尊。其中道德天尊即是老子。庄子在道教中叫作南华帝君。

老子的《道德经》,是道教所奉的主要经典,规定为教徒必须习诵的功课。张鲁在汉中还设置祭酒之官,专管给入道的人宣讲《道德经》。到了唐代,《道德经》又被尊为《道德真经》,列为诸经之首。庄子的作品也被称为《南华经》,并被尊崇者演绎出多种不同版本。同时,道教产生以后,道教的理论实际上又是道家文化的发展。从广义上说(思想文化意义上),道教可以说是道家文化的一部分。

二、道教的特征

1. 道教的历史形态

从道教发展史上看,道教"道"是可以"因修而得"的,得道可以成仙,所以历代道教徒都把"修道"放在首位,通过他们自身的修炼,遵循一定的方法,可以达到祛病延年,"长生不死",成为神仙或半仙。因此,在道教的发展历史中,就产生了不同的修炼派别与许多实践方法。根据这些修炼方法可以分为两大派:符箓派和丹鼎派。

所谓的符禄派就是用画符来驱鬼辟邪、祈福禳灾或以符水治病为主要活动的教派。符箓指书写于黄色纸、帛上的笔画屈曲、似字非字、似图非图的符号、图形,记录天神名讳秘文。道教声称,符箓是天神的文字,是传达天神意旨的符信,是天书。首先,用符禄可以治病除灾,降妖镇魔。道教在民间为人治病的方式是:或丹书符箓于纸,烧化后溶于水中,让病人饮下;或将符箓缄封,令病人佩戴。其次,符禄能驱鬼镇邪,具体方式是让人或佩戴身上,或贴于寝门上。最后,符禄能召神劾鬼。具体表现在道士作法上,道士作斋醮法事,更离不开符箓,或书符于章表,上奏天神;或用符召将请神,令其杀鬼;或用符关照冥府,炼度亡魂。

最初的符箓道教多系民间道教,因为其强大的民间和民众基础,后来成为广泛流行的宗教。符箓派是道教的主流,自成立之日起,道教就是以符箓派为主的教派。

东汉末年河北太平道和四川五斗米道的成立,是中国道教形成的标志。太平道因信奉《太平经》而得名,创立者是张角、张宝、张梁三兄弟。五斗米道是张道陵于蜀中鹤鸣山创建。五斗米道尊老子为教主,奉《道德经》为基本经典,张道陵又著《老子想尔注》,影响深远。太平道和五斗米道都是以用符水替人治病而得以创立和壮大的,是符禄派的代表。并且他们都具有强烈的民间性:比如入教者多为贫苦百姓,五斗米道要求入道者交五斗米,所以称为五斗米道;他们要求教众讲诚信、要互助等。

早期道教还具有强烈的反抗性。他们有严密的组织,太平道设立了三十六方,大方万余人,小方六七千人,各立渠帅,张角最后利用太平道发动了规模宏大的农民起义。起义军头戴黄巾为标志,故称黄巾军。这就是东汉末年的黄巾起义。曹操就是因为镇压黄巾起义而起家的,黄巾起义失败后,太平道也消失了。而五斗米道利用道教组织建立了政教合一的政权。张道陵的孙子张鲁在汉中建立政教合一的政权,最后为曹操所败。张鲁降操,拜为镇南将军,封阆中侯,其五个儿子皆为列侯。建安二十一年(216)张鲁死后,其道众也大量北迁,五斗米道遂传到中原地区,进而扩散到全国。

道教形成初期,具有强烈的民间性和反抗性,但这一特性并不适宜道教的长远发展,极易被统治者所禁绝,所以南北朝的时候,道教为适应统治者的口味,把流传到北方和江南的五斗米道这个与农民起义相关联的民间早期道教改为"天师道"。他们将儒家的忠孝节义融入道教,信仰者也不仅仅是下层民众,甚至包括帝王了。当时北方为道教的发展作出巨大贡献的是寇谦之,在寇谦之的影响下,北魏时北天师道成为国教。南方为南天师道,以陆修静、陶弘景为代表,陶弘景创立茅山宗,所以后来就有一个茅山老道的称呼。陶弘景被目为"山中宰相"。在南朝齐梁时代,国有大事,必去咨询,朝官往访者,冠盖相望,车骑不绝,故这样一来天师道就一直受朝廷支持。

由张道陵创建的天师道尽管分支很多,但一直流传,宋以后天师道在南方以正一派为中心,由张天师后世子孙掌教,很长时间里他们都是天下道教的正宗和领袖。明太祖洪武元年(1368),封张正常为正一嗣教真人,命其统率天下所有道教,食二品官俸。许多道士被封为真人。到宪宗以后,形成了真人高士充满都下的局面。明朝正一道的政治地位居道教各派之首。张正常以擅长符水治病术闻名。正一派一直以江西龙虎山为核心,龙虎山原名云锦山,传喻九十九条龙在此集结,山状若龙盘,似虎踞,龙虎争雄,势不相让。据说,灵山秀水被神灵相中,即差两仙鹤导引张道陵携弟子出入于山中,炼丹修道。龙虎山是道教四大名山之首①,被誉为中国道教发祥地,道教正一派"祖庭"。目前中国有两个流传最久的世家,一个是曲阜孔氏,一个就是龙虎山张天师世家,其活动仍以符箓为主,它在道教发展史中一直占据正统地位。

丹鼎派是道教另一个重要的派别,侧重清修炼养,希望炼丹成仙,又有外丹与内丹之别。

外丹是通过服食丹药来寻求身心的健康和长生不老的道派。道

---

① 道教四大名山为:江西龙虎山、湖北武当山、安徽齐云山、四川青城山。也有说全真道的终南山是道教四大名山之一。

教相信服食丹药可以延年益寿,甚至可以长生不死。相传后羿曾登昆仑山向西王母乞得不死之药,后被妻子嫦娥偷吃,嫦娥得以成仙奔月。《西游记》中孙悟空偷吃的太上老君的金丹就是老君在八卦炉中炼的外丹。道教丹鼎派的创始人是葛洪。葛洪重视和崇尚金丹药物,坚信世人通过修炼服丹而得道,就可以长生不死,他著有《抱朴子》《金匮药方》《神仙传》等。实际生活中,仙丹到底是什么样子呢?我们以五石散和道教金丹为例。现在我们吃完饭后要去散散步,"饭后百步走,活到九十九",可知道这个习惯来自魏晋名士们?魏晋名士喜欢服食五石散。五石散原本是张仲景发明用来治伤寒的药,主要成分是石钟乳、紫石英、白石英、石硫黄、赤石脂。因为它性燥,可以驱寒。后来道士用它炼丹药,魏晋名士非常崇尚它。服五石散后一定不能静卧,而要走路。其实这并不是他们格外喜爱锻炼身体,而是因为偷懒躺下就性命不保的缘故。那时称为"行散",后人叫散步。魏晋名士们多宽袖长袍,飘飘欲仙,大家可能以为这是他们的风度,仙风道骨,其实他们或是不得已为之的,五石散的药效发作后身体燥热,轻裘缓带是好的,还有一些人袒胸露乳,甚至不穿衣服裸奔。比如刘伶,朋友拜访他,他正裸身在家。朋友说,你太不礼貌了吧,客人来了衣服都不穿。刘伶说,我是以天地为栋宇,以房屋为衣服的,你不通知我就跑到我的裤裆来,是不是更不礼貌啊?现在我们看刘伶觉得他是放诞不羁呢!其实有可能是吃了五石散。服散后还要求吃冷东西,以凉水浇注身体。所以五石散又名"寒食散"。

　　唐宋以后在较长时间里比较热衷于炼制长生不死的仙药:金丹。炼丹也叫炼汞。实际上其化学过程就是硫化汞的氧化还原反应。汞就是水银,水银有毒,但古代人不知道。我们历史上许多的统治者都想长生不老,但服食丹药以后反而短命,尤以唐代最为突出,不少皇帝皆因服食丹药中毒而死。许多帝王为求长生,不得不求助于传说中的仙药,而丹药也铭刻着这些帝王们无法解脱的痛苦。

　　内丹是相对外丹而言的另一种修炼方法,对中华养生文化形成有巨大影响。中国人谓世界大天地,人身小天地。修炼内丹者,以人体比做炉鼎,以精、气、神为对象,在自己身中烧炼,使精、气、神凝结,即是内丹。道教中人相信内丹成,可以离人体而出,人体可以分身,可以成仙,所以道教提倡炼养内丹。此法在宋元时期大为盛行。内丹怎么炼呢?就是服气、行气、导引、胎息、房中术等修炼,这种自身内气的修炼,成为道教炼养功夫的核心,也可以说跟我们现在的气功有相通的地方,并形成了我国古代气功史上最重要与最有价值的流派。内丹著名的代表就是全真派。金、元之际,北方有王重阳在金代创立全真教,全真派强调性、命双修就是精神和肉体双修。"重丛林清修,不娶妻室,不食腥荤,注重内功修养",全真道自元代以来,全真七子各自开派,其中丘处机所开龙门派势力最强(长春观)。丘处机见重于元太祖,掌管天下道教,使全真教盛极一时。

我们非常熟悉张三丰,是因为他的武功。张三丰创建的武当派拳术(太极拳)闻名天下。北崇少林,南尊武当,为什么武当内家拳能自成一体呢?它的修炼和道家道教,尤其是全真派有深厚的渊源。张三丰主要属于全真一系,修的是内丹。内丹修仙讲炼精化气、炼气化神、炼神还虚,可以练成"金液还丹",它的实施方法就是导引、吐纳、气功等。有这些内丹修炼作为武功的基础,就能练成一种注重内功和阴阳变化,动作沉稳,姿势含蓄,劲力浑厚,神意悠然,讲求意、气、力的协调统一,应敌对抗中以柔克刚、以静制动的博大精深的内家功夫。张三丰弟子皆修炼内丹。南朝梁刘勰就把道家修炼分为上、中、下三个等级,最上乘者指先秦时代老子提倡的清静无为,中乘者为秦汉方士们的神仙服饵,最下乘的是东汉末期张道陵、五斗米道徒的符箓禁魇。

道教虽有不同的教派,但各教派之间并非绝对不相容。道教修炼虽然有丹鼎和符箓之分,但并非一个教派只修炼丹鼎或只修炼符箓。他们只是侧重点不同而已。即使是丹鼎派,道观里面的符箓也是免不了的;即使修符箓的,也修习一些丹鼎。比如武当山的道教就是如此的。武当山的道教源远流长。武当山七十二福地中的第九福地,最早是尹喜在此修道,他与《道德经》有密切的关系,据说,当年老子骑着青牛出关,他正是函谷关的关主,非常钦慕老子,看见紫气东来,早早地出关迎候,于是老子传下《道德经》五千言。老子走后,他深有所悟,寻找名山修道,来到武当山,他就是杂采符箓与丹鼎各派,既行气导引,又炼丹服药。后来武当信奉"玄天真武大帝"①,发展日盛,尤其是明代永乐年间(1403—1424),明成祖朱棣敕命大兴武当山宫观以奉祀"玄天上帝",在武当山主峰天柱峰顶上建立金顶,供奉真武大帝。为什么在山顶呢?因为那是最接近天的地方、最接近仙人的地方。武当道教在皇室扶持下走向鼎盛高峰。永乐初,皇帝诏命正一道士孙碧云为武当山南岩宫住持,统领武当各派。孙碧云的门下后来形成武当山本山派。因此武当山道教部分属于符箓正一道。同时孙碧云又自称是张三丰的弟子。而张三丰是全真一系的,可见各道派修行方式是并行不悖的。辛亥革命以后,真人封号被取消。中华人民共和国成立后,人民政府实行宗教信仰自由政策,在人民政府的领导下,道教界各宗派团结一致,结束了过去全真派与正一派的分裂局面,成立了中国道教协会,道教的派别区分也就不是那么明显了。

2. 道教的信仰

大凡一种重要宗教,都有四个层次,从内向外:一为宗教信仰(基本宗旨),二为宗教理论(教义、学说、戒律),三为宗教实体(宗教组织、设施、活动),四为宗教文化(在宗教推动和影响下形成的多层多向文化)。这其中信仰问题是区别宗教的最根本问题、最核心内容。任何宗教都有信仰和追求,究竟什么是道教的核心内容?道教信仰什么呢?

不少宗教认为人生充满了痛苦,无可留恋,人们恐惧死亡、渴望永恒,因而把对幸福的向往寄托于虚幻的天国,幻想死后灵魂得救。但道教却与这些大相径庭,道教信仰长生不死、得道成仙,看重个体生命的价值,相信经过一定的修炼,世间的个人可以脱胎换骨,直接超凡入仙,不必等死后灵魂超度。也就是说成仙并不需要来生,他们认为生活在世界上是一件乐事,死亡才是痛苦的,因而他们乐生、重生,鼓励人们至少要争取竟其天年,最高理想是长生不死,得道成仙。神仙信仰是道教与别的宗教信仰的根本不同点。

---

① 玄天真武大帝,道教北极四圣之一。玄武属水神,南方属火,武当山群峰高耸又像腾起的火焰,而且正在火星的下方,所以需要水神来镇住,才能水火既济、相得益彰。"武当"二字即"非真武不足以当之"之意。

道教的神仙信仰是多神信仰,与中国古代绚烂的神仙信仰有深厚渊源。古代的神仙信仰由来已久。战国时期,神仙信仰已经相当广泛,出现了许多记载神仙传说的著作,古书中载有不少关于仙人、仙境、仙药等传说的文字。屈原《离骚》:"前望舒使先驱兮,后飞廉使奔属。"意思是说屈原上天入地漫游求索,坐着龙马拉来的车子,前面由月神望舒开路,后面由风神飞廉作跟班。望舒就是神话传说中替月亮驾车的天神,美丽温柔,纯洁幽雅。《九歌》里的最高天神——东皇太一,《山鬼》里的山中女神"若有人兮山之阿,被薜荔兮带女萝;既含睇兮又宜笑,子慕予兮善窈窕"等,仙境美妙神秘,仙人超脱自在,腾云飞行。《列子》《淮南子》《史记》均有大量有关神仙的记载。总的来说,当时的神仙信仰分为两大系统:昆仑山神话系统、海上蓬莱仙岛神话系统。昆仑山是神仙之都,在"西海之南,流沙之滨,赤水之后,黑水之前",是"百神之所在"。山上聚集了无数的神禽异兽,奇花异草,还有令人长生的"不死之药",西王母统治着这里,《山海经》描写她"其状如人,豹尾虎齿,善啸,蓬发戴胜,是司天之厉及五残",是掌管刑罚和灾疫的怪神。《汉武帝内传》称她是容貌绝世的女神,并赐汉武帝三千年结一次果的蟠桃。后于流传过程中逐渐女性化与温和化,而成为年老慈祥的女神。相传王母住在昆仑山的瑶池,园里种有蟠桃,食之可长生不老。道教在每年的三月初三庆祝王母娘娘的诞辰,此日举行的隆重盛会,俗称蟠桃盛会。

再如东方蓬莱神话。齐鲁一带濒海,海市蜃楼幻景时常出现,这种幻景给古人一种幻觉,认为海上仙岛是神仙之府,不死之乡。蓬莱仙岛神话早在《山海经》中已有记载,后来在流传中不断丰富神化。相传蓬莱仙岛上"有仙人宫室,皆金玉为之,鸟兽尽白,望之如雪",那里居住着许多仙人,他们亦持有不死之药。仙岛离人世并不远,曾去过的人都说诸仙人与不死之药都在那里,但一般人无法接近,船一靠近,就被怪风引开。仙岛远望如云霞缥缈,但一到眼前,却又神奇地没入水中。昆仑山迷幻神奇,蓬莱仙岛虚无缥缈,给人们带来无限的遐想。伴随神仙之说的出现,寻求仙境、仙人,传布成仙之方的方士便出现了。从战国中后期到汉武帝时,在方士(亦称神仙家)们与帝王将相鼓动下,掀起了中国历史上有名的入海求不死药事件。齐威王、齐宣王和燕昭王、秦始皇、汉武帝等都曾派方士到海上三神山寻求神仙及不死药,其规模越来越大。据说海外有蓬莱、方丈、瀛洲三神山,"刘郎已恨蓬山远,更隔蓬山一万重","忽闻海外有仙山,山在虚无缥缈间",据说秦始皇曾派徐福带领三千童男童女去海外求取长生不老药。我国独有的神仙信仰沿袭而下,到东汉中、晚期为道教所继承,成为道教信仰的核心内容。

道教信仰长生不死,信仰神仙,那么道教的神仙世界又在哪里呢?"道"无所不在,神仙也就无所不在。道教有很多很多的神仙。但神仙世界是有秩序的,有着森严的等级,是人间世界等级制度的一种反映。最高的神仙是"道"(先天元气)化作的元始天尊、灵宝天尊、道德天尊,号称"三清"(有三清山,道德天尊就是老子),以下有六御,玉皇大帝便是六御之一。还有三十六天帝,以及大明、夜明之神,北斗之神,五星五行之神,太一、文昌、列星诸神,风雨雷电诸神,五岳、五镇、四渎、四海诸神,还有城隍土地、先农先蚕等。如《西游记》里的天庭也是一个等级森严的世界,它实际是模仿人间宫廷建立的一个世界。总之,认为这个世界上有仙境、有形体长生不死的活神仙、有人们可以追求的神仙,这样的神仙信仰,就是道教最核心的信仰内容,是它的特征。去掉神仙信仰,失去神仙谱系,也就不成其为道教了。

道教这一神仙世界其实建立在世俗的、现实的世界上,按道教教义建立一个理想的王国,即一个极为公平、和平的世界,人人都安居乐业,世界上没有灾害,没有战争,没有疫病,这其实是一个居于人间的神仙世界。这种理想,在道教经典《太平经》中已经讲得很清楚。黄巾起义就是太平道的信徒们,为在人间建立一个神仙世界而做的努力。道教宣扬的另一种理想境地叫"仙境",得道成仙便可在仙境过仙人生活。道教的"仙境"并不全指渺茫的天国,如道教所宣称的三十六洞天、七十二福地,便都是我国一些十分秀丽的境地。王屋、青城、武当、崂山等,所谓成仙,也并不是说人死后灵魂入"仙境",而是说人的形体可以长生不死,可以到"仙境"去超脱自在。由于这种追求的渺茫、虚幻,后来兴起所谓"尸解""蝉蜕""白日飞升"等说辞,以自圆其说。

3. 道教的庞杂与兼容并包

道教是我国土生土长的宗教,吸收了中国社会历史文化发展中的许多经验和理论,是中国传统文化直接孕育的结果。道教的来源非常庞杂,首先是中国古代的原始信仰和巫文化,道教包含有我国古代社会的宗教意识与民族文化,闻一多先生很早就谈到过道家的原始崇拜和"巫教"的文化背景:"我常疑心这哲学或玄学的道家思想必有一个前身,而这个前身很可能是某种富有神秘思想的原始宗教,或具体点讲,一种巫教。"①再次,道教还是以原始信仰和巫术为基础,融摄儒、墨、阴阳、五行、神仙、方术等诸子思想和佛教思想而形成的宗教。

纵观道教发展史,道教的发展过程本身就是一个海纳百川、兼容并包、吸收融合、革故鼎新的过程。

比如道教吸收儒家的思想,如葛洪将道教的神仙方术与儒家的纲常名教结合起来,宣扬道教徒要"外儒内道",以"六经"治国安民,用道术养生修炼,以儒家的忠孝仁恕信义和顺为本,否则,虽勤于修炼,也不能成仙,为官方道教奠定了理论基础。比如寇谦之的宗教改革,包括按儒家忠孝仁义等原则办事,反对犯上作乱。他改革后的新天师道(又叫北天师道)符合封建统治阶级的需要,因而得到北魏太武帝的支持,获得国教的地位,从此以后,北魏历代皇帝即位,都要到坛受箓,寇谦之也被视为国师。

再如对佛教的吸收。在佛教传入后,受到佛教关于佛国净土的影响,道教徒也编造出一套天宫神仙世界的说法来与之抗衡,并抬出一个据说在天地未分之前就已存在的所谓"元始天王"(或"元始天尊")作为道教的教主,而老子则成了"元始天尊"所引渡的一个"得道尤精"的"天仙上品"。

此外,还有《周易》的阴阳学说、五行学说,墨家《天志》《明鬼》中的思想,"墨子丹法",以及星象家、方技神仙家、中国远古医药学和养生学的思想等,都是道教形成的思想来源。总之,道教所包含的内容

---

① 闻一多:《神话与诗·道教的精神》,《闻一多全集》(一),生活·读书·新知三联书店1982年版,第143页。

是非常纷繁复杂的。"六朝以后之道教,包罗至广,演变至繁,不似儒教之偏重政治社会制度,故思想上容易融贯吸收……至道教对输入之思想,如佛教摩尼教等,无不尽量吸收,然仍不忘其本来民族之地位……此种思想上之态度,自六朝时亦已如此。"陈寅恪将这种包容并蓄称为"道教之真精神"。"中国以后若想在思想上自成系统,有所创获,必须一方面输入外来之学说,一方面不忘民族之本位。此二种相反而相成之态度,乃道教之真精神,新儒家之旧途径。"①它不仅比基督教的原罪观念要宽和,也比否定眼耳鼻舌身等世俗享乐的佛教更为近情,它实实在在地表征着中国文化的另一面相,"实为近于常识人情之宗教"②。

三、道教的影响

1. 道教影响政治生态

道教自产生之日起,对政治就产生了极大的影响,它的发展一直都与政治紧密相连。太平道基本摧毁了东汉政权。北魏时期,天师道成为国教。唐代尊李耳为祖先,道先、儒次、佛后,道士的地位非常高,多是皇帝身边的红人,唐代虽然科举取士,但走终南捷径的人也不少,比如李白,也曾做过道士,后来在信道的玉真公主门下才得以高唱"仰天大笑出门去,我辈岂是蓬蒿人"来到长安。我们知道杨贵妃叫杨太真,太真就是其道号。唐玄宗崇信道教,曾专门派人搜访道经,编写成历史上第一部《道藏》。唐宪宗还崇道灭佛。宋朝始终尊崇道教,在皇宫内直接设道场。宋徽宗自称"教主道君皇帝",把佛改为大觉金仙,余为仙人、大士,把天下的和尚、尼姑都改作道士,叫德士。南宋对道教伦理思想大加提倡,充分发挥道教的教化功能。宋元之际,新兴的道教全真派大师丘处机以"天道好生""不嗜杀人"说服成吉思汗。明代朱元璋以大明王自居,把成功归结于真武大帝的护佑,永乐帝自认是真武大帝化身,世宗自封为道德帝君。这些例子

---

① 陈寅恪:《冯友兰〈中国哲学史〉下册审查报告》,《金明馆丛稿二编》,生活·读书·新知三联书店2015年版,第284—285页。

② 陈寅恪:《天师道与滨海地域之关系》,《金明馆丛稿初编》,生活·读书·新知三联书店2015年版,第36页。

无一不说明道教对政治生态的强大影响,当然这还不包括那些因为修仙炼丹而死的皇帝造成的政治动荡。

2. 道教文化建构了人格精神

外儒内道是绝大多数中国人的人格依据。建功立业与退隐江湖在一个人身上和谐地并存。比如诸葛亮,刘备三顾茅庐之前他隐居卧龙,躬耕南亩,可他志在天下,否则他怎么可能在刘备三顾之后马上拿出三分天下的战略决策。出山之后,诸葛亮鞠躬尽瘁,死而后已,即使在形势上已经绝不可能的情况下仍然为匡扶汉室六出祁山,知其不可为而为之,这是典型的儒家人格。可是当我们在戏曲小说中看到诸葛亮在七星台上仗剑披发借东风就是个典型的道士形象了,诸葛亮能未卜先知、神机妙算、呼风唤雨,鲁迅都说"状诸葛之多智而近妖"(《中国小说史略》)。从他身上,集中表现了道教文化的丰富内涵。而且他在离开卧龙临行前交代童子,一定要看好门户,他是要功成身退,还要回来享受逍遥自由的田园生活的,这更是典型的道家人格。

许多道士是与儒家人格紧密联系在一起的。比如吕洞宾,他是传说中的八仙之一,也是全真教的五祖之一,唐代人,在出家之前,他考上过进士,《全唐诗》中有他的200多首诗,即使得道之后,吕洞宾都没有忘记他的社会责任,因为他要度尽天下人。《红楼梦》中钗、黛合一的形象也深刻体现了中国人儒道互补的思想。宝钗似乎是一个儒家人物,谨言慎行、积极进取,近乎"圣人";而黛玉则更像一个道家人物,自然率真、灵动飘逸,婉若"仙子"(她本身就是绛珠仙子下凡)。前者是主流、正统,因此为"(蘅芜)君";后者为辅助,因此为"(潇湘)妃(子)"。钗黛二人,一儒一道,一"圣"一"仙",似乎是理想中的人物。一个现实,一个浪漫;一个可敬,一个可爱。《红楼梦》的说法叫"兼美",这是一种趋于完美状态下的中国人儒道合一的人格特征。因此,"钗黛合一"可能是作者的一种理想。但实际上,这种理想曹雪芹认为在现实中是不可能实现的,可卿名为"兼美",身兼黛、钗之美,然可卿却早死。可卿之死,象征着"兼美"理想的破灭。也许,每个人都有这矛盾的两个方面,但最终往往是"钗长黛消"——最初是天真直率,后来则逐渐变得世故。过于世故固然不可爱,太过天真又未免不合时宜。所以,一般人还是采取了中庸之道。

3. 道教丰富了文学艺术

道家与道教对文学艺术的影响可以分为两个层面:一是道家道教题材;二是反映道家道教的思想和精神。此外,道家和道教在文学绘画等领域都影响深远。

文学方面仅以四大名著为例。中国古代著名长篇小说几乎都受到道教的影响,或多或少都与道教有关。《三国演义》中便塑造了不少道教人物,如太平道的领袖张角、五斗米教的领袖张鲁。《水浒传》与道家道教的关系非常紧密。《水浒传》里有"张天师祈禳瘟疫","宋公明遇九天玄女","入云龙斗法破高廉",张天师、入云龙公孙胜及其师傅罗真人等,他们都懂得腾云驾雾、作法除妖等道术。"替天行道"的旗号,实际上也是要实现道教的理想,梁山泊是一个带有道家道教色彩的平等世界。老子《道德经》:"天之道,损有余而补不足。人之道,则不然,损不足以奉有余。孰能有余以奉天下?唯有道者。"所谓替天行道就是追求道家的理想。《西游记》中记载的天庭就是道教的神仙世界。《红楼梦》更是与道教密不可分。第一回一僧一道形影不离,跛足道人的"好了歌"与甄士隐的解注,是佛道结合的精心之作,起了提示全书主题的作用。跛足道人用"好了歌"点化甄士隐,度他出世,这是道教的典型做法。

绘画方面,许多中国画刻意显示人物仙家风度。道教还促进了中国山水画的确立。魏晋南北朝是我国山水画萌芽的时代,到了隋唐,山水画完全脱离了人物故事画而彻底独立。西方在15世纪以后,风景画才成为独立的画种。中国山水画的独立出现,比西方早了一千多年。

4. 道教文化推动了传统医药体育卫生

英国著名学者李约瑟博士在其所著《中国科学技术史》中指出:"道家思想从一开始就有长生不死的概念。而世界上其他国家没有这方面的例子。这种不死思想对科学具有难以估计的重要性。"李约瑟博士是在中国多年研究道教修炼学的西方学者,他的这个观点是十分精到的。

道家为了修炼成仙,首先得祛病延年,而医药和养生术正是为了治病、防病、延年益寿。所以葛洪说:"为道者,莫不兼修医术。"(《抱朴子·杂应》)许多道教徒如葛洪、陶弘景、孙思邈都是著名的医药专家。道教徒孙思邈精通医药,后世尊之为"药王",是我国医德思想的创始人,被称为"医学论之父",中国古代当之无愧的著名科学家和思想家,他所著《千金方》是一部简易实用的医药书,其中尤其注重对妇科、儿科疾病的治疗。《千金方》中主张注意饮食卫生,少吃多餐,细嚼轻咽,饭后行数百步,采用药物和食疗两种方法治病,这在医学卫生上是很有创见的。他说的这些从现代医学、生理学、养生学来看都非常有道理。

  道教对体育也有巨大影响,中华武术与气功的发展和流变均离不开道教。导引行气是道家重要的养生术。导引行气就是肢体的运动与呼吸相配合,把体操、按摩与气功结合起来的健身运动。导引必须与行气结合。行气又称吐纳、胎息,就是今天的气功。胎息是用腹部的呼吸方法,如婴儿在胞胎中的呼吸。中国传统气功学多来自道教内丹学,以吐故纳新、除欲净虑为要旨,道教有所谓炼精化气、炼气化神、炼神化虚、炼虚合道之说,而气功学就是其中积精累气之学,具有极高的科学和实用价值。道教武术在中华武术中独树一帜,佛教有少林,道教有武当。武当派祖师张三丰以内家拳著称。张三丰不仅内丹造诣甚深,而且武功高强,兼擅拳剑,对此,明代及清初文献多有记载,王士禛云:"拳勇之技,少林为外家,武当张三丰为内家。"黄宗羲撰《王征南墓志铭》称内家拳创始人为北宋末武当道士张三丰。另外道教对我们民族还有其他一些重要影响,如道教外丹派勤于金丹仙药的炼合制作,即黄白术,在客观上推动了古代化学与冶金术的发展。

本章文选

一、《老子》三章

  天下皆知美之为美,斯恶已[1];皆知善之为善,斯不善已。故有无相生[2],难易相成[3],长短相形[4],高下相倾[5],音声相和[6],前后相随[7]。是以圣人处无为之事[8],行不言之教[9]。万物作焉而不辞[10],生而不有,为而不恃,功成而弗居[11]。夫唯弗居[12],是以不去。(第二章)

(据楼烈宇:《老子道德经注校释》,中华书局版"新编诸子集成",下同)

[1] 恶:丑。已:通"矣"。
[2] 相生:由相互对立而生。
[3] 相成:由相互对立而成。
[4] 相形:由相互对立而体现。
[5] 相倾:由相互对立而倾倚。
[6] 相和:由相互对立而产生和谐。
[7] 相随:由相互对立而产生顺序。
[8] 处无为之事:顺着自然来处理世事。无为:不妄为。
[9] 行不言之教:施行不用言辞的教化。
[10] 作:兴起。
[11] 有:指据为己有。不恃:指不自大而固执己见。弗居:不居功自傲。
[12] 唯:因为。

致虚极,守静笃;万物并作,吾以观复。夫物芸芸,各复归其根。归根曰静,静曰复命[1]。复命曰常[2],知常曰明。不知常,妄作,凶。知常容,容乃公[3],公乃王,王乃天[4],天乃道,道乃久,没身不殆。(第十六章)

[1] 芸芸:众多。复命:复归本性。
[2] 常:恒。此指永恒的道。
[3] 容:包容。公:公正。
[4] 王:称王。天:合乎天德。

道生一[1],一生二[2],二生三[3],三生万物。万物负阴而抱阳,冲气以为和。人之所恶,唯孤、寡、不谷[4],而王公以为称。故物或损之而益[5],或益之而损。人之所教,我亦教之。强梁者不得其死[6],吾将以为教父[7]。(第四十二章)

[1] 一:指原始的混沌之气。
[2] 二:指阴气和阳气。
[3] 三:指阴气和阳气混合而生的中和之气。
[4] 孤、寡、不谷:均为古代帝王自称。
[5] 损:减少。益:增加。
[6] 强梁者:强横逞凶的人。不得其死:谓不得善终。

[7] 教父：教育人的头一条。

二、《庄子·养生主》[1]

吾生也有涯，而知也无涯[2]。以有涯随无涯，殆已[3]。已而为知者[4]，殆而已矣。为善无近名[5]，为恶无近刑。缘督以为经[6]，可以保身，可以全生[7]，可以养亲，可以尽年[8]。

庖丁为文惠君解牛[9]，手之所触，肩之所倚，足之所履，膝之所踦[10]，砉然向然[11]，奏刀騞然[12]，莫不中音[13]。合于桑林之舞[14]，乃中经首之会[15]。

文惠君曰："嘻，善哉！技盖至此乎？"[16]庖丁释刀对曰："臣之所好者道也，进乎技矣[17]。始臣之解牛之时，所见无非牛者。三年之后，未尝见全牛也。方今之时，臣以神遇而不以目视，官知止而神欲行[18]。依乎天理[19]，批大郤[20]，导大窾[21]，因其固然[22]。技经肯綮之未尝[23]，而况大軱乎！良庖岁更刀[24]，割也；族庖月更刀，折也[25]。今臣之刀十九年矣，所解数千牛矣，而刀刃若新发于硎[26]。彼节者有间，而刀刃者无厚，以无厚入有间，恢恢乎其于游刃必有余地矣[27]，是以十九年而刀刃若新发于硎。虽然，每至于族，吾见其难为，怵然为戒[28]，视为止，行为迟，动刀甚微，謋然已解，如土委地[29]。提刀而立，为之四顾，为之踌躇满志，善刀而藏之。"[30]文惠君曰："善哉！吾闻庖丁之言，得养生焉。"[31]

公文轩见右师而惊曰[32]："是何人也，恶乎介也？[33]天与，其人与？"曰："天也，非人也。天之生是使独也[34]，人之貌有与也。以是知其天也，非人也。泽雉十步一啄[35]，百步一饮，不蕲畜乎樊中[36]。神虽王[37]，不善也。"

老聃死，秦失吊之，三号而出[38]。弟子曰："非夫子之友邪？"曰："然。""然则吊焉若此，可乎？"曰："然。始也吾以为其人也[39]，而今非也。向吾入而吊焉[40]，有老者哭之，如哭其子；少者哭之，如哭其母。彼其所以会之[41]，必有不蕲言而言，不蕲哭而哭者。是遁天倍情[42]，忘其所受[43]，古者谓之遁天之刑[44]。适来[45]，夫子时也[46]；适去，夫子顺也。安时而处顺，哀乐不能入也，古者谓是帝之县解[47]。"

指穷于为薪,火传也,不知其尽也。

(据王先谦:《庄子集解》,刘武:《庄子集解内篇补正》,中华书局版"新编诸子集成")

[1] 这是一篇庄子谈养生之道的文章。"养生主"意思就是养生的要领。
[2] 涯:边际,极限。知(zhì):知识,才智。
[3] 随:追随,索求。殆:危险,这里指疲困不堪,神伤体乏。
[4] 已:此,如此。这里指上句所说的用有限的生命求索无尽的知识的情况。
[5] 近:接近,这里含有追求、贪图的意思。
[6] 缘:顺着,遵循。督:中,正道。中医有奇经八脉之说,所谓督脉即身背之中脉,具有总督诸阳经之作用;"缘督"就是顺从自然之中道的含义。经:常。
[7] 生:通"性","全生"即保全天性。
[8] 尽年:终享天年,不使夭折。
[9] 庖(páo):厨房。"庖丁"即厨师。一说"庖"指厨师,"丁"是他的名字。为:替,给。文惠君:旧说指梁惠王。解:剖开、分解。
[10] 触:接触。倚:靠。履:踏、踩。踦(yǐ):用膝抵住。
[11] 砉(huà)然:皮肉分离的声音。向:通"响",声响。向然,多种声音相互响应的样子。
[12] 奏:进。騞(huō)然:以刀快速割牛的声音。
[13] 中(zhòng):合乎;"中音",意思是合乎音乐的节奏。
[14] 桑林:传说中的殷商时代的乐曲名。"桑林之舞"意思是用桑林乐曲伴奏的舞蹈。
[15] 经首:传说中帝尧时代的乐曲名。会:乐律,节奏。
[16] 盖:通"盍",作何、怎么的意思。一说为句中语气词。
[17] 释:放下。好(hào):喜好。道:事物的规律。进了一层,含有超过、胜过的意思。乎:于,比。
[18] 神:精神,心思。官:器官,这里指眼。知:知觉,这里指视觉。
[19] 天理:自然的纹理,这里指牛体的自然结构。
[20] 批:击。郤(xì):间隙,这里指牛体筋腱骨骼间的空隙。
[21] 导:引导,导向。窾(kuǎn):空,这里指牛体骨节间较大的空处。
[22] 因:依,顺着。固然:本然,原本的样子。
[23] 肯:附在骨上的肉。綮(qìng):骨肉连接很紧的地方。
[24] 軱(gū):大骨。岁:每年。更(gēng):更换。
[25] 族:众。"族庖"指一般的厨师。折:断。
[26] 发:出,这里指刚从磨刀石上磨出来。硎(xíng):磨刀石。
[27] 间(jiàn):缝,间隙。恢恢:宽广。游刃:运转的刀刃。
[28] 族:指骨节、筋腱聚结交错的部位。怵(chù)然:小心谨慎的样子。
[29] 謋(huò):牛体分解的声音。委:堆积。
[30] 踌躇:悠然自得的样子。满志:满足了心意。善:这里作摆弄、擦拭的意思。
[31] 养生:其后省中心语,意思是"养生之道"。
[32] 公文轩:相传为宋国人,复姓公文,名轩。右师:官名,古人常有借某人之

官名称谓其人的习惯。
- [33] 介：独，只有一只脚。一说"介"当作"兀"，失去一足的意思。
- [34] 是：此，指代形体上只有一只脚的情况。独：只有一只脚。
- [35] 雉(zhì)：雉鸟，俗称野鸡。
- [36] 蕲(qí)：祈求，希望。畜：养。樊：笼。
- [37] 王(wàng)：旺盛，这个意义后代写作"旺"。
- [38] 秦失(yì)：亦作"秦佚"，老聃的朋友。号：这里指大声地哭。
- [39] 其人：指与秦失对话的哭泣者。老聃和秦失都把生死看得很轻，在秦失的眼里老聃的弟子也应都是能够超脱物外的人，但如此伤心地长久哭泣，显然哀痛过甚，有失老聃的遗风。
- [40] 向：刚才。
- [41] 彼：指哭泣者，即前四句中的"老者"和"少者"。所以：……的原因。会：聚，碰在一块儿。
- [42] 遁：逃避，违反。倍：通"背"，背弃。一说"倍"作"加"义，是增益的意思。
- [43] 忘其所受：大意是忘掉了受命于天的道理。庄子认为人体禀承于自然，方才有生有死，如果好生恶死，这就忘掉了受命于天的道理。
- [44] 刑：过失。"遁天之刑"是说感伤过度，势必违反自然之道而招来过失。一说"刑"即刑辱义。
- [45] 适：偶然。来：来到世上，与下一句的"去"（离开人世）相对应。这里的"来""去"实指人的生和死。
- [46] 夫子：指老聃。
- [47] 帝：天，万物的主宰。县(xuán)：同"悬"。"帝之县解"犹言"自然解脱"。在庄子看来，忧乐不能入，死生不能系，做到"安时而处顺"，就自然地解除了困缚，获得解脱。

三、《元气存亡论》[1]

养生者之言曰："天下之人，皆可以无死。"斯言妄也，何则？[2]人生自免乳哺以后，始而孩，既而长，既而壮，日胜一日。何以四十以后，饮食奉养如昔，而日且就衰？[3]或者曰："嗜欲戕之也。"则绝嗜欲，可以无死乎？或者曰："劳动贼之也[4]。"则戒劳动，可以无死乎？或者曰："思虑扰之也。"则屏思虑，可以无死乎？[5]果能绝嗜欲，戒劳动，减思虑，免于疾病夭札则有之。其老而眊[6]，眊而死，犹然也。况乎四十以前，未尝无嗜欲、劳苦、思虑，然而日生日长；四十以后，虽无嗜欲、劳苦、思虑，然而日减日消。此其故，何欤？

盖人之生也，顾夏虫而却笑[7]，以为是物之生死，何其促也[8]！而不知我实犹是耳。当其受生之时，已有定分焉[9]。所谓定分者，元气也。视之不见,求之不得,附于气血之内,宰乎气血之先[10]。其成形之时,已有定数。譬如置薪于火,始然尚微[11],渐久则烈,薪力既尽,而火熄矣。其有久暂之殊者,则薪之坚脆异质也。故终身无病者,待元气之自尽而死,此所谓终其天年者也[12]。至于疾病之人,若元气不伤,虽病甚不死;元气或伤,虽病轻亦死。而其中又有辨焉[13]:有先伤元气而病者,此不可治者也;有因病而伤元气者,此不预防者也;亦有因误治而伤及元气者;亦有元气虽伤未甚,尚可保全之者,其等不一。故诊病决死生者,不视病之轻重,而视元气之存亡,则百不失一矣。

至所谓元气者,何所寄耶?五脏有五脏之真精,此元气之分体者也[14]。而其根本所在,即《道经》所谓丹田[15],《难经》所谓命门[16],《内经》所谓"七节之旁,中有小心[17],阴阳阖辟存乎此[18],呼吸出入系乎此。无火而能令百体皆温[19],无水而能令五脏皆润。此中一线未绝,则生气一线未亡,皆赖此也"。

若夫有疾病而保全之法何如?盖元气虽自有所在,然实与脏腑相连属者也[20]。寒热攻补不得其道,则实其实而虚其虚,必有一脏大受其害。邪入于中,而精不能续[21],则元气无所附而伤矣。故人之一身,无处不宜谨护,而药不可轻试也。若夫预防之道,惟上工能虑在病前,不使其势已横而莫救,使元气克全[22],则自能托邪于外。若邪盛为害,则乘元气未动,与之背城而一决[23],勿使后事生悔,此神而明之之术也[24]。若欲与造化争权,而令天下之人终不死,则无是理矣。

(据徐大椿:《医学源流论》,人民卫生出版社 2007 年版)

[1] 本文选自清咸丰七年(1857)海昌蒋氏衍芬草堂本《医学源流论》。作者徐大椿,江苏吴江人,清代著名医学家。他出身书香世家,好古博学,淡于功名利禄,学医济世五十年,医学著作甚丰。本文强调元气对人体的重要性,说明保养元气是养生的关键,指出重视元气的盛衰存亡是临床诊治的基本原则。
[2] 妄:荒谬。何则:为什么呢?
[3] 就:走近。
[4] 贼:伤害。
[5] 屏:除去。
[6] 耄:指八九十岁。

[7] 顾：回头看。夏虫：生活在夏季的昆虫。语出《庄子·秋水》："夏虫不可以语于冰者,为于时也。"却：后。
[8] 促：短促。
[9] 定分：此指固定的寿限。
[10] 宰：主宰。
[11] 始然尚微：刚刚燃烧时火苗还很微弱。然：同"燃"。
[12] 天年：指自然的寿命。
[13] 或：如果。辨：分别。
[14] 至：至于。分体：分支,即整体的一部分。
[15] 道经：指《黄庭经》之类的道家经典。丹田：道家谓人身脐下三寸处叫丹田。
[16] 命门：《难经·三十六难》：肾两者,非皆肾也。其左者为肾,右者为命门。命门者,诸精神之所舍,原气之所集也。
[17] 七节之旁,中有小心：语见《素问·刺禁论》。七节：由尾椎上数至第七椎。小心：王冰注为"真心神灵之宫室"。今李庸《古医书研究》谓"七"乃"十"之误,"小心"指胆,可参考。
[18] 阖辟：即开合。阖：合。辟：开。
[19] 百体：人体各个部位,即全身。
[20] 连属：连接。
[21] 精不能续：谓五脏真精不能接续。
[22] 横：横暴,凶猛暴烈。克：能够。
[23] 背城而一决：意思是背向城墙跟敌人决一死战。喻作最后的决战,语出《左传·成公二年》。
[24] 神而明之："神而明之,存乎其人"的缩略语。意谓要真正明白其中的奥妙,在于各人的领会运用。语出《周易·系辞上》。

 思考与练习

1. 阅读《老子》的某些篇章,谈谈老子的基本思想。
2. 谈谈庄子的"内圣外王"与儒家之"内圣外王"有何区别。
3. 道家与道教有什么关系?
4. 谈谈你对"养生"的理解。
5. 阅读《庄子·逍遥游》,谈谈你的阅读体验。

第八章　佛韵千年

佛——佛

《说文解字》:"佛,见不审也。"佛字从人,弗声,本义是看不清楚。佛教的"佛"字来自 Buddha 的音译——佛陀,是音译词。在佛教和佛经中有不少词汇都是音译的,唐代玄奘法师提出了"五种不翻"之翻译理论,玄奘之后的佛经翻译仍沿用此理论,对部分梵文词汇进行音译,此种翻译方法影响深远,并成为中国现代翻译的重要方法。佛在梵文中原义是"大觉",兼有自觉及觉他的意义。

对今天的我们而言,佛教似乎是一个遥远的存在,但对于我们整个民族而言,无论在思想上,还是在宗教意识上,以及在社会人生的思考上,佛教离我们的距离实际都很近,深刻地影响了我们文化的形成。

佛教是世界三大宗教之一,约自东汉明帝时开始进入中国,但在当时并没有产生多大影响。到魏晋南北朝时期,佛学和玄学结合起来,有了广泛而深入的传播。隋朝时期,中国佛教走上了独立发展的道路,形成了众多的宗派,在社会、政治、文化等许多方面特别是哲学思想领域产生了深刻的影响。这时佛教已经中国化,完全具备了中国自己的特点。而随着印度佛教的衰落,中国成了当时世界佛教的中心。宋以后,随着理学的兴起,佛教被宣布为异端而逐渐走向衰微。但是,佛教的部分理论同时也被理学所吸收,构成了理学思想体系中的有机组成部分。直到近代,佛教的思想影响还在某些著名思想家的身上时有表现。总之,了解中国历史和文化,佛教是一项重要内容,"以佛治心,以道治身,以儒治世"——儒、释、道互补是中国传统社会思想信仰的一个基本格局。最能代表中国佛教精义的是禅宗,禅宗在中国诞生后,至今风靡世界。

第一节 佛学概述

一、佛教的形成

佛教发源于公元前4—前5世纪的古印度,创始人是位于今尼泊尔国境内的迦毗罗卫国的王子乔达摩·悉达多,即释迦牟尼。释迦牟尼在一棵菩提树下得道成佛,大致与我国的孔子同时,距今已有两千五百多年的历史,佛经中关于释迦牟尼的记载不可避免地被神圣化了。据说,他本应按父亲意愿去继承王位的,但在年轻时他感受到人生的变化无常,开始思考人生的痛苦,于是他决定抛弃王位,出家修行,寻找彻底解脱的道路。于29岁离开家门,加入苦行者的行列,出家修行。六年之后,他在伽耶城外的毕钵罗树下趺坐,排除各种诱惑和干扰,终于大彻大悟,成为佛陀。后世佛教徒为宣扬这件事,把释迦牟尼成佛之处称为菩提场,把毕钵罗树称为菩提树。从35岁开始,释迦牟尼在恒河边宣讲他所悟出的道理,信众越来越多,后来就形成了教团。80岁时释迦牟尼逝世,他的逝世,佛教称为"涅槃"①,意为"圆寂",是说其功德圆满,达到了最理想的境界。他逝世后,他的弟子继续践行他的教义。

由于释迦牟尼在35岁便开始传教,他的思想也在不断发展变化中,因而他去世后,他的弟子根据记忆进行的说法有很多不同之处,之后弟子的传承脉络又各自不同,这就造成了佛教教义的分化。佛教创立初期,以及在释迦牟尼逝世后的一百年间,教团内部没有大的意见分歧,这在佛教史上被称为原始佛教时期,随后进入部派佛教时

---

① 佛的最高境界是"涅槃","涅槃"是古印度梵文的音译,意译"圆寂""灭度"等。原意指火的熄灭或风的吹散。佛教建立后将其吸收进佛教教义并加以阐述,认为众生既受烦恼和欲望等诸苦折磨,也受生死的束缚,涅槃则是对烦恼、欲望诸苦及生死的最后断灭,众生通过修行宗教实践,也就可以达到涅槃境界。

期,这些都被称为早期佛教。早期的印度佛教为小乘佛教,乘的意思是"运载""道路"。小乘佛教讲求通过自身的修炼使个人成佛,让自己达到智慧和觉悟的境界,他们认为世间是无常的,人生都是痛苦的,只有离开世间,抛弃人生去出家修行,抛弃现实的世俗生活,才能实现觉悟以达成智慧。他们认为人可以死,但是人所存在的世间力量是不灭的,是可以再生的,这就形成了生死轮回说。在轮回中,善有善报,恶有恶报,生活在世间,要行善,要积德,不要有过分的贪欲。

公元1世纪左右,大乘佛教兴起。为了取得佛教的正统地位,大乘佛教与小乘佛教之间展开了激烈的斗争。"大乘"意喻可运载广大众生达到涅槃彼岸。大乘佛教认为自己可以运载无量众生,从生死大河的此岸到达涅磐的彼岸,区别于小乘佛教的自救和自度。大乘佛教将释迦牟尼完全神化,并宣扬"三世""十方"有无量数的佛。大乘佛教认为,佛教修行的最高目标就是成佛,而不是小乘所追求的阿罗汉(罗汉)果,罗汉也叫"自了汉"。佛说:"我不入地狱,谁入地狱。"宣称自己宁愿入地狱度人,这是典型的大乘佛教思想。大乘佛教在印度有两大派别,即中观学派(中国佛教谓空宗)和瑜伽行派(中国佛教谓有宗)。由此可见,大乘佛教与小乘佛教之间的不同,在于小乘佛教讲的是自我修养,大乘佛教讲的是在佛法的传播和对佛法的体认中,在自己修炼的同时度化别人成佛。我们习惯说,小乘佛教讲的是自修、苦修,大乘佛教讲的是度人。

自公元7世纪起,印度佛教度过其繁荣时期,逐渐走向衰落。大乘佛教的一部分派别与印度教相结合,形成密教①,密教有两个基本特点,一是系统组织化的咒术礼仪,二是强烈的神秘主义色彩。自公元10世纪起,印度不断遭受侵袭,一些佛教圣地先后遭到破坏,到13世纪初,佛教在印度本土基本消亡,相反却在中国以及东亚、南亚等国家与地区传播、繁荣开来。

二、佛教基本教义

佛家的基本教义,是在释迦牟尼期间就已经建立的,后来虽有各

---

① 密教自称得自佛的秘密传授,故名,而其他佛教教义属于佛的公开传授,被称为"显教"。

种衍变,但都是建立在起初基本教义基础上的。

何为佛？"佛"字是印度梵语"佛陀耶"的音译,就是"觉悟"的意思,也就是"明白"的意思。念佛的意义,就是求得现前一念心的觉悟与明白。当下的一念之差,觉悟的就是佛,执迷的就是魔。因为佛教相信:人生是"无常"的,充满痛苦,生老病死,欲望无穷,因此只有信奉佛教,努力修行,才能彻底摆脱生死苦恼,进入"涅槃"境界。这是佛家的基本教义。人生最苦,涅槃最乐,这就是佛教的基本思想。

1. 对人生苦的根本认识

佛教对人生的基本态度是舍离的、出世的。佛教之所以要采取这样的态度,是在于它对人生的根本认识。佛教特别深刻地体会到人生在世的诸种痛苦,佛教的原始出发点是断定人生为"苦",有"七苦"。且不说生(谁不是从一声啼哭中出生的)、老(看着皱纹爬上面颊,青丝变成白发,生命慢慢消失)、病(病痛的折磨)、死(死亡的恐惧)等,还有爱别离苦(生死无常,聚散无定,亲爱之人不得共处)、求不得苦(世间万物,心有爱乐而不能求得,无穷的欲望而不能获得)。生苦、老苦、病苦、死苦、爱别离苦、怨憎苦、求不得苦,这诸种苦情也就是人生烦恼的根源。如这七种苦存在于人生中是一个事实,但究竟是什么原因使人生多苦？在这个问题上,佛教展开了它的重要教义。佛教所有思想,都基于这一对人生的根本认识基础上。人生皆苦,所以人要摆脱苦难,需要修行佛法。

2. 十二因缘

十二因缘是佛教基本教义之一。

无明:就是没有光明,是说人的生命里根本没光明,是一团黑暗。佛教中也谓无明为愚痴。

行:指做作,是指意志作用。

识:指明了,识别。

名色:名是概念,色是自然现象。

六入:即耳、目、鼻、舌、身、意。

触:触是经由感官,与外境相对而产生的一种作用。

受:是领纳或领受。

爱:即"因领纳而耽溺"之意。

取：即占有、不舍之意。

有：即得有或存在。

生：生及由有之滋长发展而成的个体。

老、病、死：此言由个体生的后果。

十二因缘相连而生，前者为后者之因，后者为前者所生起。无明是生命的本相，也是佛教对人类生命的根本的见解。人生的一切活动既由无明而起，因此一切活动皆无积极正面的意义。一切活动都是苦痛和烦恼的源头，要解除苦痛烦恼，必须消灭这些活动，所以佛家崇尚清净，向往寂灭。

3. 四圣谛

苦谛：世俗生活就是苦难，人在时间中流转生存，必须忍受这种痛苦。而且这种苦并非一世可以结束。佛教说三世轮回，就是说人永远在三世中轮转，在"六道"中往复。

集谛：指造成人生苦难的原因。人由于无明，身、口、意（行为、语言、思想三业）就成了集合一切烦恼的因。人们追逐的只是幻象。

灭谛：指苦难的消灭。让人的意识处于寂静、沉潜的状态，不为一切外在诱惑所触动，心如井水，这叫"断灭"。

道谛：指超越苦难，达到没有痛苦和烦恼的超升境界的方法。

4. 三学

佛教信徒之所以入教，是寻求个人的解脱。如何解脱？解脱的方法就在于个人的修习，修习的途径一般有三种方式：戒、定、慧。

"戒"是以戒律所规定的种种强制手段，刻意使人压制欲望，如食素、戒色等。比如："八戒"，《西游记》中的猪八戒是取经四人中意志最薄弱的，因此他要想得道成佛最先需要的就是"八戒"，戒除人的欲望。

"定"具有中介性质，即为"戒"的自觉执行提供内在的心灵基础，使之成为无意识的行为。"定"就是"禅定"，在人的外在行为上表现为面壁、跌坐、念佛等；在人的内在心理中，就是心思集中到一处，不为外在事物的变化所打扰，达到身心空寂境界。"定"在古印度叫冥想、瑜伽。

在长期的参悟之中得到人生的真谛，也就是所说的"慧"。由

"定"生"慧",慧是参透人生真谛的最高境界。可以看出,"戒"因有外在强制的"律"限定人的行为,所以比较容易达到;"慧"是修习的最后阶段,其实质是人品格的完善。

"三学"中最关键的阶段就是"定","定"既然是要使人破除"尘世"的纷乱以及由这些纷乱所引起的情感波动达到静坐无想的状态,外在环境的选择就至关重要,要求对修习环境的选择做一番考虑,山高水远的幽静之所当然是最佳的修行空间。佛教有一个现象叫"天下名山僧占多",原因在于山野之中更适合禅定,因而寺庙选址多在山林之中。佛教徒们虽对外部环境有所凭借,但最终所要达到的境界却是以身处世界的清净达到心灵世界的空寂。

第二节 中国佛学

一、佛教东传

1. 佛教东传历程

佛教何时传入中国,众说纷纭,撇开那些无稽之谈以及某些无足征信的附会传说,大体可以认为,佛教的传入,当在西汉末年、东汉初年的两汉之际,至于佛教传入的确凿年月,却因文献不足,难下定论。汉桓帝是历史上第一个信奉佛教的皇帝,但当时,佛教仅被看作一种方术,佛经翻译也颇少。晋代佛教,算是继汉代佛教之后的第二个时期,译经数量较前大增,佛教大小乘有各个不同体系的经典,几乎都在这个时期相继译出,出现了一批有独立见解的研究佛教的学者,特别是在魏晋玄学的影响下,佛教影响日盛。此外,比较重要的一点是,此时的佛教可以说是彻底摆脱了汉代佛教那种对于神仙方术的依赖,开始走上了独特的发展道路,它为学派竞起的南北朝佛教直接做出了文献、思想上的准备。

南北朝时期,由于国家的分裂,佛教也随之而分为不同特点的南、北两派,形成传统佛教的两种系统。一般说来,南方佛教,偏重于义理,即偏重于讲解,北方佛教,偏重于禅学,即偏重于修习禅定。南北方佛教的这种不同传统的形成,大致说来,有两方面的原因。一是佛教本身的原因。汉魏以来，传入中国为时不久的佛教大体上可分为两个系统，一个是般若学，一个是禅学。南方佛教的义理之学，基本上是继承了般若学的传统，同时，相当程度上它又受到了魏晋玄学和清谈的影响。而北方的禅学，则是继承了禅学的传统。一是社会的原因，是由南北朝不同的社会政治情况所决定的。在南方，魏晋以来，玄学盛行，清谈成风。永嘉后，士大夫随着晋室纷纷南迁，宋齐梁陈的四代统治者都大力提倡佛教的义理之学，并蔚然大观。而在北方，佛教的存在方式显然不同，其他民族比起汉民族社会来，文化要落后很多，其既无儒家思想传统，也无道家思想传统，也无玄学、清谈传统，因而他们更重实际，重修福、行善之实际行为，对佛教义理之学不感兴趣，比如他们度僧、建寺，甚至开石窟等，同时要求僧人们坐禅、修行，对于讲经、说法却不感兴趣，且持反对态度。在此背景下，形成了北朝以习禅为风尚的北方佛教。

随着隋朝的统一，佛教也结束了南北不同的局面而走向统一，在南北朝佛教基础上进一步发展。据《隋书·经籍志》记载，隋已有大小乘佛教经典1 920部、6 198卷。隋代出现了中国佛教史上第一个宗派——天台宗（其主要经典为《法华经》）。唐代佛教比起隋代，有了更大的发展，特别是寺院经济也有了巨大的发展。在佛经的翻译上，远超前代。唐代译经成就最大的首推玄奘，其一人所译即占唐代新译佛经一半以上。其次是佛教各宗派的创立，佛教宗派始于隋而盛于唐，如唯识宗、华严宗、禅宗、密宗、净土宗、律宗等，这些宗派的成立正式标志着佛教的中国化，其中，禅宗成为中国化程度最高的宗派。

到宋代，无论北宋还是南宋，尽管某些时候对佛教采取过一些限制措施，但总的来说，统治者都对佛教非常重视和扶持，译经方面宋代影响不如之前朝代，但大规模雕刻佛经始于宋代，其对以后佛教的传播和发展，具有相当大的影响。入宋以后，深受士大夫文人欣赏的禅宗，继续以其独特的形式发展，比较突出的是大量《灯录》和《语录》的出现，禅宗《灯录》可以说完全是宋代的产物。禅宗由"不立文字"变成了"不离文字"，对比唐代禅宗，发生了性质上的变化。宋代禅宗的思想对儒学也产生了重要影响，程朱理学在其形成过程中不断吸收佛学思想。

《元史·释老传》说:"元兴,崇尚释氏。"这句话概括地说明了元代对佛教的态度和佛教的影响。在元统治者"崇佛"政策影响下,藏传佛教由于帝师制度而大受其惠,同时汉地佛教也获得一定发展。明朝重儒重道,但也不反对佛教,不仅不反对,反而大力扶持,在优化汉地佛教的同时,还对藏族僧人大肆封赏,但佛教进入明代已呈明显颓势。明代佛教,创新者少,因袭者多,较活跃的主要是禅宗和净土宗。清朝对于佛教也格外重视,京城单独设立佛教衙门,说明佛教具有相当独立的地位和享有某些特权。顺治想要出家,雍正大搞禅法,乾隆年间还废除了度牒制度,但这时佛教的思想文化发展已远不如以前了。

2. 空宗和有宗

佛法之东渐,虽是大、小二乘兼传,但是小乘佛教在传入中国之后,始终成不了气候,且自魏晋以降,更是日趋式微,直到 13 世纪以后,才有南传上座部佛教在云南一带流传,且范围十分有限。与此相反,大乘佛教传入中土后,先依傍魏晋玄学,后融会儒家的人性、心性学说而蔚为大宗,成为与儒、道二教鼎足而立、对中国社会各个方面产生巨大影响的一股重要的社会思想文化思潮。

对于大乘佛教,通常人们又因为其思想内容差异把它分为空、有二宗。空宗的代表经典是般若经。中国所见之般若类经典以玄奘所译之《大般若经》为最,有六百卷之多。此外还有各类小本般若经的编译和流传,其中以《金刚经》和《心经》最具代表性,最有影响力。

从东汉末年开始,大乘空宗的思想随着诸部般若的陆续译出,逐渐传播到了中国。随着这些般若经的翻译,也出现了般若学者。魏晋之际,般若学比附玄学,同玄学家的关系异常密切,并形成了"六家七宗",他们有一个共同的思想,就是一切皆空,宣扬空无,否认实有,用一切皆空的思想来否认客观世界的物质存在。如僧肇(东晋)的"因缘所生法,我说即是空"思想。在传播大乘空宗思想方面,僧肇起到了巨大作用,其所著《肇论》也成为空宗佛教代表性经典。空宗的思想是"性空缘起论",核心思想是"一切皆空"。般若系的空是一种全称性的否定,是一空到底,没有保留的,与魏晋时期的玄学思想特别吻合。

有宗的传入要晚于空宗,流行时间是南朝。随着法显译出《泥洹经》,佛性论思想亦随之传入中国。当时,道生据之提倡佛性说,但因六卷《泥洹经》对于"佛性"之说语焉不详,特别是未提及"阐提"也有佛性,所以道生提出"阐提"也有佛性时,受到了围攻。后来四十卷的《大般涅槃经》传到南方,再传至京都,果称"阐提"皆有佛性。完整的佛性论思想便在南方传播开来。学者才佩服道生的透彻见解。涅槃"佛性"论,一时成了南方佛教界的显学。涅槃之性就是佛性,所以"大般涅槃"亦即佛性。佛性乃是宇宙本体、世界本原,是永恒的精神实体,其既具有现实的意义,又具有彼岸的意义。道生的佛性理论对后来禅宗的创始人慧能产生了重大影响,在道生佛性理论的基础上,慧能提出了教外别传、不立文字、直指人心、见性成佛的禅宗立宗思想。《大般涅槃经》是大乘有宗的经典。它与《般若》《三宗》这种大乘空宗所宣扬的"一切皆空"的教义有根本的不同。涅槃经也讲空,且讲得很多,但其讲空是有限制的,它所空的是一些世俗之物,而佛性是"不名为空"的,有宗是只空现象,不空本体。

二、走近禅宗

1. 禅宗源起

在中国,佛教有很多宗派,但最具中国特色的是禅宗。为什么禅宗最具中国特色? 因其是中国僧人的独创,已大不同印度的佛教,"释迦之教义,无父无君,与吾国传统之学说,存在之制度,无一不相冲突。输入之后,若久不变易,则决难保持。是以佛教学说,能于吾国思想史上,发生重大久远之影响者,皆经国人吸收改造之过程。其忠实输入不改本来面目者,若玄奘唯识之学,虽震动一时之人心,而卒归于消沉歇绝。近虽有人焉,欲然其死灰,疑终不能复振。其故匪他,以性质与环境互相方圆凿枘,势不得不然也。"[①]禅宗是真正的中国佛教,禅宗既吸收了印度大乘佛教的思想,又继承了儒家孟子的人

---

① 陈寅恪:《冯友兰〈中国哲学史〉下册审查报告》,《金明馆丛稿二编》,生活·读书·新知三联书店 2015 年版,第 283—284 页。

性学说和道家主无的思想,受到了上层的统治者和文人士大夫的赏识,同时简化了繁琐的教义,便于广大下层群众接受,因而流传甚广,相较其他佛教宗派,在中国更具生命力。

禅,本意为"静虑"或"思维修"。"静虑"有两层意思,一为静思其虑,二为静中思虑。前者属"止(定)",后者属"观(慧)"。在佛教里,一般称作禅定或者禅观,它是佛教僧侣主要的一种基本功。在大小乘共修的戒、定、慧"三学"里有它,在大乘独修的布施、持戒、忍辱、精进、禅定、智慧的"六度"里也有它,可见它在佛教里的重要性。佛教之所以重视禅,是因为能制服烦恼,而且能引发智慧,也就是说它是佛教徒由此岸到彼岸的一个重要桥梁,所以,在传统佛教里,无论大乘小乘都非常重视禅定修炼。在禅宗出现以前的禅学,有两个共有特点:一个是都以经典教义为依据,达摩也主张"借教悟宗";另一个,在方法上都主张"渐修"。所以传统的禅学和后来的禅宗是根本不同的,为了表明两者的区别,禅宗中人把传统的禅学叫做"如来禅",而称禅宗为"祖师禅"。前者是"借教悟宗",后者是"教外别传",前者是"渐修",后者是"顿悟",前者重在于坐,后者重在于参。

以慧能为代表的禅宗创始于中唐而盛于晚唐、五代。慧能以前只有禅学,并无禅宗,禅宗所谓的"东土五祖"(初祖达摩、二祖慧可、三祖僧璨、四祖道信、五祖弘忍,他们一代继承一代,以衣钵为信物)应是一些杜撰或附会之说①。慧能生于唐太宗贞观十二年(638),其父亲是做官的,后来被贬到了岭南,而家境就此寒微了。慧能是在贫苦的境遇中长大的,直到二十四岁去黄梅前,一直靠卖柴养母、度日。慧能从秘密得法到公开传教,中间竟然"隐遁"了十六年之久,而且差一点丧命。可见当时佛教内部派系斗争的剧烈。慧能从唐高宗仪凤元年(676)出来传法,到玄宗先天二年(713)去世,中间经历了三十七八年时间,又过了103年,到唐宪宗元和十年(815),被追谥为"大鉴禅师",王维、柳宗元、刘禹锡等人都曾为慧能写过碑铭。慧能行化三十七八年,只留下一部由别人记录的、只有12 000字的《坛经》,这个

---

① 另有"西天八十二代祖师说",即佛教的禅宗是由印度传来的,在印度从摩诃迦叶以至菩提达摩,共二十八代,这就是所谓的"西天二十八代"祖师说,这应也是附会之说。

事实表明，慧能——这个禅宗创立者，既不同于他以前的那些"著书立说"的其他各宗的创始人，也不同于他以后的那些大搞语录文字禅的各派禅僧，他确实表现了一个"不立文字""教外别传"的禅宗祖师的特色。正因为如此，《坛经》对禅宗具有特殊的重要性。

慧能的思想基础是"真如缘起"论（"真心"一元论）和"佛性论"（即顿悟成佛）。慧能认为：如果不知道心（认识你的本来面目，秘密就在你自己的心中），纵使学了佛法，也是没有用的。这种意旨对当时的佛教界来说，无疑是惊天动地的一种宣言，即他在印度传统的佛教之外，做出了一个新的、革命性的发展。到了慧能这里，禅才真正是直指人心、见性成佛的禅，是不立文字、教外别传的禅。所以在他的身上，不用任何语言来阐释佛教教义，而是以自己最为原始的和创造性的体验来表现一个人的悟境。所以到了这里重要的不是坐禅而是修心了。

慧能死后，禅宗分为五家，即沩仰宗、临济宗、曹洞宗、云门宗、法眼宗，此谓"一花开五叶，结果自然成"，禅宗五家的出现，标志着禅宗发展到了繁盛时期。慧能时期的禅称为祖师禅，在慧能之后的禅学，则可以称为"越祖分灯禅"。他们的思想核心、他们的理论基础无一例外都是"真如缘起"论（"真心"一元论）和"佛性论"。

在禅宗后来的发展中，逐渐出现了一些反理性的东西，所谓"机锋""棒喝"等，便是这种情况的具体反映。禅宗所谓的机锋就是不用正常的语言来相互摆明观点，而是用一些隐语、谜语、旁敲侧击，甚至一见面就劈头盖脸拳打脚踢一顿，弄得对方目瞪口呆，这就是所谓"机锋"，后来成为晚唐以后禅宗的主要传教方法。各种禅宗《语录》《灯录》里所讲的几乎都是这样一些东西。

2. 禅宗的思想

首先是人人都有佛性，"世人性本自净，万法在自性"。

禅宗说的禅定更是一种心定，直指本心，已经完全超越了单纯的坐禅功夫。如果人心开悟，就可成佛。禅宗所传的其实是一种至为祥和、宁静、安闲、美妙的心境，这种心境纯净、淡然、豁达、无拘无束、坦然自得、不着形迹、超脱一切，是一种"涅槃"的最高境界，只能感悟和领会，不能用言语表达。"佛性不二，自性即佛"，到达禅的境界、佛的境界是需要过程的,是需要参悟的,禅宗是围绕着"心"建立起来的,也可以说是一种心的宗教,某种程度上可以说,禅宗彻底打开了士子们的心灵。作为中国文化史上的一种特殊的思想现象,禅宗不仅对中医学的理论产生了重要的渗透和影响,而且其直觉观照、注重心悟的思维形式还在一定程度上深化了中医学的认知方式,其以不变应万变的思维方式对中医学辨证论治体系的发展和确立起了重要的推动和促进作用。

其次是不立文字。

语言文字是我们呈现事物和表达思想的基本工具,是人类离不开的符号,卡希尔在《人论》中说"人是符号的动物",语言塑造人。但在禅宗那里,其追求的境界是不可言说的,禅宗主张以心传心,不立文字,反对用语言来理解这个世界,主张用心去体会,用自己的心去直接面对。但是人又不可能完全不依赖语言,禅宗的"不立文字"不是说完全抛弃文字,而是说不确立文字的权威性。为瓦解语言对人的权威性,禅宗发明了三种方法,第一种方法是完全在语言平面之外,抛掉语言,直接体验万事万物,直接面对事务本身,这是基本的方法。后两种方法是在没有办法的情况下也用文字,但以文字超越文字,或要得意忘言,以此二法破除对言相文句的执着。禅宗对文字的看法颇似庄子的观点:"道不可言,言而非也……道不当名。"(《庄子·知北游》)"筌者所以在鱼,得鱼而忘筌;蹄者所以在兔,得兔而忘蹄;言者所以在意,得意而忘言。"(《庄子·外物》)"可以言论者,物之粗也;可以意致者,物之精也。"(《庄子·秋水》)此外,先秦儒家也有"得意忘言"的说法。可见禅宗"不立文字"的思想是有深厚的中国传统文化基础的。

再次是顿悟。

顿悟是区别禅宗和其他宗派的一个重要标志。禅宗提倡自心自性、顿悟的理论,提倡无缚无碍、不拘一格的悟禅境界,提倡直观直觉。禅宗落实在平时的禅行生活中,则是任心自在,以不修为修,以无得为证,在日常生活中追求一种自然适意、浑然天成的修行状态,他们提倡在当下一念心上顿现真如本性,顿悟自性是佛,形成其特有的不假修习、直了心性的简洁明快的禅风。禅宗重视宗教实践,但反对早期禅者的山居林处、摄心入定的苦修苦行,也反对呼吸数息、四禅八定等禅法与修持方式,它强调心的解脱,但并不对人的心理活动与精神现象作繁琐的理论分析,也反对对心体、心性有任何执着。禅宗走的是一条返本还原、自性作佛的解脱修行道路。禅宗识心见性、顿悟中的无念之心,不修为修,在很大程度上融入了老庄的自然无为之道和儒家"至善""至诚"之心性等思想。

禅宗的出现,给中国传统士大夫的思维方式、心理性格、人生哲学、审美情趣等带来重要的影响。禅宗以其非理性的直觉观照、沉思冥想、瞬间不可喻的顿悟、自然含蓄的表达、活泼随意的参悟体验为特征的思维方式,与追求适意淡泊的人生哲学,潜移默化地渗透到士大夫生活的方方面面,构成了人们动机与意志的潜在支配力,对中华民族的心理性格、思维方式、基本观念等产生了重要的影响,成为中国文化史上一种重要的思想现象,在中国文化史上留下了深深的痕迹。

本章文选

一、《肇论·不真空论》节选[1]

夫至虚无生者,盖是般若玄鉴之妙趣,有物之宗极者也。[2]

自非圣明特达,何能契神于有无之间哉?[3]

是以至人通神心于无穷,穷所不能滞[4];极耳目于视听,声色所不能制者[5],岂不以其即万物之自虚,故物不能累其神明者也?[6]

是以圣人乘真心而理顺,则无滞而不通[7];审一气以观化,故所遇而顺适[8]。无滞而不通,故能混杂致淳[9];所遇而顺适,故则触物而一[10]。

如此,则万象虽殊,而不能自异[11]。不能自异,故知象非真象[12];象非真象,故则虽象而非象。

(据张春波:《肇论校释》,中华书局2010年版)

[1] 不真空:"不真"与"空"是两个名异实同的概念。
[2] 至:极也。虚:虚假不真也。无生:凡物皆有生灭,无生也就无灭,无生无灭也就无物。其实,"至虚无生"乃是一个概念,即空。般若:智慧。玄鉴:玄妙的鉴造,意为深刻、透彻的认识。有物:万物。宗极:根本。这句话的意思是:空乃是般若认识的对象,也是一切万物的根本。
[3] 圣明:即般若智慧。特:独特。达:通达。契神:与认识对象相一致。即能洞察、体悟认识对象。有无之间:非有非无。这句话的意思是,如果不具有与一般人不同的般若智慧,怎么能认识万物皆是非有非无的统一体呢?也就是说怎么能认识万物性空之道理呢?
[4] 至人:具有般若智慧的圣人。无穷:无穷世界的真理。滞:妨碍。这句话的意思是:圣人以般若智慧认识无限的世界,没有任何东西能阻碍他。
[5] 这句的意思是:纵耳听声音,不为声所惑,纵目观色,不为色所迷。
[6] 自虚:万物本身即是空。"即万物之自虚"意谓与万物本身的空冥合一致。累:束缚。这句是紧接着前面一句讲的,合此两句的意思是:圣人之所以不会被无穷世界的声色所迷惑,难道不是因为圣人认识到诸法性空吗?所以万物才不能束缚他的心神。
[7] 乘:凭借。真心:即般若智慧。理:佛教真理,真谛。理顺:与佛教真理相一致。这句话的意思是:所以圣人凭借般若智慧认识万物,能够与真谛相一致,就不会凝滞不通了。
[8] 一气:即上文所言的"至虚中道"。化:万物。这句话意思是圣人严格辨别非有非无的中道,并以此观察万物,他的观察就不会受到干扰。
[9] 杂:真俗二谛。致:达到。淳:喻中道。这句话的意思是:没有凝滞,便能融会贯通地理解二谛的道理,从而达到对中道的正确认识。
[10] 触:认识。一:真谛,佛教最高真理。僧肇所言真谛是"非有非无的中道",这也是佛教最高真理,即"一"。任何事物都是"非有非无的统一",所以触物而一。
[11] 这句的意思是:如此,万物虽呈现千差万别的相状,但自身的本质并无差别。
[12] 这句的意思是:万象本来没区别(不能自异),故我们所看到的千差万别的象都不是真象。

二、《金刚经》节选

第二十八品　不受不贪分

"须菩提!若菩萨以满恒河沙等世界七宝,持用布施。若复有人,知一切法无我,得成于忍[1],此菩萨胜前方菩萨所得功德。何以故?须菩提!以诸菩萨不受福德故。"须菩提白佛言:"世尊!云何菩萨不受福德?""须菩提!菩萨所作福德,不应贪著,是故说不受福德。"[2]

第二十九品　威仪寂静分

"须菩提！若有人言：如来若来若去、若坐若卧，是人不解我所说义。何以故？如来者，无所从来，亦无所去，故名如来。"[3]

第三十品　一合理相分

"须菩提！若善男子、善女人，以三千大千世界碎为微尘，于意云何？是微尘众，宁为多不？"须菩提言："甚多，世尊！何以故？若是微尘众实有者，佛即不说是微尘众，所以者何？佛说微尘众[4]，即非微尘众，是名微尘众。世尊！如来所说三千大千世界，即非世界，是名世界。何以故？若世界实有者，即是一合相[5]。如来说：一合相，即非一合相，是名一合相。""须菩提！一合相者，即是不可说，但凡夫之人，贪著其事。"

第三十一品　知见不生分

"须菩提！若人言：佛说我见、人见、众生见、寿者见。须菩提！于意云何？是人解我所说义不？""不也，世尊！是人不解如来所说义。何以故？世尊说我见、人见、众生见、寿者见，即非我见、人见、众生见、寿者见，是名我见、人见、众生见、寿者见。""须菩提！发阿耨多罗三藐三菩提心者，于一切法，应如是知，如是见，如是信解，不生法相。须菩提！所言法相者，如来说即非法相，是名法相。"

第三十二品　应化非真分

"须菩提！若有人以满无量阿僧祇世界七宝，持用布施，若有善男子、善女人，发菩提心者，持于此经，乃至四句偈等，受持读诵，为人演说，其福胜彼。云何为人演说，不取于相，如如不动。何以故？"[6]

"一切有为法[7]，如梦幻泡影，如露亦如电，应作如是观。"

佛说是经已，长老须菩提及诸比丘、比丘尼、优婆塞、优婆夷，一切世间天、人、阿修罗，闻佛所说，皆大欢喜，信受奉行。

（据中华书局2010年版"佛教十三经"《金刚经·心经》）

[1] 忍：对真实状况的安然忍受。忍有很多种，对佛法坚信不疑，称为信忍；虽然没有亲知亲见，但能够随顺诸法的空性而修行，称为（柔）顺忍；通达诸法不生不灭的空性，称为无生（法）忍。这里的忍，历来经典所说不一。

[2] 不受福德：不摄受福德，不拥有福祉功德。

[3] 如来：又译作"如去"，是"如实而来、如实而去"的意思。实，是诸法实相，也就是诸法性空。毕竟空中不生一相，所以也不会有世俗意义上的来

去相。
［4］微尘众：微尘的集合体。
［5］合相：聚合体的形状。
［6］不取于相，如如不动：不执取各种相状（我相、法相、空相），安住于空性，寂然不动。如如：字面意思是"如其所如"，即按事物的本来状态去认知事物。事物的本性是空性，所以可译为"安住于空性"。"如如不动"后成为佛教徒熟悉的成语。
［7］有为法：原意为"被造作的事物"，指由于因缘而产生的、生灭变化的一切现象、存在。译为"有条件的存在的事物"，与"无为法"（即无条件的绝对存在）相对。

三、《坛经·疑问品第三》节选

　　一日，韦刺史为师设大会斋[1]，斋讫，刺史请师升座，同官僚士庶[2]肃容再拜……（慧能曰：）"使君但行十善[3]，何须更愿往生[4]？不断十恶之心，何佛即来迎请？若悟无生顿法，见西方[5]只在刹那；不悟念佛求生，路遥如何得达？慧能与诸人移西方于刹那间，目前便见，各愿见否？"

　　众皆顶礼云[6]："若此处见，何须更愿往生，愿和尚慈悲，便现西方，普令得见。"

　　师言："大众，世人自色身[7]是城，眼耳鼻舌是门，外有五门，内有意门。心是地，性是王，王居心地上，性在王在，性去王无。性在身心存，性去身心坏。佛向性中作，莫向身外求。

　　"自性迷即是众生，自性觉即是佛，慈悲即是观音，喜舍名为势至，能净即释迦，平直即弥陀。

　　"人我是须弥[8]，邪心是海水，烦恼是波浪，毒害是恶龙，虚妄是鬼神，尘劳是鱼鳖，贪嗔是地狱[9]，愚痴是畜生。

　　"善知识，常行十善，天堂[10]便至；除人我，须弥倒；去邪心，海水竭；烦恼无，波浪灭；毒害忘，鱼龙绝。自心地上觉性如来，放大光明。外照六门清净，能破六欲诸天[11]，自性内照，三毒即除，地狱等罪，一时消灭。内外明彻，不异西方。不作此修，如何到彼？"

　　大众闻说，了然见性，悉皆礼拜，俱叹善哉！唱言："普愿法界众生，闻者一时悟解。"

师言:"善知识,若欲修行,在家亦得,不由在寺。在家能行,如东方人心善;在寺不修,如西方人心恶。但心清净,即是自性西方。"

韦公又问:"在家如何修行,愿为教授。"

师言:"吾与大众说《无相[12]颂》,但依此修,常与吾同处无别。若不依此修,剃发出家,于道何益?"颂曰:

"心平何劳持戒[13],行直何用修禅。

恩则孝养父母,义则上下相怜。

让则尊卑和睦,忍则众恶无喧。

若能钻木取火,淤泥定生红莲。

苦口的是良药,逆耳必是忠言。

改过必生智慧,护短心内非贤。

日用常行饶益[14],成道非由施钱。

菩提只向心觅,何劳向外求玄。

听说依此修行,天堂只在目前。"

师复曰:"善知识,总须依偈修行,见取自性,直成佛道。法不相待,众人且散,吾归曹溪。众若有疑,却来相问。"

时刺史官僚,在会善男信女,各得开悟,信受奉行。

(据郭朋:《坛经校释》,中华书局1983年版)

[1] 大会斋:在大法会中兼用斋饭。
[2] 士庶:士族和庶族。此处应指士族和庶族中之广大信众。
[3] 十善:即"十善业"。乃身、口、意三业中所行之十种善行为。反之,身、口、意所行之十种恶行为,称为"十恶",远离十恶,不犯十恶,则谓之"十善"。
[4] 往生:往弥陀如来的极乐净土谓之"往",化生于彼土莲花中谓之"生"。谓命终时生于他方世界。通常又以"往生"为死之代名词。
[5] 西方:"西方极乐净土"的略称,即阿弥陀佛之极乐净土。
[6] 顶礼:又叫作"头顶敬礼""头面礼足""头面礼"。印度最上之敬礼。即两膝、两肘及头着地,以头顶敬礼,承接所礼者双足。向佛像行礼,舒二掌过额、承空,以示接佛足。其义同于"五体投地""接足礼"。
[7] 色身:指有形质之身,即肉身。由四大等色法所组成肉身。反之,无形者称为"法身",或"智身"。
[8] 人我是须弥:佛教认为世人由于自我的"我执""法执"造成了须弥山一般高度罪业,"人我是须弥"就是人我之执犹如高山障碍的正道。
[9] 地狱:译为"不乐""可厌""苦具""苦器""无有"等,"六道"中最苦的地方。只有苦受而没有喜乐的环境,皆可比喻为地狱。
[10] 天堂:又作"天宫",与"地狱"相对。指天众所住的天上宫殿,即善人死后,

依其善业所至受福乐的处所。凡所处的地方,能有随心享乐的环境,皆可比喻为天堂。

[11] 六欲诸天:欲界有六重天,谓之"六欲天",即四王天(有持国、广目、增长、多闻四王,故名"四王天")、忉利天、夜摩天、兜率天、化乐天、他化自在天。

[12] 无相:"有相"的对称,即无形相对的意思。于一切相,离一切相,即是无相。因为涅槃超离一切虚妄之相,所以"无相"有时也是"涅槃"的别名。

[13] 持戒:"六度"之一,即护持戒法的意思,与"破戒"相对称。

[14] 饶益:予人富裕、丰足法益的意思。

 思考与练习

1. 大乘佛教和小乘佛教有何区别?佛教的基本教义是什么?
2. 简述佛教中国化的历程。
3. 何谓佛教中的"空宗"和"有宗"?
4. 谈谈禅宗的缘起及其发展。
5. 谈谈禅宗的基本思想和你对禅宗的看法。

第九章　唐诗宋词

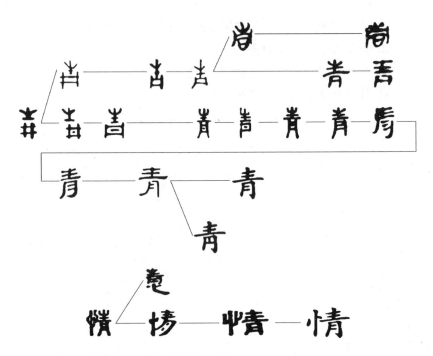

唐诗宋词都是主情、重情的文学。

"夫诗有别材,非关书也;诗有别趣,非关理也。然非多读书、多穷理,则不能极其至。所谓不涉理路、不落言筌者,上也。诗者,吟咏情性也。盛唐诸人惟在兴趣,羚羊挂角,无迹可求。故其妙处透彻玲珑,不可凑泊,如空中之音、相中之色、水中之月、镜中之象,言有尽而意无穷。"(《沧浪诗话》)

从《尚书》的"诗言志、歌咏言"的古老传统到《诗大序》的"发乎情,止乎礼义",到《文赋》的"诗缘情",再到《沧浪诗话》的"吟咏情性",无论是"发乎情"还是"本于性情",说的都是中国传统诗歌主情、重情的传统。中国文学中的"文以载道"说也不与"情"相冲突,其把"情""理"结合的"中和"作为至高标准。因此,"诗以道性情",对于中国诗词而言,"情"有如血脉。

关于"情"字,我们首先看其右之"青"字字形,青从生、丹,《说文解字》:"青,东方色也。"东方色就是青色一类给人清晰、明亮感受的颜色。因而,包含"青"这个符号的字,也多有靓丽、美好的意思。再来看"情"字,左边是"忄",表示这个字与人的心理、思维、感觉等相关,与"青"组合,就表示人舒畅、美好的心情、感觉等,由此而引申出一切人的感情。《说文解字》说:"情,人之阴气有欲者。"徐灏注笺:"发于本心谓之情。"中华文明建立在以血缘关系为基础的宗法制基础之上,以心之本然感发为基础的自然情感,在我们的文明形成之初就深深植入我们民族的文化心理结构中。

在中国传统文化中,唐诗宋词是孑然独立的存在,她没有其他文化那么浓厚的意识形态色彩,她代表着中国文化中最为敏感、最为感性的神经——审美,这是一个美的世界。

第一节 唐诗的风情

一、初唐诗

从公元618年唐朝建立开始,大致延伸至713年玄宗即位时,这段时期的诗歌称为初唐诗。初唐诗结束了漫长的宫廷诗时代①,缓慢地过渡到新的盛唐风格。初唐诗并无统一的风格,相比六朝诗歌,初唐的诗歌最独特之处在气象上,整个唐代诗歌最了不起之处也就在气象上。

---

① 宫廷诗是宫体诗的俗称,南朝梁后期开始流行的一种诗歌流派。宫体诗的情调流于轻艳,诗风比较柔靡缓弱。当然一些宫体诗人也写过不少别一风格的诗歌,如庾信、徐陵等。从诗歌发展史上看,宫体诗起的作用有两个方面:一方面,隋及唐初诗风流于靡弱,多少是受它的影响;另一方面,它在形式上比永明体更趋格律化。

首开唐诗气象的应属"初唐四杰","杨王卢骆当时体。轻薄为文哂未休。尔曹身与名俱灭。不废江河万古流。"(杜甫《戏为六绝句》其二)王勃是隋末大儒王通之孙,六岁善文辞,九岁读颜师古著《汉书注》,作《指瑕》十卷,有神童之誉,后于滕王阁作诗,诗序中有"落霞与孤鹜齐飞,秋水共长天一色"一句脍炙人口,其诗曰:"滕王高阁临江渚,佩玉鸣鸾罢歌舞。画栋朝飞南浦云,珠帘暮卷西山雨。闲云潭影日悠悠,物换星移几度秋。阁中帝子今何在?槛外长江空自流。"才华横溢,气贯古今,浑然天成。南朝江淹《别赋》云:"黯然销魂者,唯别而已也。"王勃"海内存知己,天涯若比邻"一洗悲酸之态,独标高格,且信手拈来,如云淡风轻却又颇有气势。杨炯十一岁被举神童,恃才傲物,曾言其"愧在卢前,耻居王后"。然比之《滕王阁序》,不知杨炯何来的底气?或是唐人的一种生来傲气。卢照邻十岁就名满天下,但后来一直风疾在身,一首《长安古意》傲视诸多初唐诗人。骆宾王七岁即写下《咏鹅》诗,其后来的讨武檄文直让武则天边读边感叹:"宰相安得失此人?"闻一多讲:"卢、骆的到来,能使人民麻痹了百年的心灵复活。"(《唐诗杂论·四杰》)初唐四杰不仅才华横溢、刚猛强健,且个性张扬不羁。初唐四杰再往前一步,便是陈子昂的"念天地之悠悠,独怆然而涕下"了,一首《登幽州台歌》道尽初唐悲凉、孤独但异常雄浑壮阔的气象。

刘希夷的《代悲白头翁》"年年岁岁花相似,岁岁年年人不同","洛阳城东桃李花,飞来飞去落谁家?"直指《红楼梦》那首脍炙人口的《葬花吟》。而将刘希夷的生命思考进一步扩展为更为浩瀚的时空的初唐诗作,是张若虚的《春江花月夜》。一句"江畔何人初见月?江月何年初照人",如《天问》,恍如生命在宇宙间的回响,在月夜萦绕,空谷足音。

上述初唐经典诗作的作者,几乎每一个都是一部传奇,通过他们天才般的诗歌实践,自南北朝一路走来的诗歌在性情和声律上得到了很好的融合,"性情与声色的统一是初唐人为盛唐诗歌高潮到来所作的主要准备"[①]。

---

① 袁行霈:《百年徘徊——初唐诗歌的创作趋势》,《北京大学学报》1994年第6期。

二、盛唐诗

盛唐是一个天才辈出的时代,也是一个英雄辈出的时代。自开元至大历前,诗史上称为盛唐。这里所谓的盛,与经济、军事、政治等方面的盛并不是一回事。从时间上看,它纵然把开元、天宝盛世包括在内,但同时也包括安史之乱发生后的十年。盛唐之盛主要表现在诗歌的质量与诗歌的风韵气度上,盛唐是一个诗歌创作的黄金时代,也叫盛唐之音,盛唐诗人诗歌艺术水平高,后人以"盛唐气象"(《沧浪诗话》)来概括盛唐诗歌的美学风貌。"盛唐诸公之诗,如颜鲁公书,既笔力雄健,又气象浑厚。"(《沧浪诗话》)与"盛唐气象"相辉映的是盛唐诗人的自信自尊、潇洒豁达。若选最能代表盛唐气象的诗人,当以李白、杜甫为瞻;若选最能代表盛唐气象的诗歌,当是这一首:"白日依山尽,黄河入海流,欲穷千里目,更上一层楼。"什么叫盛唐气象,这就是,既天然无饰,又荡气回肠,既心胸开阔、目标致远,又自处谦卑,"天行健,君子以自强不息"。

盛唐诗歌首先应从一代名臣张九龄说起,一首《望月怀远》,表达了盛唐诗人的高洁:"海上生明月,天涯共此时。情人怨遥夜,竟夕起相思。灭烛怜光满,披衣觉露滋。不堪盈手赠,还寝梦佳期。"张九龄乃开元、天宝年间最著名的贤臣之一,开元、天宝年间也是一个诗意盎然的时代,唐玄宗爱好诗歌,曾当场修改孟浩然的诗。开元、天宝盛世,唐王朝已然成形的科举制取代了早先的门阀制度[①],使学有所成的士子有了入仕的可能,再加上李唐的科举制偏向士子的文学才华,使社会风气自然有了很强烈的人文倾向,诗意风尚始终不曾衰减。

盛唐诗人中,李白堪称最为独特的诗人,其诗歌堪称"奇之又奇"。李白的诗歌艺术是完全自然的,无法掌握的和近乎神灵的,表现出独一无二的个性和诗歌特质。他一直保持着孤独的、独一无二的形象。"花间一壶酒,独酌无相亲。举杯邀明月,对影成三人。月

---

① 陈寅恪言:"盖唐代科举之盛,肇于高宗之时,成于玄宗之代,而极于德宗之世。"见陈寅恪:《元白诗笺证稿》,生活·读书·新知三联书店 2015 年版,第 2 页。

既不解饮,影徒随我身。暂伴月将影,行乐须及春。我歌月徘徊,我舞影零乱。醒时同交欢,醉后各分散。永结无情游,相期邈云汉。"在这首诗以及李白的大多数作品中,孤立既不是孤独,也不是宁静的隐逸,而是为诗人提供了机会,显示创造性的、丰富的自我,以及以自己的想象驾驭周围环境的能力。在酒与月色之间,在诗歌想象中,他能够想入非非,任意地构造和理解世界。写诗并不是李白的人生理想,他想的是"仗剑去国,辞亲远游"(《上安州裴长史书》)。李白一生为剑客、为功名、为报效所困,唯有在这"对影成三人"之际才暂时得以缓解。

杜甫与李白是好友,杜甫曾忆自己与李白"醉眠秋共被,携手日同行"。杜甫是律诗的文体大师,他比同时代任何诗人更自觉地运用了口语和日常表达,他也比同时代任何诗人都善于运用稠密修饰的语言,他是最博学的诗人,善用深奥的典故成语,让人感受到语言的历史性。青年杜甫"会当凌绝顶,一览众山小"(《望岳》),后期杜甫风格"沉郁顿挫",富含深沉的力量,一首《登高》堪称标杆:"风急天高猿啸哀,渚清沙白鸟飞回。无边落木萧萧下,不尽长江滚滚来。万里悲秋常作客,百年多病独登台。艰难苦恨繁霜鬓,潦倒新停浊酒杯。"杜诗清新之作也一样登峰造极,如一首《春夜喜雨》:"好雨知时节,当春乃发生。随风潜入夜,润物细无声。野径云俱黑,江船火独明。晓看红湿处,花重锦官城。"不经意间将一场春雨写得栩栩如生,可爱至极。观杜甫后期诗歌,不乏惆怅悲凉之色,然无论处何种境遇,诗人内心却始终有一股热流,有一股遏制不住的生命力在激荡,能从逆境中焕发出积极入世的精神和永不衰竭的热情,这正是盛唐气象在诗人身上的体现。

唐代边塞诗诸家也是盛唐气象的杰出代表。边塞诗在《诗经》中就已经出现,但直到盛唐才蔚为大观。唐代孕育了一大批边塞诗人,盛唐边塞诗充满了青春、刚健的气息,其内涵丰富,风格各异,既有慷慨报国的英雄气概和不畏艰苦的乐观精神、进取精神("黄沙百战穿金甲,不破楼兰终不还"),又具有反思战争的悲悯情怀("战士军前半生死,美人帐下犹歌舞");既具有壮志凌云的豪放("醉卧沙场君莫笑,古来征战几人回"),又满是人情味的浓烈("不知何处吹芦管,一夜征人尽望乡")。盛唐边塞诗的最杰出代表是高适和岑参,特别是岑参的一首《白雪歌送武判官归京》:"北风卷地白草折,胡天八月即飞雪。忽如一夜春风来,千树万树梨花开。散入珠帘湿罗幕,狐裘不暖锦衾薄。将军角弓不得控,都护铁衣冷难着。瀚海阑干百丈冰,愁云惨淡万里凝。中军置酒饮归客,胡琴琵琶与羌笛。纷纷暮雪下辕门,风掣红旗冻不翻。"既绮丽壮美,又单纯空灵。盛唐之后,边塞诗不再。

盛唐山水田园诗也很发达。受陶渊明诗歌和佛教、道教文化的影响,山水田园诗在盛唐迎来发展的高峰。盛唐山水田园诗代表诗人是孟浩然和王维。孟浩然的山水田园诗以朴实取胜,如《春晓》:"春眠不觉晓,处处闻啼鸟。夜来风雨声,花落知多少。"言浅意浓,自然天成。王维的山水田园诗则以"空"取胜。如"空山不见人,但闻人语响。返景入深林,复照青苔上"(《鹿柴》)。再如"空山新雨后,天气晚来秋。明月松间照,清泉石上流。竹喧归浣女,莲动下渔舟。随意春芳歇,王孙自可留"(《山居秋暝》)。当然山水田园诗并不能代表王维诗的全貌,要全面了解王维的诗歌创作成就必须欣赏诗人其他的诗歌,如"红豆生南国,春来发几枝""独在异乡为异客,每逢佳节倍思亲""渭城朝雨浥轻尘,客舍青青柳色新"等。

三、中晚唐诗

盛唐气象过后,是以韩愈、元白(元稹和白居易)、刘柳(刘禹锡和柳宗元)和李贺为主角的中唐诗风。

韩愈、元白能成为这一时期文坛的主角,除诗歌外,也在于其所提倡的文学运动——韩愈的古文运动,以及白居易与元稹共同提倡的新乐府运动。中唐诗人中,韩愈喜用险句,奇绝险峻,意象瑰奇,极富笔力,影响到后来贾岛及一拨苦吟诗人。中国传统诗歌崇尚宁静淡泊和温柔敦厚,而韩愈把强烈的内心躁动情绪带入诗歌之中是一种变奏,此正所谓"情激而变调"。如:"云横秦岭家何在?雪拥蓝关马不前。知汝远来应有意,好收吾骨瘴江边。"(《左迁至蓝关示侄孙湘》)韩愈的诗歌成就不如散文,苏轼曾赞韩愈"文起八代之衰,而道济天下之溺",这一说法显然不能套用到韩愈的诗歌上。与韩愈相对照,白居易显然属于另一类型的诗人,其较之韩愈,情致要浪漫得多,也更接近世俗。白居易喜欢采用日常的题材和家常化的写法,吸收口语和民歌成分,以平易而最近乎人情的方式来进行诗歌表达。白居易在乐府诗上动足脑筋,开辟了新乐府的新路向,以浅白通俗为其特征。受新乐府影响进行创作的诗人,中唐有很多,然就诗作的质量和影响而言,无疑还是首推白居易,其《琵琶行》《长恨歌》《卖炭翁》等均是脍炙人口的名篇。元稹的过人之处在于诉请,"曾经沧海难为水,除却巫山不是云。取次花丛懒回顾,半缘修道半缘君"。短短四句,道尽情的深切和决绝。

与元白相比,柳宗元和刘禹锡是中唐诗歌的另一番气象。严羽《沧浪诗话》评价中唐诗人时说:"惟柳子厚深得'骚'学。"柳诗具有一种非凡的气度和人格力量,最能表现这种气度和力量的是那首老少皆知的《江雪》:"千山鸟飞绝,万径人踪灭。孤舟蓑笠翁,独钓寒江雪。"这种孤傲的气度和力量,决定了柳宗元诗歌的高度。刘禹锡是柳宗元的挚友,比之柳宗元文风的孤傲和峻峭,刘禹锡展现的是气度和人格力量背后的开朗和豁达,如:"杨柳青青江水平,闻郎江上踏歌声。东边日出西边雨,道是无晴却有晴。"(《竹枝词·其一》)再如:"朱雀桥边野草花,乌衣巷口夕阳斜。旧时王谢堂前燕,飞入寻常百姓家。"(《乌衣巷》)与柳宗元一样一身傲气的还有中唐天才诗人李贺,其乃少年天才,信笔由缰,处处皆神来之笔,中唐诗才,无出其右。"黑云压城城欲摧,甲光向日金鳞开。角声满天秋色里,塞上燕脂凝夜紫。半卷红旗临易水,霜重鼓寒声不起。报君黄金台上意,提携玉龙为君死。"一首《雁门太守行》太瑰丽、太青春、太激情,也太空灵,让多少诗人诗作黯然失色。据说韩愈在仅读了开首两句后就极为欣赏,派人紧急把李贺叫来。李白之后,李贺又用他短暂的青春重新诠释了什么是诗歌天才。

中唐诗坛,色彩纷呈。中唐诗人中,还有孟郊、贾岛、李绅、张籍等,其诗歌创作也能自成气韵和风格,但综观中唐诗歌,还是以元白、柳刘、李贺为标杆,他们撑起中唐诗歌的绚丽天空,影响深远。

晚唐政治状况是王室相残,宦官专权,藩镇割据,战乱屡起,这深刻影响到晚唐诗人的创作。在晚唐,韩、白那种趋向于奇险或平易的笔法，并不为晚唐诗人所崇尚，韩、白两派从宝历年间以后就逐渐失去了领导诗歌主流的力量，诗歌界也就自然会有新的诗歌群体出现。"诗品王官莫细论，开成而后半西昆"（《白鹤山房诗钞》），开成以后，诗坛有一半在李商隐的"势力范围"之内。还有一位诗人在晚唐影响也很大——贾岛，从而形成两个大的诗歌群体。一个是受贾岛影响的苦吟诗人群体。一个是以杜牧、温庭筠、李商隐为代表的诗人群体，他们更多都市色彩和政治色彩，他们那种结合自身怀抱未展、遭遇不公所抒发的国家命运和时代悲感，代表着晚唐诗歌的独特风貌，独有韵味。

晚唐诗坛，才子辈出，群星璀璨，是中国诗歌又一高峰。温庭筠出身名门，但生性不喜仕途，蔑视权贵，游迹江湖，终身潦倒。温庭筠其诗绝佳，一句"鸡声茅店月，人迹板桥霜"让北宋欧阳修爱不释手。再看《咸阳值雨》："咸阳桥上雨如悬，万点空濛隔钓船。还似洞庭春水色，晓云将入岳阳天。"如此纯净、有情和空灵。更难得的是温庭筠不仅是有唐一代的一流诗人，还是晚唐上乘词家，他将由民间歌妓演唱的词曲词牌，写出了前无古人的人文境界，成为日后宋词的开山宗师，可说此后宋词的辉煌自温庭筠之笔起。"梳洗罢，独倚望江楼。过尽千帆皆不是，斜晖脉脉水悠悠。肠断白蘋洲。"这是著名的《望江南》，流水悠悠，情谊绵绵，短短几句，情思深长，景色浩淼。

李商隐诗作，世人首推《锦瑟》："锦瑟无端五十弦，一弦一柱思华年。庄生晓梦迷蝴蝶，望帝春心托杜鹃。沧海月明珠有泪，蓝田日暖玉生烟。此情可待成追忆，只是当时已惘然。"情不知何所起，亦不知何所终，无处解脱，无法言说，毫不夸张，毫不滥情，人生有多少情意和困惑是无法说清、无法道明的啊，该诗无愧史上最著名之"朦胧诗"。再看另一首千古绝响《无题》："相见时难别亦难，东风无力百花残。春蚕到死丝方尽，蜡炬成灰泪始干。晓镜但愁云鬓改，夜吟应觉月光寒。蓬山此去无多路，青鸟殷勤为探看。"问世间情为何物？情是"春蚕到死丝方尽，蜡炬成灰泪始干"，如此之情深，让人潸然泪下。李商隐一生仕途坎坷，却一生不屈从、不阿谀，活得自尊而高贵，读李商隐诗，需要读懂其人，再读其诗。相比中唐的元白，李商隐的诗歌"沉潜而幽深"，梁启超如此评价李商隐的诗："我理会不着，拆开一句一句让我解释,我连文意也解不出来,但是我觉得他美,读起来令我精神得到一种新鲜的愉快。"(《饮冰室文集·中国韵文内所表现的情感》)同样是元白式的日常生活的叙述,但在李商隐这里却蕴藉深远,"君问归期未有期,巴山夜雨涨秋池。何当共剪西窗烛,却话巴山夜雨时"(《夜雨寄北》)。

晚唐代表诗人还有杜牧,他出身名家,其开始诗歌创作比李商隐略早,李商隐赠诗称"刻意伤春复伤别,人间唯有杜司勋"(《杜司勋》)。杜牧的一些为人称赞的讽喻诗(感叹兴亡之作),略少了一些人情味和自然的性情,如"烟笼寒水月笼沙,夜泊秦淮近酒家。商女不知亡国恨,隔江犹唱后庭花"(《泊秦淮》)。总体而言,杜牧的讽喻诗有点偏冷,反而是不那么涉及讽喻的一些诗歌,更为自然和富有性情,如《山行》:"远上寒山石径斜,白云生处有人家。停车坐爱枫林晚,霜叶红于二月花。"情韵悠扬,余味无穷。

晚唐诗歌不得不提的还有韦庄和他的《秦妇吟》,该诗笔力雄健,深刻洞察晚唐历史,具有史诗意味和人本情怀,《秦妇吟》直承元白新乐府而来,但又打破了新乐府的局限。除了元白,韦庄诗作更深受杜甫影响,陈寅恪《读秦妇吟》一文说韦庄"生平心仪子美,至以草堂为居,《浣花》名集",韦庄的《秦妇吟》可以看作是晚唐诗歌的一个雄伟句号。晚唐诗歌,就此落幕,新的诗体——词,已然在路上。

第二节 宋词的情致

一、诗词之别

历史上各种文学体裁的代谢兴替,都存在着文学自身衍变的规律。中国古典诗歌从西周发展至唐代,经一千五百年之久,可以说已达到极盛。鲁迅曾说,一切好诗到唐代已经作完(《致杨霁云》),事极则变,以此观之,宋词的出现就自然是顺理成章的了。宋词的体裁,在某种意义上可以说是兼具古体诗和格律诗二者形式上的优长,而又"别是一家"(《词论》)。诗和词在写作上的不同可用四个字来概括,即"填词赋诗",具体而言,主要有以下几方面。

第一，词依曲调为词牌，题目可有可无。词是一种音乐文学，最初都是合乐而唱的，词都有词牌名，如《满庭芳》《一剪梅》《雨霖铃》《兰陵王》《摸鱼儿》等，多半是乐曲原来的名称，即词牌是由乐谱发展而来，因而词的句法、韵式、声调等均是由音乐旋律来决定的。

第二，词依乐段分片，片有定式。整个词的体式是固定的，即每个固定的词调都有固定的结构。音乐每演奏一段叫一片，一片自成一段，如同现在歌曲的演唱一样。词一般分单片、双片、三片或四片，早期词多单片，它一般字数少，韵脚密。双片在词中最为常见，双片的字数有少有多。双片的词又称"两阕"，乐曲终了叫"阕"，双片的词前一段叫上阕（或上片），后一段叫下阕（或下片）。

第三，词要依词腔押韵，韵位疏密无定。词在用韵上非常讲究，每个词调都有自己用韵的格式。诗用韵，除少数句句韵外（七言柏梁体），都是隔句用韵；古体可以中途换韵，近体必须一韵到底。而词可以说每种词调都有自己的用韵要求。韵字的位置，是否换韵，如何换韵，都有严格的规定。

第四，词的句式参差不齐。因为词是依曲拍为句，所以词是长短句。"长短句"是词的又一别名，较之律诗，长短句更为自由，更适合表达人的情感。

第五，词依据唱腔用字，讲究四声。词的格律句最短的只有一个字，最长的据词谱可达十一个字，各类句子都有一定的平仄格式。词调平仄比格律诗还要严格，有时不仅要讲究平仄，还要细分平上去入，此外还有尾句、过片等也往往十分讲究四声。

总之，词有着严格的格律，填词也好，读词也罢，不能不明词之格律。词的格律在两宋逐渐定型，形成"调有定句、句有定字、字有定声（平仄）"，其成熟与定型应归功于两宋各大词家的努力。

那么在风格上，诗和词有哪些不同呢？"诗庄词媚"是比较经典的说法。两相比较，诗歌是偏庄重的，词是偏妩媚的。宋词大家李清照在其《词论》中强调"词别是一家"，就是从这一角度而言的。诗词的起源不同，词是曲子词、曲子的别名，其缘起与市井流行音乐有极为密切的关系，作为配乐的歌词，词必须按照乐谱的音律、节奏来进行创作，其句式长短不一，句法参差错落，还有多种词牌可供选择，因而在传达人们内心隐秘情感时具有诗不可比拟的优越性,尤其适合抒情。从词的起源看,古人谓"词乃艳科"是非常有道理的,当其婉转于市井楼榭歌妓之口时,必然追求打动人心的细腻微妙的情愫,因而形成其在风格上的温雅声情、细巧绰约。相较而言,诗就显得要庄重古朴了。

诗庄词媚的差异同时也会带来诗人和词人在气质上的不同。王国维曾言:"词之为体,要眇宜修,能言诗之所不能言,而不能尽言诗之所能言。诗之境阔,词之言长。"(《人间词话》)我们举李清照作品的例子来看,"梧桐更兼细雨,到黄昏、点点滴滴。这次第,怎一个愁字了得!"这是词;"水通南国三千里,气压江城十四州",这是诗。诗词风格之差异,由此可见一斑。

二、北宋词

北宋文人,虽不像唐代那么俊采星驰,但也星光灿烂,最先创造此灿烂篇章的乃晏殊、晏几道和欧阳修三人。晏殊是北宋名臣,但他成名之处尤在其词学,他是第一个用自己的才华走入宋词领域的诗人,成为北宋初期词家的开山之祖,他的词融会了晚唐五代词风而又自成一格,其作品婉柔而富有诗意,有时且含蕴着一种凄婉的诗人情绪,如:"时光只能催人老,不信多情,长恨离亭,泪滴春衫酒易醒。梧桐昨夜西风急,淡月胧明,好梦频惊,何处高楼雁一声?"(《采桑子》)"昨夜西风凋碧树。独上高楼,望尽天涯路。欲寄彩笺兼尺素。山长水阔知何处。"(《鹊踏枝》)虽凄伤,但又疏阔、敦厚,其词风对欧阳修和晏几道影响很大。晏几道世称小晏,为晏殊子,小晏词作清丽精致,最能道出其词风的是他的《鹧鸪天》下阕:"春悄悄,夜迢迢。碧云天共楚宫遥。梦魂惯得无拘检,又踏杨花过谢桥。"诗情凄艳异常,词句精致唯美,但稍显矜持。大晏、小晏尽管各有风格,但就艺术突破性而言,他们的词应还是晚唐小令之词的延续而已。欧阳修是一位历经三朝的名臣、北宋儒林的中坚人物,但其词作中看不到严肃卫道的面孔,欧阳修的词作比较清朗、随和且豁达,故其作词虽有悲情也颇为温馨。"庭院深深深几许,杨柳堆烟,帘幕无重数。玉勒雕鞍游冶处,楼高不见章台路。　雨横风狂三月暮,门掩黄昏,无计留春住。

泪眼问花花不语,乱红飞过秋千去。"(《蝶恋花》)庭院、烟柳、风雨、黄昏、泪眼,已经足够凄凉,但结句"乱红飞过秋千去",人、花完全化为一体,含无尽深意。欧阳修词可说是官宦之词的典范,但因其官宦气也自然略少了一份世俗的人情味。

"词至柳永而大变。"由宋仁宗天圣中起,柳永之词彻底改变了宋词的风貌。就形式而言,柳永之前词家写小令,至柳永方才由小令转向慢词,柳永是一道泾渭分明的分界线。就内容而言,柳词的丰富性远超宋初诸家,柳词写尽宋之风情,堪与北宋名图《清明上河图》交相辉映。柳词脱尽了花间以来词人填词的术语、腔调以及内容,可称词至柳永乃大解放。柳永以"白衣卿相"自封,他以忠实而清婉的笔调,写出内在真挚的情绪。"临风想佳丽,别后愁颜。"(《雪梅香》)"一日不思量,也攒眉千度。"(《昼夜乐》)"执手相看泪眼,竟无语凝噎。"(《雨霖铃》)"衣带渐宽终不悔,为伊消得人憔悴。"(《蝶恋花》)别以为柳永主情的文字没有历史内涵,恰恰相反,一生漂泊江湖的柳永,最接近凡人,又自成高格,写尽宋朝的繁华与寂寞、世态与人情,一句"今宵酒醒何处?杨柳岸,晓风残月"道尽宋朝人文气象。别以为柳词"词语尘下"(李清照语)、缠绵婉约,但内在是"对潇潇暮雨洒江天,一番洗清秋","不减唐人高处"(苏轼语)。柳永是"晚秋天。一霎微雨洒庭轩。槛菊萧疏,井梧零乱惹残烟。凄然。望江关。飞云黯淡夕阳间。当时宋玉悲感,向此临水与登山。远道迢递,行人凄楚,倦听陇水潺湲。正蝉吟败叶,蛩响衰草,相应喧喧……"(《戚氏》),柳词是"便纵有千种风情,更与何人说"(《雨霖铃》)。

与柳永在北宋双峰并立的是苏轼。苏轼除了儒家秉性外,尚有道家性情、佛家风韵,哪怕仕途坎坷,也能以淡然之心处之,"此心安处是吾乡",苏轼词可以说是典型的士大夫词,虽满是文人气(除掉了官宦之气),但毫不做作,皆为性情之作。"十年生死两茫茫。不思量。自难忘。千里孤坟,无处话凄凉。纵使相逢应不识,尘满面,鬓如霜。　　夜来幽梦忽还乡。小轩窗。正梳妆。相顾无言,惟有泪千行。料得年年肠断处,明月夜,短松冈。"(《江城子》)一气呵成,千古绝唱。不论是现实中还是回忆中,最平凡、最日常的细节才是最永恒的情感,一如"小轩窗。正梳妆"。"莫听穿林打叶声,何妨吟啸且徐行。竹杖芒鞋轻胜马，谁怕？一蓑烟雨任平生。　料峭春风吹酒醒，微冷，山头斜照却相迎。回首向来萧瑟处，归去，也无风雨也无晴。"(《定风波》)自由、率性、洒脱、豁达、潇洒、飘逸，这正是苏轼的性情所在，苏轼词作常为不经意出之，有时甚至不顾及音律，但这对苏轼又"何妨"！苏轼之多才和任性，亦于词之婉约传统外开创了豪放词，如"大江东去，浪淘尽千古风流人物"(《念奴娇》)。

　　在柳、苏两位开宗立派的人物影响下，首先应该提到的词人是秦观，其词"情韵兼胜"。秦观是苏门四学士之一，但秦观词不像苏轼那般任性，反而遣词严谨，极尽精致。"雾失楼台，月迷津渡，桃源望断无寻处。可堪孤馆闭春寒，杜鹃声里斜阳暮。　驿寄梅花，鱼传尺素，砌成此恨无重数。郴江幸自绕郴山，为谁流下潇湘去。"内心之情如泣如诉，如潺潺流水，无限惆怅与感伤，"郴江幸自绕郴山，为谁流下潇湘去"一句为东坡绝爱——"少游已矣，虽万人何赎。"对秦观词批评者不多，李清照是其中一位，其言秦观词"少故实"，这或与词人经历有关，秦观或真有点"可堪孤馆闭春寒"①，若以挑剔眼光看，确乎少了一番人生历练所带来的独特性情。

　　与秦观同时的，特别有代表性的词人，当推贺铸，一首《青玉案》是其绝唱："凌波不过横塘路。但目送、芳尘去。锦瑟华年谁与度。月桥花院，琐窗朱户。只有春知处。　飞云冉冉蘅皋暮。彩笔新题断肠句。若问闲情都几许。一川烟草，满城风絮。梅子黄时雨。"健笔写柔情，豪气与温婉并举。闲愁发酵，穿越时空，纵扬千古。"杨柳回塘，鸳鸯别浦。绿萍涨断莲舟路。断无蜂蝶慕幽香，红衣脱尽芳心苦。　返照迎潮，行云带雨。依依似与骚人语。当年不肯嫁春风，无端却被秋风误。"贺铸多了秦观的"故实"，其生性孤傲，不肯阿谀于人，"当年不肯嫁春风，无端却被秋风误"正是其自身心性品格的写照。

　　北宋后期词家均在模仿前期柳、苏、秦、贺诸家的风调，尤以周邦彦的成绩最为优异。周邦彦精通音律。周词善于化融诗句，工于描

---

①　王国维《人间词话》评秦观："少游词境最为凄婉，至'可堪孤馆闭春寒，杜鹃声里斜阳暮'，则变而为凄厉矣。"

写景物,后人评其"无一词不精美,无一句不清倩"。周词曲径通幽,于轻柔婉约之外含有一种极其细微敏锐的感觉。周邦彦是由北宋到南宋词风转变的一个枢纽和过渡。

三、南宋词

南宋词坛李清照和辛弃疾双峰并立,傲视其他词人。李清照词幽媚、柔婉、流畅,机杼天成,远非同辈词人所能企及,她的词以金兵攻占汴京为分界线,分为前后两个时期。前期词"清丽其词,端庄其品"(赵明诚语)。"昨夜雨疏风骤,浓睡不消残酒。试问卷帘人,却道海棠依旧。知否。知否。应是绿肥红瘦。"这首是李清照少女时代名动京城的《如梦令》,清新亮丽,优美单纯。"薄雾浓云愁永昼,瑞脑消金兽。佳节又重阳,玉枕纱厨,半夜凉初透。 东篱把酒黄昏后,有暗香盈袖。莫道不消魂。帘卷西风,人比黄花瘦。"清丽,含蕴,又不失端庄,古诗词中以花喻人瘦的句子屡见不鲜,但均不及李清照"帘卷西风,人比黄花瘦"生动感人。"红藕香残玉簟秋。轻解罗裳,独上兰舟。云中谁寄锦书来,雁字回时,月满西楼。 花自飘零水自流。一种相思,两处闲愁。此情无计可消除,才下眉头,却上心头。"全词设色清丽,精秀特绝,语意超逸,可见李清照作词的功力之深湛,非一般词人可比拟。

浓厚的学术氛围,美满的爱情婚姻,茶余饭后的诗词唱和,平淡幸福的生活,这美好的一切都随着金兵的入侵而消失。南渡以后,李清照历经坎坷艰辛,备尝国破家亡和颠沛流离之苦,目睹种种残酷、动荡的现实,词人将个人命运与家国命运融合在一起,形成了其词的另一番风格。南渡后李清照的词作打上了深深的时代烙印,早年的那种开朗和乐观,此时已经消失了,"物是人非事事休"(《武陵春》),她经历的不仅是个人生活中的变化,个人情感中的不幸经历,而且是作为民族的一员在那种战乱的时代中无法避免的"黍离之悲"。正因如此,她后期词作中出现的忧愁尤为深广、沉重。她晚年的杰作《声声慢》中所表现出的愁苦与《如梦令》《醉花阴》中的春愁、离愁已是别一番形态。但愁苦、孤独、悲凉只是李清照词的表层,在离愁孤恨的里面透出的是词人悲悯的情怀、高贵的气度和苍劲坚韧的秉性,是词人的至情至性,一如词人喜爱的"屈平陶令"(《多丽·小楼寒》)。

　　与李清照比肩而立的是南宋一位横空出世的词人辛弃疾。与李清照一样,辛弃疾也有着坎坷的人生,辛弃疾能文能武,年轻时曾率五十骑闯五万人敌营,擒叛将首领而归。南渡后,其空有一身本领却英雄无用武之地,唯有将壮志难酬的无奈倾注于词中。他的河山之痛,故国之思,权奸当路之愤,以及豪爽负气的个性,都从他的词里奔涌出来,如长江赴海,回肠荡气,令人震撼扼腕。"楚天千里清秋,水随天去秋无际。遥岑远目,献愁供恨,玉簪螺髻。落日楼头,断鸿声里,江南游子。把吴钩看了,栏杆拍遍,无人会,登临意。　休说鲈鱼堪脍,尽西风,季鹰归未? 求田问舍,怕应羞见,刘郎才气。可惜流年,忧愁风雨,树犹如此! 倩何人唤取,红巾翠袖,揾英雄泪?"(《水龙吟》)沉郁悲愤之中透出英风豪气,英雄豪气中又处处现肝肠寸断之情,"无人会,登临意",多么深的孤寂和无奈啊,这种孤寂,南宋一代只有李清照词可堪知音了。世人说辛词豪放,然刘克庄言:"其秾纤绵密,亦不在小晏、秦郎之下。"这种秾纤婉约再次被写到极致的,首推辛弃疾晚年的那首绝唱《青玉案·元夕》:"东风夜放花千树,更吹落,星如雨。宝马雕车香满路。凤箫声动,玉壶光转,一夜鱼龙舞。　蛾儿雪柳黄金缕,笑语盈盈暗香去。众里寻他千百度。蓦然回首,那人却在、灯火阑珊处。"结合全词,最后一句理解起来充满歧义,是欢喜,是孤独,是失落,是茫然,还是无奈,抑或希冀……或许辛弃疾所写《丑奴儿》才是这一句的答案吧:"少年不识愁滋味,爱上层楼。爱上层楼,为赋新词强说愁。　而今识尽愁滋味,欲说还休。欲说还休,却道天凉好个秋。"从翩翩少年到落寞英雄,华发已生,壮志难酬,然初心不改,无尽唏嘘,无尽惆怅……只能"却道天凉好个秋"。这就是辛弃疾,看看这样的词作,辛弃疾之后还有哪位词人能抵达如此的境地?

　　南宋还有一位在当时负有盛名且后来影响颇大的词人——姜夔,其词精于文字,工于声律,多写清贫云游之历,以冷香幽韵和瘦骨逸神为风格。姜夔的代表作是《扬州慢》,其中有名句:"二十四桥仍在,波心荡,冷月无声。念桥边红药,年年知为谁生。"姜夔被世人称为"数峰清苦"①,比较辛、李,姜夔词少了一份性情,其词无论意境、情境,均离李清照和辛弃疾较远。姜夔的《白石说诗》是有影响的古代诗论典籍,其把"自然"看作诗词创作的至尊境界,极有见地。

本章文选

一、李白《将进酒》[1]

君不见,黄河之水天上来[2],奔流到海不复回。
君不见,高堂明镜悲白发,朝如青丝暮成雪[3]。
人生得意须尽欢[4],莫使金樽空对月。
天生我材必有用,千金散尽还复来。
烹羊宰牛且为乐,会须一饮三百杯[5]。
岑夫子,丹丘生[6],将进酒,杯莫停。
与君歌一曲[7],请君为我倾耳听。
钟鼓馔玉不足贵[8],但愿长醉不复醒。
古来圣贤皆寂寞,惟有饮者留其名。
陈王昔时宴平乐,斗酒十千恣欢谑[9]。
主人何为言少钱,径须沽取对君酌[10]。
五花马,千金裘,呼儿将出换美酒,与尔同销万古愁[11]。

(据《李太白全集》,中华书局 2011 年版)

[1] 将(qiāng)进酒:请饮酒。乐府古题,原是汉乐府短箫铙歌的曲调。《乐府诗集》卷十六引《古今乐录》曰:"汉鼓吹铙歌十八曲,九曰《将进酒》。"《敦煌诗集残卷》三个手抄本此诗均题作"惜樽空"。《文苑英华》卷三三六题作"惜空樽酒"。将:请。
[2] 君不见:乐府诗常用作提醒人语。天上来:黄河发源于青海,因那里地势极高,故称。
[3] 高堂:房屋的正室厅堂。一作"床头"。青丝:喻柔软的黑发。
[4] 得意:适意高兴的时候。
[5] 会须:正应当。

---

① 来自姜夔词《点绛唇》:"燕雁无心,太湖西畔随云去。数峰清苦。商略黄昏雨。第四桥边,拟共天随住。今何许。凭阑怀古。残柳参差舞。"

[6] 岑夫子:岑勋。丹丘生:元丹丘。二人均为李白的好友。
[7] 与君:给你们,为你们。指岑、元二人。
[8] 钟鼓:富贵人家宴会中奏乐使用的乐器。馔(zhuàn)玉:形容食物如玉一样精美。
[9] 陈王:指陈思王曹植。平乐(lè):观名。在洛阳西门外,为汉代富豪显贵的娱乐场所。恣:纵情任意。谑(xuè):戏。
[10] 径须:干脆,只管。沽:通"酤",买。
[11] 五花马:指名贵的马。一说毛色作五花纹,一说颈上长毛修剪成五瓣。尔:你。

二、杜甫《秋兴八首》(其一)[1]

玉露凋伤枫树林[2],巫山巫峡气萧森[3]。
江间波浪兼天涌[4],塞上风云接地阴[5]。
丛菊两开他日泪[6],孤舟一系故园心[7]。
寒衣处处催刀尺[8],白帝城高急暮砧[9]。

(据仇兆鳌:《杜诗详注》,中华书局2015年版)

[1]《秋兴八首》是唐太宗大历元年(766)杜甫漂泊寄居夔州(今重庆奉节)时所作的八首七律组诗。秋兴:因秋色秋景而感发情怀。
[2] 玉露:白露的美称。凋伤:指树木因霜打而凋残。
[3] 气萧森:气象萧索阴森。
[4] 兼天涌:连天涌,波浪滔天。
[5] 塞:关隘险地曰塞。此指巫峡两边的高山,一说指夔州。
[6] 开:双关,既指花开,又启引人忆想往事而伤心落泪之深意。他日泪:因想往事而流泪。"丛菊"句谓寄居夔州已经两年,东归之愿仍难实现,每见菊花绽放就流泪。杜甫于永泰元年(765)离开成都,次年三月至夔州,因无船离开三峡而滞留两年。
[7] 系:双关,既指系船,滞留夔州,不得东归,又含牵系家国思念之浓情。故园:即故乡。杜甫一贯把长安看作自己的第二故乡。
[8] 寒衣:御寒的冬衣。催刀尺:急着赶制衣服,刀、尺,都是裁剪衣服的工具。
[9] 白帝城:地名,在今重庆奉节东面白帝山上。砧(zhēn):捣衣石。

三、宋词三首

1. 柳永《八声甘州·对潇潇暮雨洒江天》[1]

对潇潇暮雨洒江天[2],一番洗清秋[3]。渐霜风凄紧[4],关河冷落[5],残照当楼。是处红衰翠减[6],苒苒物华休[7]。唯有长江水,无语东流。

不忍登高临远,望故乡渺邈[8],归思难收[9]。叹年来踪迹,何事苦淹留?[10]想佳人,妆楼颙望[11],误几回、天际识归舟[12]。争知我[13]、倚栏杆处,正恁凝愁![14]

(据薛瑞生:《乐章集校注》,中华书局2012年版)

[1] 八声甘州:一名"甘州",本唐玄宗时教坊大曲名,来自西域,后用为词调。《词谱》卷二十五:"按词调前后段八韵,故名八声,乃慢词也。"
[2] 潇潇:形容雨势急骤。
[3] 洗:洗涤,这里有改变的意思。"一番"句谓急雨后江山如洗,秋景显得明净。
[4] 凄紧:凄清而急剧。
[5] 关:关塞。河:江河。关河:指旅途中经过的关口和河道,此处泛指山河。冷落:冷清。
[6] 是处:到处,处处。红衰翠减:形容花木凋零。红:谓花。翠:谓叶。
[7] 苒苒:同"荏苒",指光阴流逝。物华:美好的景物。休:凋残。
[8] 渺邈:渺茫,遥远。漂泊异乡,登高临远,往往易发故乡之思,因而"不忍"。
[9] 归思:思归之情。收:停止。
[10] 年来:近年以来或一年以来。淹留:久留,滞留,即久留他乡。
[11] 颙(yóng)望:举头凝望,因痴痴凝望而发呆。
[12] "误几回"句:好几次,都将别人的归舟当作是自己丈夫的归舟了。天际识归舟:化用谢朓《之宣城郡出新林浦向板桥》诗:"天际识归舟,云中辨江树。"和温庭筠《望江南》词:"过尽千帆皆不是,斜晖脉脉水悠悠。"
[13] 争:怎么。
[14] 恁:如此,这样。凝愁:忧愁凝结不解。

2. 辛弃疾《贺新郎·同父见和再用韵答之》[1]

老大那堪说。似而今、元龙臭味[2],孟公瓜葛[3]。我病君来高歌饮,惊散楼头飞雪。笑富贵千钧如发[4]。硬语盘空谁来听?[5]记当时、只有西窗月。重进酒,换鸣瑟。

事无两样人心别。问渠侬、神州毕竟[6],几番离合?[7]汗血盐车无人顾[8],千里空收骏骨[9]。正目断关河路绝。我最怜君中宵舞[10],道男儿、到死心如铁。看试手,补天裂[11]。

(据邓广铭:《稼轩词编年笺注》,上海古籍出版社2007年版)

[1] 贺新郎:词调名。同父:陈亮(1143—1194),永康人,南宋著名学者,文学家。绍熙四年(1193)进士第一,授签书建康判官厅公事,未及赴任而卒。他才气超迈,力主抗战而反对与金议和。辛弃疾原有赠送陈亮的《贺新郎·把酒长亭说》,陈亮和以《贺新郎·寄辛幼安和见怀韵》,辛弃疾读后,

又作此词再和。

[2] 元龙：东汉末陈登的字。据《三国志》载：许汜在刘备面前不满陈登"湖海之士，豪气不除"，埋怨自己去见陈，陈竟"久不相与语，自上大床卧，使客卧下床"。刘备便说："君有国士之名，今天下大乱……望君忧国忘家有救世之意，而君求田问舍，言无可采。是元龙所讳也，何缘当与君语？"意谓求田问舍之私，志士所耻。臭味：气味。此句表示词人与陈亮情投意合。

[3] 孟公：西汉著名游侠陈尊的字。据《汉书·游侠传》："遵嗜酒，每大饮，宾客满堂，辄关门，取客车辖投井中，虽有急，终不得去。"瓜葛：指关系或共同之处。

[4] 千钧如发：视千钧之重如毛发之轻。

[5] 硬语盘空：韩愈《荐士》诗云："横空盘硬语，妥贴力排奡。"此处借喻不合当政者所好的言论文章之慷慨激烈。

[6] 梁侬：吴语方言，他。高德基《平江纪事》："盖以乡人自称曰'吾侬'、'我侬'，称他人曰'渠侬'，问人曰'谁侬'。"

[7] 离合：离指国家分裂，合指天下统一。

[8] 汗血盐车：据《汉书·武帝纪》记载，汗血是出自西域的纯种良马，其汗如血，日行千里。另据《战国策·楚策》载，老骥驾着运盐的马车上太行山，"蹄申膝折，负辕而不能上，伯乐遭之，下车攀而哭之"。这里将两个典故合在一起。

[9] 收骏骨：据《战国策·燕策》载，燕昭王即位后，欲招天下贤士，郭隗劝他用千金求千里马，结果仅得马骨，但天下人从此知道了昭王的心意，不久燕国便得到了千里马，随后名将乐毅等人前来投奔。

[10] 中宵舞：《晋书·祖逖传》："逖与司空刘琨俱为司州主簿，情好绸缪，共被同寝。中夜，闻荒鸡鸣，蹴琨觉曰：'此非恶声也。'因起舞。"

[11] 补天裂：古代神话有女娲炼五色石以补天裂的故事，见《淮南子·览冥训》。

3. 李清照《多丽·咏白菊》[1]

小楼寒，夜长帘幕低垂。恨萧萧、无情风雨，夜来揉损琼肌[2]。也不似、贵妃醉脸[3]，也不似、孙寿愁眉[4]。韩令偷香[5]，徐娘傅粉[6]，莫将比拟未新奇。细看取、屈平陶令[7]，风韵正相宜。微风起，清芬酝藉，不减酴醾[8]。

渐秋阑[9]、雪清玉瘦，向人无限依依。似愁凝、汉皋解珮[10]，似泪洒、纨扇题诗[11]。朗月清风，浓烟暗雨，天教憔悴度芳姿。纵爱惜，不知从此，留得几多时。人情好，何须更忆，泽畔东篱[12]。

（据徐培均：《李清照集笺注》，上海古籍出版社 2002 年版）

[1] 李清照所作咏白菊词。全词不仅仅是写白菊，更是借白菊以"外现"词人。
[2] 琼肌：指白菊美玉般的花瓣。

[3] 贵妃醉脸：指杨贵妃醉酒时娇艳动人的脸蛋儿。
[4] 孙寿愁眉：指孙寿曲折的细眉。《后汉书·梁冀传》："(梁冀妻孙寿)色美而善为妖态，作愁眉、啼妆、堕马髻、折腰步、龋齿笑等以为媚惑。"
[5] 韩令偷香：指韩寿所偷的奇香。据南朝宋刘义庆《世说新语·惑溺》载，晋时贾充属官韩寿美姿容，为充女所悦，充女以武帝赐充之奇香相赠，为充所觉，遂以女妻之。
[6] 徐娘傅粉：指徐妃奇异的妆容。《南史·梁元帝徐妃传》载，梁元帝妃徐昭佩"以帝眇一目，每知帝将至，必为半面妆以俟，帝见则大怒而出"。
[7] 屈平陶令：指屈原与陶渊明。屈原名平，陶渊明曾任彭泽令。
[8] 酴醾(tú mí)：又作"荼蘼"，花名，初夏开花。
[9] 秋阑：秋深。阑：将尽，将完。
[10] 汉皋(gāo)：山名，在湖北襄阳西北。佩：古人系于腰带上的饰品。相传周郑交甫于汉皋台下遇二女，二女解佩相赠。
[11] 纨(wān)扇题诗：指班婕妤题诗团扇以抒被弃之幽怨。纨扇：细绢制成的扇。《汉书·外戚传》载：班昭秀美能文，颇得成帝宠爱，封婕妤。后，赵飞燕姐妹专宠，性娇妒，昭退居长信宫，题《怨歌行》于团扇。
[12] 泽畔：指屈原。屈原《渔父》谓："屈原既放，游于江潭，行吟泽畔，颜色憔悴，形容枯槁。"

思考与练习

1. 唐诗和宋词有什么不同？
2. 你如何理解"诗庄词媚"？
3. 阅读下面的作品，然后选择一位诗人及其诗作，谈谈自己的体验。

(1) 王勃：《滕王阁序》《滕王阁诗》。

(2) 王维：《山居秋暝》《终南别业》《辛夷坞》。

(3) 李白：《将进酒》、《行路难》(其二)、《梦游天姥吟留别》、《陪侍御叔华登楼歌》、《独坐敬亭山》、《山中问答》、《长相思》、《月下独酌》、《侠客行》、《答王十二寒夜酌有怀》。

(4) 杜甫：《秋兴八首》(其一、其八)、《旅夜书怀》、《丽人行》、《无家别》、《登高》、《赠花卿》、《观公孙大娘弟子舞剑器行》、《小寒食舟中作》。

(5) 白居易：《问刘十九》、《琵琶行》、《长恨歌》。

(6) 李商隐：《哭刘蕡》、《安定城楼》、《贾生》、《马嵬》(其二)、《无题》(重帏深下莫愁堂)、《无题》(昨夜星辰昨夜风)、《无题》(飒飒东风细雨来)、《锦瑟》、《春雨》、《代赠》(楼上黄昏欲望休)、《嫦娥》、《夜饮》、《韩碑》、《隋宫》、《筹笔驿》、《碧城》(其一)、《端居》、《天涯》、《过楚宫》、《暮秋独游曲江》。

(7) 李贺：《雁门太守行》《致酒行》《苏小小墓》《金铜仙人辞汉歌》。

(8) 元稹：《遣悲怀》三首。

(9) 韩愈：《山石》。

(10) 李煜：《捣练子》《清平乐》《乌夜啼》《浪淘沙》。

(11) 欧阳修：《蝶恋花》(独倚危楼风细细)、《蝶恋花》(庭院深深深几许)、《蝶恋花》(谁道闲情抛弃久)、《踏莎行》(候馆梅残)。

(12) 王安石：《江上》。

(13) 王令：《暑旱苦热》。

(14) 柳永：《雨霖铃》《八声甘州》《望海潮》。

(15) 苏东坡：《吴中田妇叹》、《石巷舒醉墨》、《独觉》、《江城子·密州出猎》、《定风波》(莫听穿林打叶声)、《临江仙》(夜饮东坡醒复醉)、《江城子》(十年生死两茫茫)、《蝶恋花·春景》、《卜算子》(缺月挂疏桐)、《水调歌头》(明月几时有)。

(16) 晏几道：《临江仙》(梦后楼台高锁)、《鹧鸪天》(彩袖殷勤捧玉钟)。

(17) 秦观：《满庭芳》(山林微云)、《浣溪沙》(漠漠轻寒上小楼)。

(18) 李清照：《声声慢》(寻寻觅觅)、《多丽·咏白菊》《醉花阴》(薄雾浓云愁永昼)、《永遇乐》,《好事近》(风定落花深》、《减字木兰花》(卖花担上)、《如梦令》(常记溪亭日暮)。

(19) 辛弃疾：《丑奴儿》、《摸鱼儿》(更能消几番风雨)、《水龙吟》(登建康赏心亭)、《清平乐·村居》、《祝英台近·宝钗分》、《鹧鸪天》(枕簟溪堂冷欲秋)、《贺新郎》(同父见和再用韵答之)、《青玉案·元夕》。

第十章　知行合一

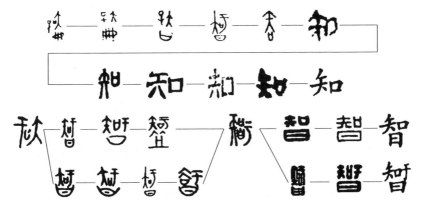

通过上面二图可知，知、智是一个字的两种不同发展结果，知字本身就包含智慧的意思。商代知字字形的左上是"子"，下方为"册"，表示小孩子通过读书获得知识；右上为"矢"，箭头的意思，代表了一个求知的方向，也可以理解为到达"获得了知识"这么个结果。

从商代字形可以看出，行字本义是道路，是对十字路口这个形象的描画，是名词，读 háng，因而在路上走也可以叫行，动词，读 xíng，引申而指实践。

因而，"知行合一"就包含了理论作用于实践、学习本身就是实践等含义。

第一节 宋明理学

宋明理学的产生,其源头在中唐以来的儒学复兴运动。儒学复兴运动的一个主要行为,就是古文运动①。而儒学复兴运动的出发点,在于如何抵制对社会产生重大影响的佛、道二教②,在于如何保持以儒家治理社会的"道统"。宋明理学的产生,是有其社会背景的。

一、理学的起源

研究理学的起源,必须由唐人,尤其是韩愈入手。钱穆先生说:"治宋学当何自始?曰,必始于唐,而以昌黎韩氏为之率。"③理由如本节开篇所说。韩愈的一生都与佛教斗争④紧密相连,他的贡献也体现在"严夷夏之辨"⑤、反对佛教、发明儒家道统⑥这几个方面。苏轼认为韩愈"文起八代之衰,而道济天下之溺"⑦,总结的两个方面都非常准确而深刻。而古文运动、儒学复兴运动的倡导者,基本都是在做这几件事。

以韩愈为代表的儒学复兴运动的鼓吹者们,摒弃骈文华而不实的文风、摒弃汉儒琐碎的章句之学,转向探求、发扬儒家道统。同时,针对佛教而做出的各种反对和攻击,也在另一方面促使儒家学者吸

---

① 唐宋古文运动是指唐代中期及至宋代以提倡古文、反对骈文为特征的文体改革运动,因文体的改革进而扩展到思想运动、社会运动的高度。韩愈最先提出"古文"概念,认为自己的散文继承了两汉传统,强调要以文明道,其目的即在于恢复古代儒学道统,将改革文风视为复兴儒学道统的方式,寻求一种便于表达正统儒家思想的文风。大家熟知的唐宋八大家,就是古文运动的代表,也是文学史上的高峰。

② 在人的精神生活层面,唐代士大夫的精神世界极大地被佛、道二教所统治,真正秉承儒家正统观念的人越来越少。在社会生活层面,佛教已经对社会经济产生了极大影响,所以有唐武宗灭佛之事。

③ 钱穆:《中国近三百年学术史》,中华书局1986年版,第1页。

④ 韩愈在《原道》中提出三个对待佛教的方式:人其人、火其书、庐其居。就是令僧尼还俗、焚烧佛教书籍、改造佛教寺观。

⑤ 严夷夏之辨是为了防止在包容、同化异质文明时导致自我主体性丧失。

⑥ 发明儒家道统,要做的是论证儒家学说的合理性、有效性、正当性、延续性,保证本土文化的主体地位不致丧失。

⑦ 韩愈的文章一改往日华而不实的骈文文风,便于阐述思想。韩愈儒学复兴的主张也力图并且一定程度上实现了儒学的回归。

收了很多佛教思想,丰富了儒学的思想内容。

但是,韩愈并没有完全解决儒学复兴的问题,他只是找到了"儒学复兴"这么个方向,没有发现实现儒学复兴需要解决的具体问题,没有发现儒学复兴需要的技术方法。到了宋代的程颢、程颐才逐渐明确方向、提出具体问题、找到了技术手段。

二、理学代表人物

北宋时期,国家财富的积累达到了很大的程度,同时由于重文轻武的国策导致了国家外患四伏,这是士大夫精神觉醒的大环境。太宗朝提倡《礼记·儒行》,这篇文章强调了刚毅特立的士大夫精神。北宋的舆论环境比较宽容,批评朝政在一定范围内是允许的。因此士大夫往往把个人的发展与国家的发展相结合,充满了使命感和责任感。范仲淹"先天下之忧而忧,后天下之乐而乐"就是当时士大夫精神状态的一个经典总结。

宋代的士大夫或者说宋儒,常常从上述使命感和责任感上思考治国学说,深刻反思儒家学说,这表现在对《中庸》和《大学》等典籍的研讨上。自朱熹作《四书集注》后,四书也就成为理学的经典文本,从而取得了与儒家其他经书同等重要的地位。经过一代代儒生的努力,理学终于蔚为大观。

在周敦颐之前,北宋儒学有胡瑗、孙复、石介等人作为先驱。胡瑗最重要的著作是《周易口义》,是他在太学授课的讲稿,这部书直接影响了程颐、张载等人,导致《周易》成为理学的重要文献,理学家都脱不开《周易》的影响,张载哲学的一个概念"太虚"在《周易口义》中已经出现。可以说,北宋哲学都是围绕《周易》展开的,都是对《周易》的创造性发挥。

胡瑗之后,有了北宋五子:邵雍、周敦颐、张载、程颢、程颐。

邵雍(1011—1077),字尧夫,谥康节,故称康节先生。代表作《皇极经世书》,其中《观物内篇》《观物外篇》最能体现邵雍的思想。邵雍以观物为人生哲学,他时时在静观明理,是一种排除主观视角、排除情感因素的看待世界的方式。邵雍对庄子的评价很高,受庄子影响也很深。邵雍说"易地而处则无我",意谓站在别人的角度上思考问题可以超越小我、私我，站在不同的角度思考问题可以做到无我。邵雍还持体用论，主要是在分析《周易》时阐明的。他说"蓍者用数也，卦者体数也"，还说"天主用，地主体"，讲的都是由《周易》阐发的概念。关于体，邵雍有"体以四立"之说；关于用，则有"用因三尽"之说。朱熹受邵雍的影响很大，要了解朱熹就需要先了解邵雍。

周敦颐(1017—1073)，湖南道州人，家乡有水名濂溪，故后世一般称他为周濂溪。周敦颐的学说主要保存在《周子全书》中。他在学说里面引入了"无极""太极"两个概念，认为太极动而生阳，动极而静，静而生阴。圣人仿照太极建立人极，所以人世间万物运行也如阳动阴静，运行不息。他还提出了动静、性命、善恶等概念，都成为宋明理学讨论的焦点。

张载(1020—1077)，河南开封人，在送父亲灵柩归乡的过程中落脚陕西凤翔府眉县横渠镇，所以人称张横渠或横渠先生，其学又称关学。张载是程颢、程颐的表叔，又近乎二程的学生和道友①。同时，张载吸收了周敦颐的学说，由阴阳而扩展至伦理纲常，认为太极就是气、阴阳同体，善表现在仁和义，格物能够通晓礼的本质。《张载集·张子语录》中说："自明诚者，先穷理以至于尽性也，谓先从学问理会，以推达于天性也。"他所说的"为天地立心，为生民立命，为往圣继绝学，为万世开太平"成为千古名言。

程颢(1032—1085)，字伯淳，世称明道先生，洛学代表人物。程颢对佛教的批判全面而严厉，这也是宋明理学的一个重要内容。程颢还建立了一些道学常用的哲学概念、框架，提出了衡量某种思想正确与否的标准，即普遍性原则②和"一本"③的原则。程颢确立了"天理"这个哲学概念，与《礼记·乐记》中的"天理"已有大不同，天理就是道，为儒家的生活方式奠定了哲学基础。"理学"之名的确定也与"天理"这个概念相关。程颢还重新阐发和诠释了"仁""敬"的概念。

程颐(1033—1107)，字正叔，世称伊川先生，是洛学代表人物。

---

① 吕大临《张横渠先生行状》说张载"尽弃其学而学(二程)焉"。
② 如果是道，则必然是普遍的，适用于所有人、万物。
③ 指一种好的思想的核心必然是一个，由这一个核心原理生发出其他复杂的思想和道理。

程颐严格区分了形上、形下,与程颢对形上形下的解释不同。程颐说"一阴一阳之谓道,道非阴阳也",道是形上的东西,是规则;而阴阳是形下的东西,是万物的具体表现。在论述体、用关系的时候,程颐认为体用一源。他在《易传序》中说:"至微者理也,至著者象也,体用一源,显微无间。"《周易·系辞》中说"生生之谓易",程颐认为天地万物统一性的表现就在于所有事物都遵循《系辞》所阐发的这个"生"的道理,是"继此生理"。

二程有共同的一些思想,比如认为天理即性,天理即道,生德即仁,格物致知为本,穷理尽性为法等。北宋五子共同搭建了理学的框架,建立了理学的思想方式、理论内容。理学是中国思想史上的重镇,对于儒家传统文化的复兴有着不凡的意义,北宋五子的努力,直接结出了南宋朱熹、陆九渊,以及明代王阳明的理论果实。

朱熹(1130—1200),字元晦,自号晦庵、遁翁等。祖籍徽州婺源,生于剑南尤溪,因长期在福建崇安、建阳讲学,故朱熹形成的学派又称"闽学"。朱熹学说继承了北宋五子的精华,将之融入自己的哲学体系。朱熹吸收了五子由无极而太极之说,认为天道运行之时气是充盈在天地之间的。他认为理、气同体,气生成之时理就在其中,这一点补充了张载关于理、气之说的不足。朱熹认为理一分殊,意即理是一个,而理生成的万物却是不同的,理在万物之中起作用,而万物虽不同却都体现了理。关于性,朱熹认为可以从天理和气质两个角度去理解,人的本性都体现了天理,而人人不同的原因在于气质,有天命之性和气质之性的差别。关于人心,朱熹则认为分为道心和人心两部分,道心与天理对应,人心出于形、气之私,如饮食之欲及环境的影响等都能造就不同的人心。朱熹认为可以通过心的修炼让性合于天道,这就是居敬穷理,保持内心的"敬",收敛内心,用道心统摄万物。朱熹最后得出"存天理,灭人欲"之说,认为"学者须是革尽人欲,复尽天理,方始是学"。

宋儒在构建理学体系、促使儒学复兴时,虽说以批判佛教为主要手段,在实际上也吸收了佛、道的很多方法、视角和术语,并没有从根本上驳倒佛教,可以说在一定程度上促进了儒、释、道三教的进一步同质化,儒学以新的面貌展现在世人眼前了。

第二节 阳明心学

王阳明可以说是宋明理学的集大成者,他将陆九渊心学理论进行了完善、总结和升华,同时对宋代理学有一个完整的总结,更有对孔孟以来整个儒学思想核心问题的提炼。王阳明在思想表达上更为简单,因此,王阳明的影响很大,受王阳明影响的人很多,毛泽东的《实践论》就受到了王阳明知行合一之说的影响。阳明心学至今都是哲学史研究的热门话题。

一、陆九渊心学

陆九渊(1139—1193),字子敬,抚州金溪(今江西金溪)人,因书斋名存斋,故世称存斋先生,又因讲学于象山书院而被称为象山先生或陆象山。陆九渊十四岁时因读到《尸子》"上下四方曰宇,往古来今曰宙",写下了"宇宙便是吾心,吾心便是宇宙"这一名言。陆九渊从整体上把握孟子的思想,对它作简单化的处理,拈出了儒家学说的核心和关键。

"本心"是陆九渊思想的核心。他用孟子的"良知""良能"来解释"本心",强调良知、良能是"我固有之,非由外铄我",是内心本有而不是外界强加的。本心之说可以与孟子四端之说①相呼应。《孟子·告子上》说:"恻隐之心,仁也。羞恶之心,义也。恭敬之心,礼也。是非之心,智也。仁义礼智,非由外铄我也,我固有之也。"陆九渊直接继承孟子的这种说法,将恻隐等道德概念直接等同于仁义礼智,就是本心,将孟子思想纯粹化了。

关于心和理的关系,陆九渊直接说"心即理也"。这个理是有客观性的,"此理乃宇宙之所固有",又有必然性和普遍性。心和理是同一个东西,就是"一本"。这就直接为王阳明所继承,并作了相当充分

---

① 《孟子 公孙丑》:"恻隐之心,仁之端也;羞恶之心,义之端也;辞让之心,礼之端也;是非之心,智之端也。人之有是四端也,犹其有四体也。"

的进一步阐发。

陆九渊对两宋理学的热点话题"格物"也有自己的看法。《陆九渊集》卷二《格矫斋说》中提到："格,至也,与穷字、究字同义,皆研磨考索以求其至耳。"这个解释与程朱并无差异。但是,朱熹所格的是外物,做的是读书、讲理、待人接物,是"道问学";而陆九渊认为"格物者,格此者也",格的是此心之理,是内在的要求,是"尊德性",因此格物也就和正心等同起来了。陆九渊也强调静坐,这一点也为王阳明所继承。

二、阳明心学

首先需要简单介绍王阳明的人生经历,这样可以稍稍便于理解其思想体系。

王阳明生于明成化八年(1472)。据说出生前祖母梦见神人自云中送子,故初名云,五岁时尚不能说话,遇神僧路过,说"好个孩儿,可惜名字道破",于是改名守仁,随即可以说话。成化二十二年(1486),学胡儿骑射及兵法。明弘治元年(1488),娶诸氏女为妻。弘治二年(1489)拜访娄谅,谈格物之学。弘治十八年(1505),结识湛若水,讲明圣学。正德元年(1506),上书救戴铣等人触怒宦官刘瑾,贬谪贵州龙场驿,为驿丞。正德二年(1507)夏在赴龙场途中假装投江,躲过刘瑾追杀。正德三年(1508)春,到达龙场驿,住在山洞(今贵州阳明洞),致书贵州宣慰使安贵荣使其打消废除驿站的想法。正德四年(1509)贵州提学副使席书请王阳明在贵阳书院讲学,遂讲授知行合一之说。正德五年(1510)离开贵阳,赴任江西庐陵知县。正德十三年(1518)平大帽、浰头贼寇。正德十四年(1519)平定宁王朱宸濠谋反。嘉靖六年(1527),因弟子王畿、钱德洪对四句教的理解有分歧,因而有"天泉证道"一事。嘉靖七年(1528)平定八寨、断藤峡贼寇。平乱后因肺病加重,上书乞请告老还乡,病逝于归途。

王阳明心学体系是非常庞杂的,但若简单观照整个阳明心学,可以归结为三句话,也就是三个命题:心即理、知行合一、致良知。其中心即理最早提出,接着是知行合一,平定朱宸濠叛乱之后提出了致良知,从而整个心学思想体系得以完成。心即理是核心、是基础。如何体现心即理,需要通过知行合一这一方式去实践,知行合一是实现心即理的方式。知行合一而后致良知,也就是发现本心和天理的同一性,验证了心即理的正确性,最终完成心性的完善,达到圣人之境。可以说从心即理又回到心即理,这三大命题构成自洽的系统、完整的结构,因而能在思想和行动上不断深化。

"心即理"是王阳明思想的逻辑起点。在龙场悟道之前,王阳明一直按照朱熹的格物之说在向外寻求天理、去思考、去生活实践。在龙场,王阳明开始向内心寻求,得出"圣人之道,吾性具足"的结论,意思是人的内在、人的本心就具有圣人之道。这个观点的理论凝结,就是"心即理"三字,形成了整个心学思想的逻辑起点和基础。心不是心脏,心是生命的本源,是支配我们思想和行动的东西。理则是道,道之所以能被我们感知,是因为它的运行会表现出逻辑性、条理、现象。道在人身上的展开和在世间万物身上展开是一样的,道也支配了人的思维、意识、行动、变化。每个人的心就是天道支配下产生的,就是天道,就是天道的表现,本心等同于天道、等同于天理,通常所说的"天人合一"就有这么一层意思在。道的特征、道的品格也会成为人心的品格。

心即理是一个理论预设、理论前提,有了心即理的观念,还需要通过知行合一去探索、去发掘心即理的内涵,方才有真知。知行合一是心即理展开的途径,不经过知行合一,无法获知心即理的准确含义。

"知"可以理解为知觉,"行"可以理解为行动。饿了就想去吃饭,渴了就想去喝水,这可以理解为知行合一的最简单粗浅的层面。通过一个人的行为可以判断出他的真实想法,换句话说,如果一个人的行为和他内心的真实想法不一致,那这个人就没有做到知行合一,是虚伪,是心身二元对立了。

"知"也可以理解为感知,我们通过眼耳鼻舌身意去感知世界,去建立我们和世界的联系,获取对客观世界的信息,这个过程是知,同时也是我们的实际行动,知和行在这个意义上合而为一了。我们"好好色,恶恶臭",首先通过感知,了解了对象的样子是不是好看、气味是不是难闻,然后产生了喜欢、讨厌的心理,这个过程就是知行合一。

"知"也可以理解为知识,"行"是行动、实践。我们运用知识于实践的这个过程,本身就包含了知识、行动二者,知识在这个过程中得到了体现,同时运用知识的过程就是行动的过程,知识有了结果,这是知行合一。我们通常说的"理论结合实际",这个看法视知识和行动为两个东西,并不算严格意义上的王阳明所说的知行合一。"知行合一"可以简单地理解为知就是行、行就是知,二者本就是一个东西。

　　关于"致良知"之说,可以认为是王阳明晚年对其中年阶段教法的总结。知行合一之说的发展和提炼,其形成也和王阳明的生活际遇相关,是对自己思想的一个总结。

　　所谓"良",是本有、固有之意。

　　所谓"良知",可以认为就是"心即理"中的心,是我们的本心、本性,它可以有好恶,可以知是知非。本心原于天道,所以良知也就是道。最早提出良知概念的是孟子①,但和王阳明所说良知有差异。王阳明认为良知是生命的本原、本体,生命因为有良知而能够存在。良知是人的理性的本原,人之所以能够有思维、可以学习、可以有各种学习运用知识的活动,是因为人有良知。良知也是人的道德感的本原,人之所以认同仁义礼智一类的道德观念,是良知的作用。良知也是人的各种情感的本原,人的喜怒哀乐都是因良知而能够存在。良知就是我们自身的主宰,它支配了人的活动和情感。

　　致良知,就是反向内求,寻求内心的一个答案。人的本心、知是知非的能力不能天然地转化为道德实践,需要在"存天理去人欲"上做功夫。

　　王阳明晚年将自己的教法概括为四句话:"无善无恶心之体,有善有恶意之动,知善知恶是良知,为善去恶是格物。"这就是著名的"四句教",里面就包含了心即理、知行合一、致良知之说。

　　最后可以补充一个大家讨论最多的问题,就是"心外无物"之说。《传习录》卷下记载了王阳明的一段话:"先生曰:'你未看此花时,此花与汝心同归于寂。你来看此花时,则此花颜色一时明白起来。便知此花不在你的心外。'"对于这段话的理解,有个关键的问题,就是

---

① 《孟子·尽心上》说:"人之所不学而能者,其良能也。所不虑而知者,其良知也。"

怎么理解"寂"？寂是不存在，还是指人未意识到某件事物时的那种心理状态？在这里显然应该是后者。寂是存在的一种独特状态，是它本身的存在还没有显化的状态，王阳明称它为"寂"。也就是说一个存在于"寂"当中的事物，它是处在纯粹客观性之中的，王阳明并没有否定事物存在的客观性。

在中国思想史上，阳明心学是不尽同于以往学说的一种学说，阳明之后影响广大，产生了浙中王门、北方王门、闽粤王门、泰州学派等阳明学说派别，同时也产生不少反对意见，比如陆陇其等人重新提倡朱熹之学就是对阳明心学的反动。之后，曾国藩、孙中山、蒋介石、毛泽东等人都或多或少受到阳明心学的影响，由此也可见心学的力量所在。我们今天重新学习阳明心学，也是有其现实意义的。

本章文选

一、韩愈《原道》[1]

博爱之谓仁，行而宜之之谓义[2]，由是而之焉之谓道[3]，足乎己[4]、无待于外之谓德。仁与义为定名，道与德为虚位[5]。故道有君子小人，而德有凶有吉[6]。老子之小仁义，非毁之也[7]，其见者小也。坐井而观天，曰"天小"者，非天小也。彼以煦煦为仁，孑孑为义[8]，其小之也则宜。其所谓道，道其所道，非吾所谓道也。其所谓德，德其所德[9]，非吾所谓德也。凡吾所谓道德云者，合仁与义言之也，天下之公言也。老子之所谓道德云者，去仁与义言之也，一人之私言也。

周道衰，孔子没，火于秦[10]。黄老于汉，佛于晋、魏、梁、隋之间，其言道德仁义者，不入于杨[11]，则入于墨，不入于老，则入于佛。入于彼，必出于此。入者主之，出者奴之；入者附之，出者污之。噫！后之人其欲闻仁义道德之说，孰从而听之？老者[12]曰："孔子，吾师之弟子也。"佛者曰："孔子，吾师之弟子也。"为孔子者习闻其说，乐其诞而自小也[13]，亦曰"吾师亦尝师之"云尔。不惟[14]举之于口，而又笔之于其书。噫！后之人虽欲闻仁义道德之说，其孰从而求之？甚矣，人之好怪也,不求其端,不讯其末,惟怪之欲闻。

古之为民者四,今之为民者六[15]。古之教者处其一,今之教者处其三[16]。农之家一,而食粟之家六[17]。工之家一,而用器之家六。贾之家一,而资焉之家六。奈之何民不穷且盗也?

古之时,人之害多矣。有圣人者立,然后教之以相生相养之道。为之君,为之师,驱其虫蛇禽兽而处之中土。寒然后为之衣,饥然后为之食。木处而颠[18]、土处而病也,然后为之宫室。为之工以赡[19]其器用,为之贾以通其有无,为之医药以济其夭死,为之葬埋祭祀以长其恩爱,为之礼以次其先后,为之乐以宣其壹郁[20],为之政以率其怠倦,为之刑以锄其强梗[21]。相欺也,为之符玺斗斛权衡以信之。相夺也,为之城郭甲兵以守之。害至而为之备,患生而为之防。今其言曰:"圣人不死,大盗不止。剖斗折衡,而民不争。"[22]呜呼!其亦不思[23]而已矣。如古之无圣人,人之类灭久矣。何也?无羽毛鳞介以居寒热也,无爪牙以争食也。

是故君者,出令者也;臣者,行君之令而致之民者也;民者,出粟米麻丝,作器皿,通货财,以事其上者也。君不出令,则失其所以为君;臣不行君之令而致之民,则失其所以为臣;民不出粟米麻丝,作器皿、通货财以事其上,则诛。今其法曰:必弃而君臣、去而父子、禁而相生相养之道,以求其所谓清净寂灭者[24]。呜呼!其亦幸而出于三代之后,不见黜于禹、汤、文、武、周公、孔子也。其亦不幸而不出于三代之前,不见正于禹、汤、文、武、周公、孔子也[25]。

帝之与王,其号虽殊,其所以为圣一也。夏葛而冬裘,渴饮而饥食,其事虽殊,其所以为智一也。今其言曰:"曷不为太古之无事?"是亦责冬之裘者曰:"曷不为葛之之易也?"责饥之食者曰:"曷不为饮之之易也?"传曰:"古之欲明明德于天下者,先治其国;欲治其国者,先齐其家;欲齐其家者,先修其身;欲修其身者,先正其心;欲正其心者,先诚其意。"[26]然则古之所谓正心而诚意者,将以有为也。今也欲治其心而外天下国家、灭其天常[27],子焉而不父其父,臣焉而不君其君,民焉而不事其事。孔子之作《春秋》也,诸侯用夷礼则夷之,进于中国则中国之[28]。《经》曰:"夷狄之有君,不如诸夏之亡[29]。"《诗》曰:"戎狄是膺,荆舒是惩。"[30]今也举夷狄之法而加之先王之教之上,几何其不胥[31]而为夷也?

夫所谓先王之教者,何也?博爱之谓仁,行而宜之之谓义。由是而之焉之谓道。足乎己无待于外之谓德[32]。其文:《诗》《书》《易》《春秋》;其法:礼、乐、刑、政;其民:士、农、工、贾;其位:君臣、父子、师友、宾主、昆弟、夫妇;其服:麻、丝;其居:宫室;其食:粟米、果蔬、鱼肉[33]。其为道易明,而其为教易行也。是故以之为己,则顺而祥;以之为人,则爱而公;以之为心,则和而平;以之为天下国家,无所处而不当。是故生则得其情,死则尽其常。郊焉而天神假,庙焉而人鬼飨[34]。曰:斯道也,何道也?曰:斯吾所谓道也,非向所谓老与佛之道也。尧以是传之舜,舜以是传之禹,禹以是传之汤,汤以是传之文、武、周公,文、武、周公传之孔子,孔子传之孟轲,轲之死,不得其传焉。荀与扬也,择焉而不精,语焉而不详。由周公而上,上而为君,故其事行。由周公而下,下而为臣,故其说长。然则如之何而可也?曰:不塞不流,不止不行。人其人,火其书,庐其居[35]。明先王之道以道之,鳏寡孤独废疾者有养也。其亦庶乎其可也!

(据刘真伦、岳珍校注:《韩愈文集汇校笺注》,中华书局2010年版)

[1] 《原道》是唐代韩愈的一篇名文,是韩愈复兴儒学道统、排斥佛老的代表作。文章论述佛老之非,探求儒学之道,以继承道统、恢复原始儒教为己任,具有深刻的现实意义。
[2] 这句意思是行为与仁、礼等的要求相匹配叫做义。
[3] 是:代词,指的是前面提到的仁、义。之:去、到哪里去的意思。这句话的意思是按照仁、义的要求去安排自己的行为叫做道,是合乎道的行为。
[4] 足乎己:自己使自己合乎要求。
[5] 这句意思是仁、义是前人总结出来的概念和要求,已经确定;而道、德则等待、需要人去实现,所以说是"虚"的。
[6] 这句意思是君子、小人对道的理解有差别,因此施行起来也有不同。可以简单将君子之道与吉、小人之道与凶对应联系起来。
[7] 小:以……为小,轻视之意。毁的意思是完全否定。
[8] 煦:本义是热、温暖。此处引申指恩惠,恩惠与温暖为通感。孑:《说文解字》:"孑,无右臂也。"由此而引申出单、独、小等含义。孑孑也是小的意思。这两句的意思是老子只看到了仁、义小的方面。
[9] 这句意思是以他认可的道、德为道、德。也与下文所说"非吾所谓道也""非吾所谓德也"相印证。
[10] "火于秦"是"孔子之书火于秦"的省略。
[11] 杨:指杨朱,战国时思想家,见解散见于《列子》《庄子》《孟子》等书,主张贵己、重生,最有代表性的观点是《孟子》记载的"杨子取为我,拔一毛而利天

[12] 老者：遵从老子观点的人。
[13] 诞：荒诞。自小：自我贬低、自我矮化。
[14] 不惟：不仅仅。
[15] 四：指士农工商。六：在四的基础上加了和尚、道士。
[16] 教(jiào)：教派。古之教者处其一，指的是儒家是士中的一类人。下句同样方式理解。
[17] 农民一类人要供六类人的食物，造成社会经济的紧张。下面几句同样方式理解。
[18] 颠：跌落。居处在树上会有跌落的危险。
[19] 赡：供给、供养。《说文解字》："赡，给也。"
[20] 壹郁：压抑，与前"宣"正相对。
[21] 强梗：骄横跋扈之人，义近今语所说恶霸。
[22] 语出《庄子·胠箧》。
[23] 不思：欠考虑。
[24] 清净寂灭为佛教观点。
[25] 不见黜：不被禹、汤等人废黜。不见正：不被禹、汤等人纠正。
[26] 语出《礼记·大学》。
[27] 外：以……为外，意谓抛弃天下国家。天常：天所确定的伦常，指君臣、父子等人际关系。
[28] "夷""中国"均是名词用作动词，以夷视之、以中国人视之之意。
[29] 亡：无。
[30] 出自《诗·鲁颂·閟宫》。
[31] 胥：须臾，短时间。
[32] 此处重复文章开始时提出的观点，表示强调。
[33] 韩愈在这里提出了传统的儒家社会模式，要求恢复这些传统，抛弃佛、道的部分。
[34] 郊是祭祀天地，庙是祭祀先祖。意谓郊、庙都应该是天、神、人、鬼享用，而非佛教供奉的神灵享用。
[35] 这是说逼迫僧尼还俗、烧灭佛教书籍、将寺庙改做普通人的居所。

二、朱熹《〈大学章句〉序》

《大学》[1]之书，古之大学所以教人之法也。盖自天降生民，则既莫不与之以仁义礼智之性矣。然其[2]气质之禀[3]或不能齐，是以不能皆有以知其性之所有而全之也[4]。一有聪明睿智能尽其性者出于其间，则天必命之以为亿兆之君师，使之治而教之，以复其性。此伏羲、神农、黄帝、尧、舜所以继天立极[5]，而司徒[6]之职、典乐之官所由设也。

三代之隆，其法浸[7]备，然后王宫、国都以及闾巷，莫不有学。人生八岁，则自王公以下，至于庶人之子弟，皆入小学，而教之以洒扫、应对、进退之节，礼乐、射御、书数之文；及其十有五年，则自天子之元子[8]、众子，以至公、卿、大夫、元士之适子，与凡民之俊秀，皆入大学，而教之以穷理、正心、修己、治人之道。此又学校之教、大小之节所以分也。

夫以学校之设，其广如此，教之之术，其次第节目之详又如此，而其所以为教，则又皆本之人君躬行心得之余，不待求之民生日用彝伦[9]之外，是以当世之人无不学。其学焉者，无不有以知其性分[10]之所固有、职分之所当为，而各俛[11]焉以尽其力。此古昔盛时所以治隆于上，俗美于下，而非后世之所能及也！

及周之衰，贤圣之君不作，学校之政不修，教化陵夷[12]、风俗颓败，时则有若孔子之圣，而不得君师之位以行其政教，于是独取先王之法，诵而传之，以诏后世。若《曲礼》《少仪》《内则》《弟子职》诸篇，固小学之支流余裔，而此篇者，则因小学之成功，以著大学之明法，外有以极其规模之大，而内有以尽其节目[13]之详者也。三千之徒，盖莫不闻其说，而曾氏[14]之传独得其宗，于是作为传义，以发其意。及孟子没而其传泯焉，则其书虽存，而知者鲜矣！

自是以来，俗儒记诵词章之习，其功倍于小学而无用；异端虚无寂灭之教[15]，其高过于大学而无实。其他权谋术数，一切以就功名之说与夫百家众技之流，所以惑世诬民、充塞仁义者又纷然杂出乎其间，使其君子不幸而不得闻大道之要，其小人不幸而不得蒙至治之泽，晦盲否塞，反覆沉痼[16]，以及五季[17]之衰，而坏乱极矣！

天运循环，无往不复。宋德隆盛，治教休明。于是河南程氏两夫子出，而有以接乎孟氏之传。实始尊信此篇[18]而表章之，既又为之次其简编[19]，发其归趣[20]，然后古者大学教人之法、圣经贤传之指，粲然复明于世。虽以熹之不敏，亦幸私淑[21]而与有闻焉。顾其为书犹颇放失[22]，是以忘其固陋[23]，采而辑之，间亦窃附己意，补其阙略，以俟[24]后之君子。极知僭逾[25]，无所逃罪，然于国家化民成俗之意、学者修己治人之方，则未必无小补云。

（据《宋本大学章句》，国家图书馆出版社 2016 影印本）

[1]《大学》原为《小戴礼记》中的一篇,应为秦汉时期儒家作品。经二程提倡,朱熹作《大学章句》,最终和《中庸》《论语》《孟子》并称四书,成为儒家经典。《大学章句》则为朱熹《四书集注》之一,是宋元以来科举考试必考科目之一,也是宋明理学、心学的经典文本。
[2]其:指前文所言"生民"。
[3]禀:禀受于天的东西。
[4]这句意思是:不是每个人都能知道自己本来就具备的这些本性而保全它。
[5]极:标准。
[6]司徒:掌民事之官。
[7]浸:渐渐地。
[8]元子:长子。
[9]彝伦:指常理、伦常。
[10]性分:即性。
[11]俛:通"俯"。
[12]陵夷:逐渐衰败。
[13]节目:纲目。
[14]曾氏:曾子。
[15]指佛教。宋儒大多以批判佛教为儒学复兴的手段。
[16]晦:昏暗。盲:盲目。否:错误。塞:不通。反覆沉痼:"沉痼反覆"的倒装,指不好的东西反复出现。
[17]五季:即"五代"。
[18]此篇:指《大学》,自宋儒以后《大学》《中庸》《论语》《孟子》的地位逐渐上升。
[19]编排章节的前后次序。
[20]阐明全书的主旨。
[21]私淑:谓没得到二程的当面指教,但认同其说。
[22]颇有漫无指归与失误之处。
[23]固:僵化。陋:狭隘。
[24]俟:等待。
[25]僭逾:过分。

三、王阳明《传习录》节选

爱问[1]:"'知止而后有定'[2],朱子以为'事事物物皆有定理'[3],似与先生之说相戾。"先生曰:"于事事物物上求至善,却是义外也[4]。至善是心之本体[5],只是'明明德'到'至精至一'处便是,然亦未尝离却事物。本注所谓'尽夫天理之极而无一毫人欲之私'[6]者得之。"

(据王晓昕、赵平略点校:《王文成公全书》,中华书局 2015 年版,下同)

[1] 本段选自《传习录》卷上,是第二段对话。爱,徐爱(1487—1517),字曰仁,

号横山,浙江余姚人。为王阳明较早的学生,也是王阳明的妹夫。
[2]这句是《大学》中的话。字面意思是"知道停止而后可以安定",意谓知道分寸才能坚定意志。
[3]朱熹《大学或问》:"能知所止,则方寸之间,事事物物皆有定理矣。"
[4]《孟子·告子上》:"告子曰:'食、色,性也。仁,内也,非外也。义,外也,非内也。'"孟子主张仁义皆在内,反对告子的义外之说。王阳明此处意思是应当从内心求至善,而非从心外的客观事物上求。当然,王阳明也把朱熹所说"定理"换成了"至善"。
[5]这就是王阳明所说"心即理"。
[6]朱熹在注解"大学之道,在明明德,在亲民,在止于至善"这句话时说:"言明明德新民,皆当止于至善之地而不迁。盖必其有以尽夫天理之极,而无一毫人欲之私也。"

先生又曰[1]:"'格物'如《孟子》'大人格君心'[2]之格,是去其心之不正[3],以全其本体之正。但意念所在,即要去其不正,以全其正,即无时无处不是存天理,即是穷理,'天理'即是'明德','穷理'即是'明明德'。"

[1]本段选自《传习录》卷上,是第七段对话。
[2]《孟子·离娄上》:"惟大人为能格君心之非。"朱熹引赵氏注曰:"格,正也。""大人格君心"就是"大人正君心",纠正。
[3]正:指下文所说"天理","不正"就是不合天理之处。

又曰[1]:"知是心之本体,心自然会知。见父自然知孝,见兄自然知弟,见孺子入井自然知恻隐[2],此便是良知[3],不假外求。若良知之发,更无私意障碍,即所谓'充其恻隐之心而仁不可胜用矣'[4]。然在常人,不能无私意障碍,所以须用致知、格物之功。胜私复理,即心之良知更无障碍,得以充塞流行,便是致其知。知致则意诚。"

[1]本段选自《传习录》卷上,是第八段对话。
[2]此句源出《孟子·公孙丑上》:"今人乍见孺子将入于井,皆有怵惕恻隐之心。"
[3]《孟子·尽心上》:"人之所不学而能者,其良能也;所不虑而知者,其良知也。"
[4]《孟子·尽心下》:"人能充无欲害人之心,而仁不可胜用也。"

爱曰[1]:"先儒论六经,以《春秋》为史。史专记事,恐与五经事体终或稍异。"先生曰:"以事言谓之史,以道言谓之经。事即道,道即事。《春秋》亦经,五经亦史[2]。《易》是包犠氏之史,《书》是尧舜以下史,《礼》《乐》是三代史。其事同,其道同,安有所谓异!"[3]

[1] 本段选自《传习录》卷上,是第十三段对话。
[2] 王阳明说"五经皆史",章学诚说"六经皆史",与朱熹观点不同。可参看本书"以史为鉴"章相关内容。《朱子大全·建宁府建阳县学藏书记》说:"古之圣人,作为'六经'以教后世。《易》以通幽明之故,《书》以纪政事之实,《诗》以导情性之正,《春秋》以示法戒之严,《礼》以正行,《乐》以和心,其于义礼之精微、古今之得失,所以该贯发挥,究竟穷极,可谓盛矣。"是说《六经》治世、教人之用,并未言及其记录历史的功能。
[3] 王阳明则从五经的不同角度去解读,视野宽广些了。

陆澄问[1]:"主一[2]之功,如读书则一心在读书上,接客则一心在接客上,可以为主一乎?"先生曰:"好色则一心在好色上,好货则一心在好货上,可以为主一乎?是所谓逐物,非主一也。主一是专主一个天理。"

[1] 本段选自《传习录》卷上,是第十五段对话。陆澄,字原静,又字清伯,浙江吴兴人。王阳明弟子。正德十二年进士,授刑部主事。
[2] 《二程集·遗书》卷十五程颐说:"所谓敬者,主一谓之敬。所谓一者,无适之谓一。且欲涵泳主一之义,一则无二、三矣。"秉持一个天理、认定一个目标就是主一。

四、王阳明《瘗旅文》[1]

维正德四年秋月三日,有吏目[2]云自京来者,不知其名氏,携一子一仆,将之任,过龙场,投宿土苗家。予从篱落间望见之,阴雨昏黑,欲就问讯北来事,不果。明早遣人觇[3]之,已行矣。薄午,有人自蜈蚣坡来,云一老人死坡下,傍两人哭之哀,予曰:"此必吏目死矣。伤哉!"薄暮,复有人来,云坡下死者二人,傍一人坐叹,询其状,则其子又死矣。明日,复有人来,云见坡下积尸三焉,则其仆又死矣。呜呼伤哉!念其暴骨无主,将二童子持畚、锸往瘗之,二童子有难色然。予曰:"嘻!吾与尔犹彼也!"[4]二童悯然涕下,请往。就其傍山麓为三坎,埋之。又以只鸡、饭三盂,嗟吁涕洟而告之曰:

呜呼伤哉!繄[5]何人?繄何人?吾龙场驿丞余姚王守仁也。吾与尔皆中土之产,吾不知尔郡邑,尔乌为乎来为兹山之鬼乎?古者重去其乡,游宦不逾千里。吾以窜逐而来此,宜也。尔亦何辜[6]乎?闻尔官吏目耳,俸不能五斗,尔率妻子躬耕可有也。乌为乎以五斗而易尔七尺之躯?又不足,而益以尔子与仆乎?呜呼伤哉!尔诚恋兹五斗而来,则宜欣然就道,乌为乎吾昨望见尔容蹙[7]然,盖不任其忧者?夫冲冒雾露,扳援崖壁,行万峰之顶,饥渴劳顿,筋骨疲惫,而又瘴厉侵其外,忧郁攻其中,其能以无死乎?吾固知尔之必死,然不谓若是其速,又不谓尔子尔仆亦遽尔奄忽也!皆尔自取,谓之何哉!吾念尔三骨之无依而来瘗耳,乃使吾有无穷之怆也。

呜呼痛哉!纵不尔瘗,幽崖之狐成群,阴壑之虺[8]如车轮,亦必能葬尔于腹,不致久暴露尔。尔既已无知,然吾何能为心乎?自吾去父母乡国而来此二年矣,历瘴毒而苟能自全,以吾未尝一日之戚戚也。今悲伤若此,是吾为尔者重,而自为者轻也。吾不宜复为尔悲矣。

吾为尔歌,尔听之。歌曰:连峰际天兮,飞鸟不通。游子怀乡兮,莫知西东。莫知西东兮,维[9]天则同。异域殊方[10]兮,环海之中。达观随寓兮,奚必予宫[11]。魂兮魂兮,无悲以恫[12]。

又歌以慰之曰:与尔皆乡土之离兮,蛮之人言语不相知兮。性命不可期,吾苟死于兹兮,率尔子仆来从予兮。吾与尔遨以嬉兮,骖紫彪而乘文螭兮[13],登望故乡而嘘唏兮。吾苟获生归兮,尔子尔仆尚尔随兮,无以无侣悲兮!道旁之冢累累兮,多中土之流离[14]兮,相与呼啸而徘徊兮。飧[15]风饮露,无尔饥兮。朝友麋鹿,暮猿与栖兮。尔安尔居兮,无为厉[16]于兹墟兮!

(据王晓昕、赵平略点校:《王文成公全书》,中华书局2015年版)

[1] 瘗(yì):埋葬。此文选自《王文成公全书》卷二十五。此时王阳明身处龙场,遇到三个客死他乡的人,与王阳明身处他乡孤困欲死的境遇相同,所以王阳明感同身受,写下这篇情真意切的祭文。
[2] 吏目:官名。金朝始置,元朝沿置。明朝地方各州设,为州之属官,从九品。掌刑狱及官署内部事务,若州无同知、判官,则分理州事。明清之土州多设吏目,以约束土官。
[3] 觇(chān):察看。
[4] 此句点出了王阳明作此文的动机。
[5] 繄(yì):叹声。

［6］辜(gū)：罪。
［7］蹙(cù)：紧迫，困窘。
［8］虺(huī)：蛇名。
［9］维：句首语气词。
［10］方：与"域"相对，意思相同。
［11］这句话的意思是：哪里都可以住下，不一定非要住在自己的家里。
［12］恫(tōng)：哀痛，痛苦。
［13］骖：驾。彪：小老虎。螭(chī)：传说中的龙。文螭：有花纹的龙。
［14］流离：指流离之人。
［15］飧(sūn)：晚饭，此处用作动词。
［16］厉：恶鬼。

 思考与练习

1. 韩愈为理学的产生做出了哪些贡献？

2. 你怎么理解朱熹关于理、气的说法？

3. 陆九渊关于"心即理"的说法和王阳明的说法的相似处和不同点在哪里？

4. 结合"以史明智"章的相关内容，谈谈"五经亦史"。

5. 谈谈《瘗旅文》的读后感。

6. 阅读《传习录》部分章节，并写读后感。

参考文献

侯外庐:《中国思想通史》(1—5卷),人民出版社,1995年。
冯友兰:《中国哲学史》,华东师范大学出版社,2011年。
贺麟:《文化与人生》,商务印书馆,1996年。
鲁迅:《鲁迅全集》,人民文学出版社,2005年。
陈寅恪:《陈寅恪集》,生活·读书·新知三联书店,2015年。
王国维:《观堂集林》,河北教育出版社,2005年。
王国维:《王国维文集》,中国文史出版社,1997年。
钱穆:《中国文化史导论》,商务印书馆,1996年。
钱穆:《国史大纲》,商务印书馆,1996年。
钱穆:《中国近三百年学术史》,商务印书馆,1997年。
钱穆:《中国历史研究法》,生活·读书·新知三联书店,2001年。
钱穆:《朱子学提纲》,生活·读书·新知三联书店,2014年。
章太炎:《国故论衡》,上海古籍出版社,2006年。
章学诚:《文史通义校注》,叶瑛校注,中华书局,1985年。
梁启超:《中国近三百年学术史》,上海三联书店,2006年。
梁启超:《中国历史研究法》,上海古籍出版社,1998年。
胡适:《中国哲学史大纲》,东方出版社,1996年。
顾颉刚:《中国史学入门》,何启君整理,北京出版社,2002年。
王力:《汉语诗律学》,中华书局,2015年。
司马迁:《史记》,中华书局,1082年。
司马光:《资治通鉴》,中华书局,2011年。

《新编诸子集成》(共 60 册),中华书局,1987 年。

吕思勉:《经子解题》,上海文艺出版社,1999 年。

梁漱溟:《中国文化要义》,上海人民出版社,2005 年。

朱熹:《周易本义》,中国书店,1994 年。

朱自清:《经典常谈》,上海文艺出版社,1999 年。

任继愈主编:《中国佛教史》(全三册),中国社会科学出版社,1985 年。

任继愈主编:《中国哲学史》,人民出版社,1997 年。

劳思光:《新编中国哲学史》,广西师范大学出版社,2005 年。

葛兆光:《中国古代文化讲义》,复旦大学出版社,2006 年。

袁行霈主编:《中国文学史》,高等教育出版社,1999 年。

陈廷杰:《经学概论》,商务印书馆,1944 年。

陈国庆:《古籍版本浅说》,中华书局,1964 年。

范文澜等主编:《中国通史》,人民出版社,2004 年。

汤用彤:《汉魏两晋南北朝佛教史》,北京大学出版社,2002 年。

僧肇著,张春波校释:《肇论校释》,中华书局,2010 年。

玄奘著,韩廷杰校释:《成唯识论校释》,中华书局,1998 年。

慧能著,郭朋校释:《坛经校释》,中华书局,1983 年。

方立天:《中国佛教哲学要义》,中国人民出版社,2006 年。

曹胜高:《国学通论》,北京大学出版社,2008 年。

龚鹏程:《国学入门》,北京大学出版社,2007 年。

李泽厚:《中国古代思想史论》,生活·读书·新知三联书店,2008 年。

李泽厚:《美的历程》,生活·读书·新知三联书店,2009 年。

许慎:《说文解字》,中华书局,1999 年。

段玉裁:《说文解字注》,许惟贤整理,凤凰出版社,2015 年。

钱理群、陈平原、黄子平:《二十世纪中国文学三人谈·漫说文化》,北京大学出版社,2004 年。

蒙培元:《情感与理性》,中国社会科学出版社,2002 年。

杨荫浏:《中国古代音乐史稿》,人民音乐出版社,1981 年。

卢国龙:《道教哲学》,华夏出版社,1997 年。

曾运乾：《音韵学讲义》，中华书局，2000年。
吴枫：《中国古典文献学》，齐鲁书社，1992年。
张岱年：《中国文化概论》，北京师范大学出版社，2002年。
陈来：《有无之境》，北京大学出版社，2014年。
袁珂：《山海经校注》，北京联合出版公司，2014年。
陈桥驿：《水经注校正》，中华书局，2013年。
刘宗迪：《失落的天书——〈山海经〉与古代华夏世界观》，商务印书馆，2006年。
王守仁：《王文成公全书》，中华书局，2015年。
邓艾民：《传习录注疏》，上海古籍出版社，2012年。
吴宝沛：《基于情绪的道德判断：厌恶与愤怒的不同效应》，中央编译出版社，2014年。
蒙文通：《儒学五论》，广西师范大学出版社，2007年。
蒋伯潜：《十三经概论》，上海古籍出版社，2010年。
杨伯峻：《论语译注》，中华书局，1980年。
杨伯峻：《孟子译注》，中华书局，2005年。
杨逢彬：《论语新注新译》，北京大学出版社，2016年。
陈鼓应：《老子今注今译》，商务印书馆，2003年。
陈鼓应：《庄子今注今译》，中华书局，2009年。
方勇：《庄子》，中华书局，2015年。
张远山：《老庄之道》，岳麓书社，2015年。
杨柳桥：《庄子译注》，上海古籍出版社，2012年。
黄寿祺、张善文：《周易译注》，中华书局，2016年。
朱伯昆：《周易知识通览》，齐鲁书社，1993年。
南怀瑾：《易经杂说》，复旦大学出版社，1997年。
刘大钧：《纳甲筮法讲座》，广西师范大学出版社，2010年。
金景芳：《周易讲座》，吕绍刚整理，吉林大学出版社，1987年。
施维：《周易八卦图解》，巴蜀书社，2003年。
白寿彝：《中国通史纲要》，上海人民出版社，1980年。
黄仁宇：《万历十五年》(增订本)，中华书局，2007年。
白寿彝：《中国史学史》，北京师范大学出版社，2004年。

余英时:《文史传统与文化重建》,生活·读书·新知三联书店,2004年。

马伯英:《中国医学文化史》,上海人民出版社,2013年。

区洁成:《当中医遇上西医——历史与省思》,生活·读书·新知三联书店,2015年。

[英]汤因比:《历史研究》,刘北成、郭小凌译,上海人民出版社,2005年。

[美]内·韦勒克、奥斯汀·沃伦:《文学理论》,刘象愚等译,江苏教育出版社,2005年。

[德]马克斯·韦伯:《儒教与道教》,康乐等译,江苏人民出版社,1995年。

[美]本杰明·史华慈:《古代中国的思想世界》,程钢译,江苏人民出版社,2003年。

[意]阿尔图罗·卡斯蒂廖尼:《医学史》,程之范、甄橙译,译林出版社,2014年。

图书在版编目(CIP)数据

中国传统文学文化/马海,高山主编. —上海:复旦大学出版社,2018.8(2019.7重印)
ISBN 978-7-309-13860-3

Ⅰ.①中…　Ⅱ.①马…②高…　Ⅲ.①中华文化-高等学校-教材　Ⅳ.①K203

中国版本图书馆 CIP 数据核字(2018)第 187439 号

中国传统文学文化
马　海　高　山　主编
责任编辑/史立丽　胡欣轩

复旦大学出版社有限公司出版发行
上海市国权路 579 号　邮编:200433
网　址:fupnet@fudanpress.com　http://www.fudanpress.com
门市零售:86-21-65642857　团体订购:86-21-65118853
外埠邮购:86-21-65109143　出版部电话:86-21-65642845
常熟市华顺印刷有限公司

开本 787×1092　1/16　印张 15.5　字数 212 千
2019 年 7 月第 1 版第 2 次印刷

ISBN 978-7-309-13860-3/K·669
定价:35.00 元

如有印装质量问题,请向复旦大学出版社有限公司出版部调换。
版权所有　侵权必究